Valorie Burton

Das Geheimnis glücklicher Frauen

Wie Sie mehr Zufriedenheit und
Freude in Ihren Alltag bringen

francke

Über die Autorin:

Valorie Burton hat sich zum Ziel gemacht, anderen dabei zu helfen, ein erfüllteres Leben zu führen. Vor knapp 20 Jahren machte sich die studierte Psychologin und Journalistin mit einer eigenen Beratungspraxis selbstständig. Mittlerweile ist sie zudem eine gefragte Motivatorin, Sprecherin bei Frauenkonferenzen und Firmenevents.

Bibliografische Information Der Deutschen Bibliothek
Die Deutsche Bibliothek verzeichnet diese Publikation in der Deutschen Nationalbibliografie; detaillierte bibliografische Daten sind im Internet über http://dnb.ddb.de abrufbar.

ISBN 978-3-86827-531-5
Alle Rechte vorbehalten
Happy Women live better
Copyright © 2013 by Valorie Burton
Published by Harvest House Publishers,
Eugene, Oregon 97402, USA
www.harvesthousepublishers.com
German edition © 2015 by Verlag der Francke-Buchhandlung GmbH
35037 Marburg an der Lahn
Deutsch von Anja Schäfer
Umschlagbilder: © iStockphoto.com / kite-kit
Umschlaggestaltung: Verlag der Francke-Buchhandlung GmbH /
Sven Gerhardt
Satz: Verlag der Francke-Buchhandlung GmbH
Printed in Czech Republic

www.francke-buch.de

Inhalt

Möge unsere Begegnung dazu führen,
dass Sie mehr lächeln,
mehr lachen und mehr leben!

Glückliche Frauen lesen Einleitungen!

Ja, ja, ich weiß: Sie fangen immer gleich beim ersten Kapitel an und schenken sich die Einleitung. Bitte tun Sie das dieses eine Mal nicht! Bevor wir ins Thema eintauchen und entdecken, wie Sie ab heute glücklicher werden können, möchte ich kurz etwas dazu schreiben, weshalb dieses Thema an diesem Punkt der Geschichte überhaupt eine Rolle spielt. Und warum dieses Buch nicht nur Ihr eigenes Glück im Blick hat. Denn es geht um eine Bewegung.

Wir stecken in einer Krise. Aber niemand scheint sie zu bemerken. Als Frauen haben wir heute mehr, genießen jedoch seltener. Wir sind gebildeter. Wir haben mehr Wahlfreiheit. Wir verdienen unser eigenes Geld. Wir bekommen weniger Kinder. Und dank der Technik geht der Haushalt heute viel einfacher vonstatten. Frauen haben heute weitaus mehr Möglichkeiten, als Frauen in der Geschichte jemals hatten. Und trotzdem belegen Studien, dass wir insgesamt *weniger* glücklich sind als vor vierzig Jahren – während Männer immer glücklicher werden.[1] Woran liegt das? Und, genauso wichtig: Was können *Sie* dafür tun, dass sich diese alarmierenden Statistiken in Ihrem Leben nicht bewahrheiten? Hier ein paar Beispiele:

- Einerseits hört man, wir könnten alles erreichen, und das klingt, als wollten alle Frauen die höchsten Sprossen der Karriereleiter erklimmen. Andererseits sagen aber drei Vier-

---

1 Betsey Stevenson und Justin Wolfers: „The Paradox of Declining Female Happiness", *American Economic Journal* 1, Nr. 2, 1. August 2009, S. 190-225.

tel der berufstätigen Frauen heute, dass sie sich wünschten, finanziell so gut ausgestattet zu sein, dass sie nicht mehr arbeiten müssten und zu Hause bleiben könnten.[2]

- Die Wahrscheinlichkeit, an Depressionen zu erkranken, ist bei Frauen doppelt so hoch wie bei Männern.[3]
- Durchschnittlich bricht eine Depression heute zehn Jahre früher aus als noch vor einer Generation.[4]
- Frauen, die alles erreichen wollen (Ausbildung, Karriere, Partnerschaft, Kinder) stellen zunehmend fest: Je erfolgreicher sie in den beiden ersten Punkten sind (Ausbildung, Karriere), desto geringer sind die Erfolgsaussichten für die anderen beiden Punkte (Partnerschaft, Kinder). Statistiken belegen eindeutig, dass die Wahrscheinlichkeit, zu heiraten und Kinder zu bekommen, sinkt, je höher Ausbildung und Gehalt der Frau sind. Für Männer gilt das Gegenteil.[5]

Ich habe dieses Buch mit zwei Zielen im Hinterkopf geschrieben: Frauen zu helfen, über ihr Glück zu reden, und ihnen Werkzeuge an die Hand zu geben, mithilfe derer sie glücklicher werden.

In Gesprächen mit Frauen in allen Lebensphasen höre ich immer wieder dieselben Aussagen, egal, ob jemand eine strahlende Karriere hinlegt und kinderlos oder verheiratet und Vollzeitmama mit fünf Kindern ist: „Eigentlich müsste ich noch mehr tun." „So hatte ich mir das Leben nicht vorgestellt." „Ich habe das Gefühl, irgendetwas zu verpassen." In diesem Buch sprechen Frauen wie Sie über ihre Ängste im Leben. Über den Druck, Schritt

---

2 Meghan Casserly: „Is ‚Opting Out' the New American Dream for Working Women?", *Forbes*, 12. September 2012, http://www.forbes.com/sites/meghancasserly/2012/09/12/is-opting-out-the-new-american-dream-for-working-women.

3 „Depression in Women: Understanding the Gender Gap", Mayo Clinic, Zugriff am 19. Januar 2013, http://www.mayoclinic.com/health/depression/MH00035.

4 Martin E.P. Seligman: *Learned Optimism*. New York: Vintage Books, 1990.

5 Selena Rezvani: „For Women, It's *Really* Lonely at the Top", *Washington Post*, 28. Mai 2010, http://views.washingtonpost.com/leadership/panelists/2010/05/for-women-its-really-lonely-at-the-top.html.

halten zu müssen. Über die Enttäuschung, alles richtig gemacht und die richtigen Entscheidungen getroffen zu haben und trotzdem nicht so zu leben, wie man es sich gewünscht hatte. Und Sie werden von manchen Frauen lesen, die scheinbar alles erreicht haben. Was ist ihr Geheimnis? Ich glaube, die Antworten werden Sie überraschen.

AUFTRAG EINS: WAS IST LOS?

Als Erstes möchte ich Gespräche zwischen Ihnen und Ihren Freundinnen, Töchtern, Tanten, Cousinen, Kolleginnen und jeder Frau in Ihrem Umfeld in Gang bringen. Uns muss klar werden, welchen Einfluss die gesellschaftlichen Veränderungen auf unsere Gesamtzufriedenheit haben. Warum trübt ein hohes Einkommen die Aussichten einer Frau auf Ehe und Familie? Warum werden Männer glücklicher, je älter sie werden, während Frauen eher unglücklicher werden – und wie können wir dieser Falle entkommen? Können wir wirklich alles erreichen – und wie definieren wir „alles erreichen" überhaupt?

Durch viele Gespräche und die zunehmende Zahl entsprechender Studien wurde mir klar, dass wir schleichend unzufriedener werden. Deshalb haben die meisten von uns gar nicht gemerkt, dass sich in den letzten vierzig Jahren Erwartungen und Zusammenhänge so veränderten, dass sich unser Stresspegel dramatisch erhöhte und es immer schwieriger geworden ist, glücklich zu sein. Frauen, die in den späten 60er- und frühen 70er-Jahren junge Erwachsene waren, können die veränderten Erwartungen der Gesellschaft schnell auf den Punkt bringen. Wer die Veränderungen beobachtet und miterlebt hat, sieht den starken Kontrast.

„1972 gab es an alle weniger Erwartungen!", bemerkte Christine Duvivier, Erziehungsexpertin und Vertreterin der Positiven Psychologie. „Ich glaube nicht, dass überhaupt jemand so hohen Erwartungen ausgesetzt war, was er erreichen oder besitzen sollte, wie heute."

Wo auch immer die Gründe für die gesellschaftlichen Veränderungen liegen – Veränderungen, die Sie in Bereichen beeinflussen, die Ihnen möglicherweise noch gar nicht bewusst sind

– Sie können ein Teil der Lösung sein. Sie können ein Bewusstsein dafür schaffen – einfach, indem Sie das Thema aufs Tapet bringen. Garantiert. *Denn jede Frau hat eine Meinung dazu.*

Als ich mich mit diesem Thema zu beschäftigen begann, habe ich mit jeder Frau darüber gesprochen, die mir begegnete: „Wusstest du, dass Studien belegen, dass Frauen seit Anfang der 70er-Jahre unzufriedener, Männer dagegen immer glücklicher werden? Vor allem mit Anfang 40 haben viele Frauen das Gefühl, ihr Leben entwickle sich nicht so, wie sie es sich vorgestellt hatten. Sie haben versucht, alles zu erreichen, aber viele sind mit dem Ergebnis unzufrieden. Was glaubst du, woran das liegt?" Keine Frau antwortete: „Keine Ahnung." Sondern alle fingen an, ausführlich aus ihrem eigenen Leben und dem ihrer Töchter, Mütter und Freundinnen zu erzählen. Die Kommentare waren ganz unterschiedlich, aber ein Thema zog sich durch:

> Es ist anstrengend, wenn man versucht, alles zu erreichen.
> Ich habe nie das Gefühl, genug zu tun.
> Ich habe ein schlechtes Gewissen, weil ich nicht mehr tue.

An einem Frühlingsmorgen saß ich bei Starbucks im Rockefeller Center in New York. Ich war vorher als Gast in der *Today Show* aufgetreten und traf mich nun mit zwei Produzentinnen der *Dr. Oz Show*. In dieser Talkshow war ich bereits zu einem früheren Zeitpunkt zu Gast gewesen und eine der Produzentinnen fragte mich, woran ich aktuell arbeite. Ich erzählte von diesem Buch und welche Themen die Frauen, mit denen ich sprach, beschäftigten. Die beiden Produzentinnen gingen direkt darauf ein und erzählten Beispiele aus ihren eigenen Familien. Plötzlich erschien eine mir völlig unbekannte Frau an unserem Tisch. Sie schien uns dringend etwas mitteilen zu wollen. In ihrem britischen Akzent sagte sie: „Entschuldigen Sie. Normalerweise belausche ich keine Gespräche, aber worüber Sie gerade reden, ist so spannend und so wahr." Und dann beschrieb sie uns leidenschaftlich zehn Minuten lang den Stress aus Arbeit, Fahrtweg, Ehe und Muttersein. „Ich glaube, es ist ein reiner Mythos, dass wir alles unter einen Hut kriegen können", sagte sie frustriert und klang, als brauche sie gerade einfach mal jemanden, dem sie sich mitteilen konnte. „Und dabei will ich nicht einmal alles unter einen Hut kriegen. Ich wünschte, ich könnte einfach zu Hause bleiben, aber das ist nicht drin. Wir brauchen das Geld."

Sie ist nicht allein mit ihren Gefühlen. Hier ein paar Aussagen von Frauen, mit denen ich gesprochen habe:

- Eine 43-jährige Mutter von sechs Kindern, die seit 18 Jahren verheiratet ist, und den hauptamtlichen Dienst in einer Gemeinde anstrebt, sagte: „Ich habe das Gefühl, extrem spät dran zu sein. Ich hätte wohl schon vor zehn Jahren anfangen sollen."
- Eine 26-Jährige, die zu diesem Zeitpunkt frisch verheiratet war, erzählte: „Ich fühle mich so unter Druck, alles richtig machen zu müssen – auf der Arbeit wie zu Hause. Alle fragen, wann wir Kinder kriegen. Ich weiß es nicht! Momentan versuche ich nur herauszufinden, wie ich Partnerschaft und Karriere unter einen Hut kriegen kann."
- Eine 38-jährige alleinstehende Angestellte berichtete: „Ich fühle mich so oft kritisiert. Als glaubten die Leute, ich würde zugunsten einer großartigen Karriere auf eine Familie verzichten. In Wahrheit würde ich mir beides wünschen. Ich hatte damit gerechnet, in meinem Alter längst verheiratet zu sein. Aber es kam anders und inzwischen fange ich an mich zu fragen, ob es jemals passieren wird. Normalerweise habe ich einen relativ festen Glauben, daher habe ich ein schlechtes Gewissen wegen meiner Zweifel."
- Eine 60-jährige Mutter zweier Kinder sagte: „Ich glaube, junge Frauen sind heute deshalb so gestresst, weil so viele Erwartungen an sie gerichtet werden. Nach meinem Schulabschluss wurde von mir erwartet zu heiraten und Kinder zu kriegen und möglicherweise noch Sekretärin zu werden. Auf mir lag nicht der Druck, die Welt zu erobern."

Diese letzte Anmerkung einer Frau aus der Generation der Baby Boomer trifft möglicherweise den Nagel auf den Kopf. Dass wir mehr Optionen haben als jemals zuvor, führt auch dazu, dass wir uns häufiger fragen, ob die getroffenen Entscheidungen richtig waren, und vielleicht bedauern wir dann, uns nicht anders entschieden zu haben. Höhere Erwartungen haben automatisch zur Folge, dass wir ihnen häufiger nicht gerecht werden. Je mehr Frauen die Karriereleiter erklimmen und finanziell erfolgreich sind, desto mehr können wir uns vergleichen – und viele von uns fühlen sich dann schlecht, weil sie das Gefühl haben, irgendwie nie genug zu tun. Zu viele Herausforderungen können Glück und Zufriedenheit dämpfen. Und mit diesem Buch möchte ich das dringend notwendige Gespräch darüber in Gang setzen.

DAS GESPRÄCH ERÖFFNEN

Wenn Sie das Thema dieses Buches angesprochen hat, gehören Sie meiner Ansicht nach zu den Frauen, die eine Diskussion darüber in Gang setzen können. Wir wollen glücklich sein, finden es aber immer schwieriger, wirklich zufrieden zu sein – und legen ein Lächeln auf, um unsere Enttäuschung, unsere Entmutigung und den Frust zu verstecken. Wir haben getan, wovon wir glaubten, es würde zu unserem Glück führen, und mussten feststellen, dass wir falschlagen. Wir werden uns einigen wichtigen Fragen stellen – Fragen, deren Beantwortung mit darüber entscheidet, ob Sie ein glückliches Leben führen:

- Warum ist es heute schwieriger, zufrieden zu sein, als noch vor wenigen Jahrzehnten? Und warum wird es mit der Zeit immer noch schwieriger?
- Wann haben wir genug getan?
- Haben uns unsere Mütter nicht beigebracht, wir könnten alles gleichzeitig erreichen? Haben sie sich das nur ausgedacht oder sind wir einfach die erste Generation, die vor dem großen Experiment steht, herausfinden zu müssen, wie das funktionieren kann?

Um eine Herausforderung bewältigen zu können, müssen wir sie erst einmal wahrnehmen. Mithilfe von Forschungsergebnissen aus dem Bereich der Positiven Psychologie (die sich mit der Fra-

ge beschäftigt, was uns glücklicher, gesünder und widerstands-
fähiger macht) habe ich 13 Glücklichmacher gefunden. Sie alle
können unsere Zufriedenheit befeuern. Aber je nach Persönlichkeit wecken manche Glücklichmacher schneller positive Emotionen in uns als andere. Wir werden uns alle 13 Glücklichmacher
ansehen und überlegen, wie Sie diese in Ihren Alltag integrieren
können, damit Sie Ihr Leben fröhlich und authentisch, weniger
gestresst und zufriedener gestalten können. Ich habe einen Test
entwickelt, mit dem Sie herausfinden können, welcher Ihr stärks-
ter Glücklichmacher ist. Sie finden ihn im Anhang.

Sie werden im Folgenden aber nicht nur Ihre persönlichen
Glücklichmacher kennenlernen, sondern in diesem Buch zudem konkrete Vorschläge finden, wie Sie Ihre Glücklichmacher
anwenden können. Es gibt zwar schon etliche Bücher zum Thema Glück, aber meines Wissens geht es bislang in keinem um
Glücklichmacher und darum, dass Sie persönlich möglicherweise etwas ganz anderes glücklich macht als jemand anderen.
Wir erleben dann authentisches Glück, wenn wir wissen, was uns
von Natur aus Kraft gibt und uns zutiefst Sinn und Zufriedenheit
verleiht. Das zu wissen, kann Ihr Leben radikal verändern – und
es kann Ihren Freundinnen, Ihrem Partner und anderen lieben
Menschen helfen zu verstehen, wer Sie sind und was Sie ausmacht. Ich ermutige Sie auch, den Menschen, die Ihnen nahestehen, ans Herz zu legen, den Test zu machen. Stellen Sie sich vor,
wie sehr Ihre Beziehungen davon profitieren würden, wenn Sie
wüssten, was Ihre Kinder, Ihren Partner, Ihre Freunde, Kollegen
und Familienangehörigen glücklich macht. Tiefer zu begreifen,
was zu unserem eigenen und dem Glück anderer beiträgt, weckt
spannende Veränderungen in unseren Beziehungen.

WIE DIESES BUCH AUFGEBAUT IST

GLÜCKLICHMACHER

Sie werden in diesem Buch 13 Glücklichmacher kennenlernen.
Eigentlich handelt es sich dabei um bestimmte Fertigkeiten.

Glück ist Handwerk. Wer sich Glücksgewohnheiten antrainiert und häufiger Entscheidungen trifft, die ihn zufriedener machen, und seltener solche, die das nicht tun, wird merken, dass in seinem Leben Freude und Zufriedenheit spürbar zunehmen. Studien belegen, dass Zufriedenheit zur Hälfte genetisch bedingt und nur zu zehn Prozent von unseren Umständen abhängig ist.[6] Der Apostel Paulus hatte recht, als er schrieb: „Ich habe gelernt, mit dem zufrieden zu sein, was ich habe. Ob ich nun wenig oder viel habe, ich habe gelernt, mit jeder Situation fertigzuwerden" (Phil 4,11f.). Zu etwa 40 Prozent hängt unser Glück davon ab, was wir bewusst tun – von unseren Alltagsgewohnheiten, unseren Beziehungen und womit wir unsere Zeit verbringen.[7] Die Glücklichmacher können uns dabei helfen, diese 40 Prozent gut zu gestalten. Ich erkläre Ihnen diese Fertigkeiten, gebe Ihnen konkrete Vorschläge zur Umsetzung an die Hand und beschreibe mit anschaulichen Beispielen, wie andere Frauen sie angewendet und dadurch mehr Zufriedenheit und Freude in ihren Alltag gebracht haben.

Anregungen zum Gespräch

Nach jedem Glücklichmacher finden Sie einen Gesprächseinstieg. Diese Abschnitte sollen Ihnen die gesellschaftlichen Veränderungen und Zusammenhänge bewusst machen, die uns Frauen und unsere Chance, glücklich zu werden, beeinflussen – selbst wenn wir davon bislang gar nichts gemerkt haben. Nutzen Sie diese Anregungen zum Gespräch mit anderen und entwickeln Sie eigene Strategien, um sich von diesen Veränderungen nicht die Freude rauben zu lassen.

Am Anfang jedes Gesprächseinstiegs finden Sie Fragen für das Gespräch mit Freundinnen. Damit können Sie herausfinden, wie Sie weiterkommen und Erfüllung erleben können. Die Fragen sollen Ihnen dabei helfen, sich mit anderen Frauen über einen

---

6 Sonja Lyubomirsky: *Glücklich sein – Warum Sie es in der Hand haben, zufrieden zu leben.* Frankfurt/New York: Campus, 2008.
7 Ebd.

bestimmten Glücklichmacher auszutauschen und sich zu fragen, wie Sie ihn wecken können – und was ihm möglicherweise im Weg steht. Sollten Sie nicht mit anderen über die Fragen sprechen können oder wollen, so möchte ich Sie dazu ermutigen, dennoch für Sie selbst Antworten auf diese Fragen zu finden. Ihre Gedanken und Einstellungen werden dadurch in Richtungen gelenkt, die Ihnen helfen können, sich Ihr Glück zu eigen zu machen.

Mein Ziel ist zum einen, dass Sie nach der Lektüre Werkzeuge an der Hand haben, mit denen Sie glücklicher und zufriedener werden, und zum anderen, dass Sie die gesellschaftlichen Zusammenhänge stärker wahrnehmen, die Ihnen begegnen. Diese kulturellen Faktoren wirken in diesem Buch manchmal etwas negativ. Ich wünschte, es wäre anders, aber so ist nun einmal die Realität. Die gute Nachricht ist jedoch, dass Sie jede Menge dagegen tun können.

ZWÖLF MYTHEN ZUM THEMA GLÜCK, DIE JEDE FRAU KENNEN SOLLTE

Ein Letztes noch, bevor wir loslegen: Die meisten von uns schleppen einige Annahmen – nennen wir sie Mythen – zum Thema Glück mit sich herum. Ich will sie lieber gleich entlarven. Manche werden Sie überraschen, andere auf Sie gar nicht zutreffen. Aber sie zu kennen, erweitert unsere Werkzeugkiste für ein glückliches Leben. Mithilfe dieser Werkzeuge können Sie gute Entscheidungen treffen und angemessene Erwartungen an sich stellen. Und diese Werkzeuge werden Ihnen helfen, schon auf dem Weg hin zu Ihren Lebenszielen glücklich zu sein – und nicht so lange in Wartestellung zu verharren, bis Sie diese endlich erreicht haben.

1. SIE WISSEN SELBST, WAS SIE GLÜCKLICH MACHT

„Wenn ich erst ..." ist ein Satz, der viele Frauen auf ihrem Weg zum Glück stolpern lässt. Studien belegen, dass wir relativ schlecht vorhersagen können, was uns glücklich macht. Das ist die traurige Wahrheit. Wir glauben, diese neue Beziehung oder jener neue

Job oder diese Verantwortung werde uns glücklich machen. Aber in Wirklichkeit ist Glück ein Gemütszustand. Was uns glücklich macht, ist unsere Lebenseinstellung. Jemand hat Glück einmal definiert als „Frage danach, wie wir uns *fühlen* angesichts des Lebens, das wir führen". Das ist völlig subjektiv. Wer nicht glücklich ist, wenn er noch nicht alles hat, was er sich wünscht, wird aller Voraussicht nach auch dann nicht glücklich sein, wenn alle Träume in Erfüllung gehen. Denn wenn Glück bedeutet, die Liste mit Dingen und Menschen, die wir zu unserem Glück brauchen, komplett abhaken zu können, dann wird diese Liste einfach wie von Zauberhand immer länger werden.

2. ERFOLG MACHT GLÜCKLICH

Alles, wonach wir im Leben streben, klingt deshalb verlockend, weil wir glauben, dass es uns glücklicher macht – seien es Liebe, Karriere, Idealgewicht oder Geld. Erfolg ist da keine Ausnahme. Aber der Mythos, Erfolg mache glücklich, ist einfach nicht wahr. Umgekehrt wird ein Schuh daraus: Was zum Erfolg führt, sind die Einstellung, die positiven Emotionen und der Optimismus, die aus unserer Zufriedenheit erwachsen. Studien zeigen, dass glückliche Menschen mit höherer Wahrscheinlichkeit befördert werden, mehr Geld haben und Herausforderungen überstehen als andere.

3. GLÜCK IST DAS, WAS UNS PASSIERT

Der Satz ist eingängig und klingt überzeugend: „Glück ist das, was uns passiert." Aber er stimmt nicht. Umstände sind nur für etwa zehn Prozent unseres Glücks verantwortlich. Immer wieder belegen Studien, dass Menschen nach schwierigen oder sogar tragischen Ereignissen wieder ungefähr auf den Glückspegel zurückkehren, auf dem sie vorher waren. Das heißt, unglückliche Menschen bleiben unglücklich und halbwegs glückliche Menschen passen sich den Veränderungen an und erlangen ihre Zufriedenheit wieder.

4. *Glücklich sein zu wollen, ist egoistisch*

Es gibt „für den Menschen nichts Besseres ..., als sich zu freuen und das Leben zu genießen", denn das sei „Gottes Geschenk", erklärt König Salomo im alttestamentlichen Buch Prediger. Weshalb glauben dann so viele Christen, es sei „egoistisch", glücklich sein zu wollen? Zufriedenheit ist gut für unsere Gesundheit und sie ist ansteckend. Welche bessere Art zu leben könnte es geben als Zufriedenheit und eine positive Lebenseinstellung, durch die andere ermutigt werden?

5. *Bei all den Chancen und Verbesserungen in Beruf und Gesellschaft sind Frauen heute glücklicher als vor 40 Jahren*

Ich wäre froh, wenn ich behaupten könnte, dass diese Aussage zutrifft. Aber leider geben Frauen heute an, weniger zufrieden zu sein als 1972, während die Männer zufriedener sind. Schlimmer noch: Frauen sind zudem unglücklicher und fühlen sich weniger erfüllt, je älter sie werden, während bei Männern das Gegenteil zutrifft.

6. *Frauen, die arbeiten, sind glücklicher und erfüllter*

Ich hasse es fast, das sagen zu müssen, aber auch diese Aussage ist nicht richtig. Frauen, die zu Hause bleiben, geben an, zufriedener zu sein als berufstätige Frauen. Mich überrascht das nicht. Sosehr ich meine Arbeit auch liebe und weiß, dass das, was ich tue, meine Berufung ist, träume ich an manchen Tagen doch davon, überhaupt nicht zu arbeiten. Kennen Sie das? Erfüllung findet sich auf ganz unterschiedliche Art und Millionen von Frauen brauchen dafür keinen Job.

7. Kinder machen glücklich

Ich will damit keineswegs andeuten, Sie sollten keine Kinder kriegen, aber viele Studien aus verschiedenen Jahren zeigen, dass verheiratete Frauen mit Kindern weniger glücklich sind als verheiratete Frauen ohne Kinder. Da lässt sich leicht ausrechnen, dass Alleinerziehende von mehr Stress und weniger Zufriedenheit berichten als alleinstehende Frauen ohne Kinder. Kinder sind ein Geschenk von Gott, aber heutzutage bringen sie oft auch Stress und Sorgen mit sich, die unser Glück beeinträchtigen.

8. Wenn ich mehr Geld hätte, wäre ich glücklicher

Nur unter wenigen Umständen macht Geld glücklicher. Und jenseits eines Jahreseinkommens von 75.000 US-Dollar (umgerechnet etwa 60.000 Euro) sind die Steigerungen des Glücks ohnehin nur sehr gering.[8] Deutsche Studien haben Ähnliches gezeigt; sie kamen zu dem Ergebnis, dass ab einem Nettomonatseinkommen von 5.000 Euro ein Gewöhnungseffekt auftritt und die Zufriedenheit nicht weitersteigt. Unterhalb dieser Grenze steigert mehr Geld die Zufriedenheit allerdings schon.[9] Wer in Armut lebt – sagen wir jährlich rund 15.000 US-Dollar (umgerechnet etwa 12.000 Euro) zur Verfügung hat – und eine Gehaltserhöhung bekommt, durch die er künftig 45.000 US-Dollar jährlich (umgerechnet etwa 35.000 Euro) verdient, erlebt ein weit höheres Glücksgefühl. Denn die Erfüllung unserer Grundbedürfnisse ist wichtig für ein glückliches Leben. Aber sind diese Bedürfnisse einmal gestillt, ist Geld nicht der wichtigste Garant für unser Glück. Noch glücklicher macht es, zu teilen und den eigenen Finanzrahmen nicht auszuschöpfen.

---

8 Daniel Kahneman und Angus Deaton: „High Income Improves Evaluation of Life but Not Emotional Well-Being", *Proceedings of the National Academy of Science of the United States of America* 107, Nr. 38, 4. August 2010: 16489-93, http://www.pnas.org/content/107/38/16489.

9 Renate Köcher und Bernd Raffelhüschen: *Glücksatlas Deutschland 2011.* München: Albrecht Knaus Verlag, 2011.

9. WER IN DEN BESTEN GEGENDEN WOHNT, IST GLÜCKLICHER

Auch das ist ein Mythos. Glücklich ist, wer in einem Umfeld lebt, das ein wenig unterhalb dessen liegt, was er sich leisten kann. Wir sind Untersuchungen zufolge dann glücklicher, wenn wir in einer Umgebung leben, in der es uns immerhin ein wenig besser geht als den Menschen um uns herum. Es nimmt uns den Druck, mit den Nachbarn mithalten zu müssen und wir haben nicht so sehr das Gefühl, zu kurz zu kommen, zu wenig zu leisten oder zurückstecken zu müssen – was gut ist für unser Glücksempfinden!

10. IN DER EHE SIND FRAUEN GLÜCKLICH UND MÄNNER FÜHLEN SICH EINGESCHRÄNKT

Wir können dieses Klischee in jeder Fernsehserie bewundern: Der Ehemann stöhnt, dass er die Erlaubnis seiner Frau einholen muss, wenn er mit den Kumpels um die Häuser ziehen will oder er ist frustriert, weil seine Frau ihn ständig kritisiert oder ihm neue Aufgaben präsentiert. Man hat den Eindruck, Männer würden schreiend und tretend in die Ehe gezwungen, während Frauen sich darum rissen zu heiraten. Dieses gesellschaftliche Klischee verblüfft deshalb so, weil Studien regelmäßig belegen, dass Männer in ihrer Ehe im Schnitt glücklicher sind als Frauen. Und wenn Männer sich scheiden lassen, heiraten sie typischerweise schneller wieder.

11. GLÜCK IST LEICHT

Äh ... nicht in unserer heutigen Welt. Ständig werden wir mit Aussagen bombardiert, die uns vorgaukeln, wir könnten erst glücklich sein, wenn wir befördert würden, eine Beziehung eingingen, unser Traumhaus und Traummaße hätten. Zudem ist das soziale Netzwerk, das zu einem glücklichen Leben gehört – eine Familie in der Nähe, Nachbarn, die wir kennen – heute weniger stark vorhanden, die Erwartungen sind jedoch weiterhin hoch.

12. ALLES UNTER EINEN HUT ZU KRIEGEN, MACHT GLÜCKLICH

Das ist die Frage. So wie es aussieht, entscheiden sich immer mehr Frauen dafür, es nicht länger zu versuchen – oder sie haben es bereits versucht, aber nicht das Gefühl, allem gerecht werden zu können, selbst wenn sie es wollen. In der Generation X (etwa die Jahrgänge zwischen 1960 und 1980) haben 43 Prozent der Frauen mit Collegeabschluss keine Kinder. Von den Müttern dagegen entscheidet sich ein rekordverdächtiger Anteil dafür, der Berufswelt den Rücken zu kehren und bei den Kindern zu Hause zu bleiben. Und wer arbeitet *und* Kinder großzieht, kämpft mit Stressfaktoren und Herausforderungen, die jeden Funken Zufriedenheit rauben können. Das soll nicht heißen, dass es nicht auch Frauen gibt, die alles unter einen Hut kriegen. Aber alles zu haben – Mann, Kinder, Karriere, Traumgewicht und Zufriedenheit – erfordert ein Zusammenkommen günstiger Umstände, das nur wenige Frauen erleben.

Wie sieht es bei Ihnen aus? Welchen dieser Mythen sind Sie aufgesessen? Und inwiefern beeinflussen sie Ihren Blick auf Ihr Leben? In diesem Buch lade ich Sie ein, alle Mythen zu vergessen und mit neuen Vorstellungen zu starten, was für Ihr Glück nötig ist. Es geht darum, neue Gedanken zu entwickeln, alle Überzeugungen abzulegen, die Ihre Zufriedenheit untergraben, und stattdessen Fähigkeiten zu erlernen, die wirklich zum eigenen Glück führen. Mit einer Mischung aus wissenschaftlicher Forschung, biblischer Weisheit, den Erlebnissen anderer Frauen und Diskussionsanregungen für Sie und Ihre Freundinnen wollen wir nun eine Reise antreten, die Ihr Leben verändern kann.

Sind Sie bereit? Los geht's.

Vorfreude

*Wie wir mit der Kraft der positiven Erwartung unsere gute Laune
wecken können*

Entscheidung
„Ich will jeden Tag dafür sorgen,
dass ich mich auf etwas freuen kann."

Als Single und angesichts fehlender geeigneter Partner in ihrer Stadt beschwerte sich Sarah über ihre eintönigen und einsamen Abende: „Ich wünsche mir einfach nur jemanden, mit dem ich etwas unternehmen kann", sagte sie in einer Coaching-Einheit. „Ist das denn zu viel verlangt?"

Tja, vielleicht nicht. Sie ist klug und attraktiv und man sollte annehmen, sie hätte kein Problem, sich mit jemandem zu verabreden. Wahrscheinlich stellen sich diese Frage die meisten Frauen in ihrer Situation. Aber ich stellte Sarah eine noch viel wichtigere Frage: „Du kannst warten, bis jemand auftaucht, der dir einen Anlass bietet, Spannendes und Interessantes zu unternehmen," sagte ich, „aber warum tust du nicht genau das, auch ohne dass du so jemanden hast?"

„Weil ich nicht gern allein irgendwohin fahre", erklärte sie.

„Na, dann fahr nicht allein. Frag eine Freundin, ob sie mit-kommt", sagte ich.

Sarah zögerte. So simpel mein Vorschlag war, für Sarah klang er trotzdem neu und ungewohnt. Normalerweise wartete sie, bis Freundinnen sie einluden, etwas gemeinsam zu unternehmen. Sie nahm sich nie von sich aus etwas vor und fragte andere, ob sie mitmachen wollten. Kein Wunder, dass sie sich langweilte! Sie lebte nie ihre eigenen Vorstellungen – was auch immer sie tat, war die Idee von anderen. Bei allen Ereignissen, die Freunde oder Kollegen planten und zu denen sie eingeladen wurde, machte sie mit – angefangen bei Arbeitsprojekten bis hin zu ersten Geburts-tagen. Aber wo auch immer sie hinging – es war nie ihre eigene Idee.

Ich ermutigte Sarah, sich für die kommende Woche bewusst etwas Schönes vorzunehmen. Sie nahm die Herausforderung be-geistert an und stellte fest, dass sie tatsächlich zu unflexibel gewe-sen war, sich einfach Dinge vorzunehmen, auf die sie sich freuen konnte. In der Woche traf sich eine Gruppe, der sie sich ohnehin schon lange anschließen wollte, in einem Restaurant in der Nähe und Sarah lud eine Kollegin ein, sie dorthin zu begleiten. Und dann ging alles ganz schnell: Sarah lernte an diesem Abend je-manden kennen und innerhalb weniger Wochen befand sie sich in einer Beziehung.

Das heißt nun nicht, dass, wer mal etwas unternimmt, gleich die Liebe seines Lebens findet. Aber eines bedeutet es schon: Wenn wir unser Leben in die Hand nehmen und dafür sorgen, dass wir uns auf etwas freuen können, wenn wir Ereignisse pla-nen, denen wir gern entgegenblicken, werden wir überrascht sein, wie viele wünschenswerte Veränderungen das bewirken kann.

Sarah fing an, Vorfreude bewusst einzuplanen: Sie lud Freunde zum Abendessen ein, nahm sich bewusst vor, in die Badewanne zu steigen, genoss Leseabende, an denen sie sich früh mit einem guten Buch ins Bett kuschelte. Sie belegte einen Kurs über Wein-kunde, zu dem sie ihre Schwester einlud, und schloss sich einer Radgruppe an, von der sie über eine Kollegin gehört hatte und die sich samstagmorgens traf. Fast jeden Tag stand etwas in ihrem Kalender, auf das sie sich freuen konnte.

Wie viele Termine in den nächsten sieben Tagen in Ihrem Kalender können Sie kaum erwarten? Unsere Zufriedenheit hängt zu einem guten Teil auch davon ab, ob wir uns auf etwas freuen können. Denn dann sehen wir einem Vergnügen entgegen. Sorgen Sie dafür, dass Sie sich auf etwas freuen können – und sei es das Stück Torte, das Sie schon die ganze Woche aufheben, um es jetzt zu genießen, oder die Freundin, mit der Sie morgen endlich einen Termin gefunden haben. Vorfreude ist ein Glücklichmacher, der sich leicht arrangieren lässt, wenn wir ihn nur bewusst angehen. Mit anderen Worten, wir müssen eins von beidem tun:

- Wissen, welche Termine, auf die wir uns freuen, vor uns liegen
  oder
- uns etwas vornehmen, auf das wir uns freuen.

Als ich noch klein war, sagten meine Eltern immer, wenn ich mich langweilte, das sei meine eigene Schuld. Denn das hieße, dass ich auf irgendwen wartete, der mir Beschäftigung bot, anstatt dass ich mir selbst überlegte, wie ich meine Zeit konstruktiv und kurzweilig verbringen konnte. Als Erwachsene ist uns selten langweilig (dafür bleibt einfach zu wenig Zeit!), aber wir können in den immer selben Trott verfallen und das Gefühl haben, das Leben sei nur noch eine Liste von Verpflichtungen, die es zu erledigen gelte. Wie oft wachen Sie morgens auf und sind tatsächlich aufgeregt, weil Ihnen an diesem Tag etwas Spannendes bevorsteht? Was wäre nötig, damit das eintrifft?

WISSEN, WAS VOR UNS LIEGT

Vielleicht kennen Sie das auch: Wenn mein Kalender richtig voll ist, graut mir manchmal vor dem, was mir bevorsteht. Wohlgemerkt, ich habe mein Leben in den letzten Jahren so organisiert, dass ich meine Arbeit liebe, deshalb steht nur selten etwas in meinem Kalender, das ich nicht irgendwann tatsächlich auch gern machen *wollte*. Aber wenn zu viel davon ansteht, vergesse ich, dass es eigentlich spannende Termine sind und sehe nur noch

die schiere Fülle. Deshalb habe ich es mir zur Gewohnheit gemacht innezuhalten, wenn ich in meinen Kalender schaue, tief
durchzuatmen und dabei bewusst alles wahrzunehmen, was mir
an dem Tag bevorsteht. Das sind nicht nur Pflichten, die ich erledigen muss. Das ist mein Leben. Und ich bin dankbar dafür. Und
auf das meiste davon kann ich mich freuen.

Wenn das Leben nichts als eine lange Liste ist aus Arbeit, Aufgaben und was immer sonst noch so in Ihrem übervollen Kalender steht, trübt das die Freude. Worauf freuen Sie sich heute?
Und nächste Woche? Und in drei Monaten? Studien zeigen, dass
Vorfreude – einem bevorstehenden Ereignis gespannt entgegenzublicken – positive Emotionen weckt und das Glück beflügelt.
Aber wenn der Kalender voll und das Leben nur noch ein mono-
toner Alltag aus Aufgaben und Erwartungen ist, sind Vorfreude
und Begeisterung meist nicht unsere vorherrschenden Gefühle.
Die gute Nachricht ist: Wir können uns jeden Tag bewusst etwas
vornehmen, auf das wir uns freuen. Und wenn Sie glücklich sein
wollen, müssen Sie das auch. Die meisten Frauen, die glücklich
sind, tun das automatisch. Es ist ihnen vielleicht nicht einmal bewusst, aber wenn man sie nach ihrem Kalender fragt, findet man
überall in den nächsten Tagen und Wochen einzelne Ereignisse,
die ihnen Freude machen.

Ihr Treffen heute um elf? Betrachten Sie es als Chance, voranzukommen und produktiv zu sein. Das Treffen zum Mittagessen, für das Sie heute eigentlich gar keine Zeit haben? Genießen
Sie die Gelegenheit, beim Essen abzuschalten und inmitten eines
vollen Tages mit dieser Person Zeit zu zweit zu verbringen. Die
Turnstunde, zu der Sie Ihre Tochter heute Nachmittag fahren
müssen? Denken Sie an die Zeit, als Sie noch davon träumten,
Kinder zu haben, und genießen Sie das Privileg, eine gesunde, ak-
tive kleine Tochter zu haben die gerade vor Ihren Augen erblüht.
Ach ja, und die neueste Folge Ihrer Lieblingssendung, die Sie sich
heute Abend um 21.15 Uhr eingerollt auf Ihrem Sofa ansehen
werden? Erzählen Sie jemandem, wie sehr Sie sich darauf freuen!
Entscheidend für die Vorfreude ist auch, sie auszusprechen.

POSITIVE EMOTIONEN VERMEHREN

Vorfreude bedeutet, positive Emotionen gegenüber der Zukunft zu wecken. Richtige Vorfreude kann sogar genauso viele positive Emotionen wecken wie das Ereignis selbst. Das passt zu dem alten Spruch: „Der Weg ist das Ziel." Urlaubsplanung ist das beste Beispiel dafür: Wir studieren Websites mit bunten Bildern unserer Traumziele und stellen uns vor, wie wir den Flug buchen, und überlegen, worauf wir uns nach der Ankunft schon freuen. Wenn wir als Familie oder Gruppe reisen, können wir uns mehrere Wochen vor der Reise zusammensetzen und gemeinsam Pläne schmieden und den Countdown starten. Alles, was die Begeisterung und Freude auf ein Ereignis anfacht, verstärkt unsere positiven Emotionen.

WENN SIE SICH AUF NICHTS FREUEN, WERDEN SIE AKTIV!

Vielleicht geht es Ihnen wie Sarah. Wenn Sie in Ihren Kalender sehen und nichts finden, worauf Sie sich freuen, ist es an der Zeit, aktiv und kreativ zu werden. Was wollten Sie schon lange einmal unternehmen? Vielleicht ist jetzt der Zeitpunkt gekommen, es endlich anzugehen. Haben Sie kürzlich etwas erreicht oder steht Ihnen ein Erfolg bevor? Dann überlegen Sie, wie Sie ihn feiern können. Das kann eine kleine Anerkennung sein (gönnen Sie sich die neuen Schuhe, mit denen Sie schon so lange liebäugeln) oder eine Riesenparty (wenn Sie noch nie eine geschmissen haben, ist das eben Ihre erste!). Feiern fördert die Vorfreude.

DIE KRAFT DES NEUEN: PROBIEREN SIE ETWAS AUS

Vorfreude lässt sich hervorragend wecken, indem wir etwas Neues ausprobieren. Neues macht uns glücklich, weil es unser Leben spannend hält. Wer sich vornimmt, Neues zu tun oder zu lernen, kann sich immer auf ein Abenteuer freuen. Kürzlich habe ich beschlossen, Gemüse anzubauen. Das hat mich immer schon fasziniert. Obwohl ich die Sommerferien regelmäßig bei meinen Großeltern verbracht habe und meine Oma einen 2.000 Quadratmeter großen Garten hatte, in dem Mais, Kohl, Rüben, grüne Bohnen, Kartoffeln, Tomaten und Kürbisse wuchsen, und einen Obstgarten mit Äpfeln, Pflaumen, Pfirsichen, Brombeeren und vielem mehr, hatte ich bislang keinen blassen Schimmer, wie das alles aus der Erde kommt. Seit ich erwachsen bin, und vor allem jetzt, wo Bioprodukte so populär sind, frage ich mich, wie meine Oma das bloß gemacht hat. Ich habe dann ganz simpel angefangen – mit Tomaten auf der Veranda.

Gerade heute habe ich meine erste reife knallrote Kirschtomate geerntet. Ich weiß, das klingt jetzt wie Reklame, aber sie war tatsächlich frisch und voller Geschmack! Jeden Morgen freue ich mich darauf, draußen meine Tomaten zu gießen. Jedes Mal frage ich mich, wie viele wohl schon anfangen, sich von grün zu orange und von orange nach rot zu verfärben. Ich bin begeistert, wenn wieder neue Babytomaten an den Ästen sprießen. Und zu wissen, dass ich daran beteiligt war, sie hervorzubringen, verschafft mir ein gewisses Gefühl der Befriedigung. Ich dachte, Gemüse anzubauen sei viel komplizierter! Ich habe etwas Neues gelernt. Das macht mich glücklich.

TÄGLICHE VORFREUDE: ZUM GLÜCK IST HEUTE MONTAG!

Noch ein Weg, unser Glück durch Vorfreude zu befeuern, ist der, sich einen Beruf und eine Arbeitsumgebung zu suchen, die man liebt. Arbeit nimmt heute einen so großen Teil unserer Zeit ein, dass es viel ausmacht, wenn wir uns auf dem Weg zur Arbeit schon darauf freuen. Malen Sie sich einmal folgende Szene aus meinem Leben vor Augen:

Ich war letztes Jahr zu Neujahr in Miami am Strand. Ich habe jede Sekunde meines zwölftägigen Urlaubs genossen: Weihnachten mit der Familie feiern, Erholung, abschalten und beim Geräusch der Atlantikwellen an der Küste Südfloridas einschlafen. Ich fuhr erst am letzten Abend zurück. Kaum berührten die Flugzeugräder den Boden am Hartsfield-Jackson-Airport in Atlanta, jammerte ich (innerlich jedenfalls): „Warum habe ich mein Büro nicht auch noch am 2. Januar geschlossen?"

Ein Tag Puffer, bevor der Alltagstrott wieder losging, wäre nett gewesen, aber ich fühlte mich trotzdem erholt und freue mich auf das neue Jahr. Ich war bereit, wieder arbeiten zu gehen. Am 2. Januar fuhr ich also ins Büro. Als ich auf dem Parkplatz ankam, erhielt ich eine Nachricht von meiner Assistentin: *Soooo ... laut Kalender hast du heute noch frei. Nicht vergessen.*

Hätte ich das gewusst, läge ich noch im Bett! Aber nun war ich angezogen (ich hatte mir sogar mein Outfit vorher ordentlich zurechtgelegt!) und bereit durchzustarten. Also stieg ich aus dem Wagen und ging ins Büro. Mein Vater hatte noch die ganze Woche frei und räumte bei sich zu Hause auf. Als er mittags anrief, erzählte ich ihm die Geschichte: „Ich hätte heute frei gehabt, habe es aber erst gemerkt, als ich schon hier war!"

Seine Antwort klang ähnlich wie die der anderen, denen ich schon scherzhaft von meinem Dilemma erzählt hatte: „Wow, das nenne ich Leidenschaft. Du musst deine Arbeit wirklich lieben, wenn du ins Büro gehst, obwohl du dir extra noch einen Tag freigehalten hast!"

Witzig, so hatte ich das noch gar nicht gesehen, aber es stimmt. *Ich liebe meine Arbeit.* Und ich bin dankbar. Das war nicht immer so. In meinem vorigen Beruf habe ich mich irgendwann richtig elend gefühlt. Ich war gut darin, brannte aber nicht dafür. 1999 traf ich die bewusste Entscheidung, meine Berufung zu finden und zu leben. Trotz meiner schlimmsten Befürchtungen, dass ich davon nicht würde leben können (dafür bezahlt zu werden, andere zu „inspirieren", steht nicht gerade auf der Forbes-Liste der „10 Top-Berufe"), habe ich mich auf den Weg gemacht. Meine schlimmsten Befürchtungen haben sich nicht erfüllt. Dafür aber meine Träume. 2001 begann ich, Vollzeit das zu tun, was ich liebe.

Werden Sie für das bezahlt, was Sie am liebsten tun? Wenn nicht, wollen Sie sich einen Plan machen, wie Sie das angehen könnten? Einen Traum wahr zu machen beginnt mit dem einfachen Gedanken: „Es ist möglich."

Sie müssen gar nicht von Anfang an wissen, wie es gehen kann. Sie müssen nur glauben, dass es möglich ist, in die richtige Richtung losgehen, und dabei die Fragen stellen, die Sie zu dem neuen Weg bringen. Treffen Sie die Entscheidung, das zu tun, was Sie gern machen. Fangen Sie klein an. Und beginnen Sie jetzt.

Ich habe das Coaching anfangs in Teilzeit gemacht und nebenher meine eigene PR-Agentur weitergeführt. Es lief nicht alles glatt, aber es war die Sache in jedem Fall wert. Es ist unbezahlbar, morgens aufzustehen und sich auf den neuen Tag zu freuen, weil man weiß, dass man für einen anderen etwas Gutes bewirkt. Es ist schön, sagen zu können: „Zum Glück ist heute Montag!"

In der Vergangenheit schwelgen, wenn der Moment vorüber ist

Ich bin in Panama City in Florida aufgewachsen und habe mich immer schon darauf gefreut, im Garten spielen zu können. Unser Garten war nicht irgendein Garten. Aus irgendeinem Grund hatten wir unglaubliches Glück gehabt. Wir wohnten auf einem Luftwaffenstützpunkt und unser Haus lag auf der Straßenseite, auf der die Grundstücke bis zum Golf von Mexiko reichten. Unsere Aussicht war grandios. Als ich fünf oder sechs war, saß ich am liebsten auf meiner Schaukel im Garten und beobachtete die Delfine, die um die drei großen Pfosten sprangen, die etwa hundert Meter vom Ufer entfernt aus dem Wasser ragten. Ich zählte die Delfine und wie oft sie hochsprangen. Ich freute mich, wenn sie komplett über einen Pfosten sprangen und nicht nur im Wasser wippten. Es war ein großer Spaß für mich, wenn die Delfine beschlossen zu spielen.

Wenige Monate vor meinem siebten Geburtstag eröffneten mir meine Eltern in der Küche, dass wir umziehen würden. Zuerst begriff ich nicht, was das bedeutete – es war mir nie in den Sinn gekommen, dass wir irgendwo anders als hier leben könnten. Und wir zogen auch nicht nur ein paar Häuser weiter oder in eine andere Stadt. Wir zogen in ein anderes Land: nach Deutschland. Als unser Umzug näher rückte, wollte ich mich mit meinen sechs Jahren sehr bewusst an die schönen Zeiten im Garten erinnern. Irgendwie wusste ich selbst in meinem zarten Alter, wie besonders sie gewesen waren. Ich erinnere mich, wie ich auf meiner Schaukel saß, mir das Jahr und den Ort einprägte und innerlich ein Foto von der wunderschönen Aussicht vor mir schoss. Selbst heute noch, Jahrzehnte später, kann ich die Augen schließen und mich an diesen glücklichen Moment in meinem Leben zurückerinnern.

Denken Sie zurück an einen konkreten Augenblick in Ihrem Leben, in dem Sie glücklich waren. Was war der Grund? Wie haben Sie sich gefühlt? Wer war noch dabei? In Erinnerungen zu schwelgen, kann ganz starke positive Emotionen wecken. Wir können in der Vergangenheit, der Gegenwart und der Zukunft schwelgen. Vorfreude bedeutet zwar, der Zukunft freudig entgegenzublicken, aber es lohnt sich zu wissen, dass wir positive Emotionen auch hervorrufen können, wenn wir in den Momenten schwelgen, auf die wir uns irgendwann einmal gefreut haben. Das kann durch einen inneren Schnappschuss geschehen oder ein echtes Foto oder ein Gespräch, in dem wir uns an einen bestimmten Augenblick zurückerinnern – wenn wir in der Vergangenheit schwelgen, können wir unsere Freude über den Augenblick hinaus verlängern.

POSITIVE STATT NEGATIVE ERWARTUNGSHALTUNG

Vorfreude ist eine positive Erwartungshaltung. Manchmal können bevorstehende Ereignisse aber auch Negatives auslösen und Stress verursachen. Heute habe ich vor Vorträgen nur noch sehr selten Lampenfieber. Aber wenn, dann hat es immer denselben Grund: Ich denke, dass der Vortrag in die Hose geht, ich das Publikum nicht erreiche und ich diejenigen, die mich eingeladen haben, zutiefst enttäusche. Das kam noch nie vor, aber manchmal beschleicht mich dieser Gedanke und plötzlich bin ich nervös. Einer meiner Lieblingsratschläge stammt vom Apostel Paulus: „Macht euch keine Sorgen! Ihr dürft Gott um alles bitten. Sagt ihm, was euch fehlt, und dankt ihm!" (Phil 4,6). Coachen Sie sich selbst mit der Frage: Welches Resultat will ich gern sehen?

FÜNF EINFACHE TIPPS, UM VORFREUDE ZU ENTWICKELN

1. ZIELE SETZEN

Es ist unmöglich, ohne Ziele glücklich zu werden. Nun muss unser Ziel nicht lauten, die Welt zu erobern. Aber Ihr Leben braucht ein Anliegen. „In dieser Woche werde ich insgesamt 15 Kilometer joggen." „Nächstes Jahr unternehmen wir unseren Traumurlaub nach Paris." „In fünf Jahren bin ich schuldenfrei." Setzen Sie sich aussagekräftige Ziele innerhalb eines angemessenen Zeitrahmens. Schließen Sie die Augen und stellen Sie sich vor, wie Sie dieses Ziel erreichen.

2. EIN PAAR SCHLICHTE IDEEN AUFSCHREIBEN

Es ist leichter, Vorfreude zu entwickeln, wenn wir nicht immer spontan eine Idee haben müssen. Nehmen Sie sich daher ein paar Minuten Zeit und schreiben sich ein paar schlichte Ideen auf, die Ihnen Freude bereiten. Sie können sie auch auf kleine Zettel schreiben und sie in einen „Vorfreudevorrat" legen. Immer, wenn Sie etwas Neues in Ihren Kalender eintragen wollen, ziehen Sie einen der Zettel.

3. DARÜBER REDEN

Behalten Sie Ihre Vorfreude nicht für sich. Worauf freuen Sie sich gerade am meisten? Erzählen Sie einer Freundin davon. Erzählen Sie ihr, warum Sie sich darauf freuen. Fassen Sie in Worte, wie es sich anfühlen wird, wenn der Augenblick gekommen ist.

4. DIE FREUDE NOCH VERGRÖSSERN

Wenn Sie bewusst anfangen, darüber zu reden, worauf Sie sich freuen, passiert etwas Schönes: Sie fangen an zu überlegen, wie Sie das Ereignis noch weiter verschönern können. Vielleicht fragen Sie jemanden, ob er Sie begleitet. Vielleicht binden Sie weitere Glück-

lichmacher ein und multiplizieren den Effekt – wenn Sie beispielsweise etwas planen, das Sie noch nie gemacht haben, oder wenn Sie
einen Bedürftigen mit etwas überraschen, das ihm wirklich weiterhilft, und Sie sich über seine Reaktion freuen (Glücklichmacher
„Dienen"). Werden Sie kreativ. Vergrößern Sie die Freude noch.

5. Einen Countdown starten

Erinnern Sie sich daran, dass Sie als Kind spätestens ab Mitte Mai
immer genau wussten, wie viele Tage es noch bis zum Beginn der
Sommerferien waren? Der Countdown trug erheblich zur Vorfreude bei. Dasselbe gilt heute, wenn wir Ereignisse planen, auf
die wir uns freuen. Werden Sie wieder zum Kind: Starten Sie einen Countdown. Schreiben Sie ihn auf das Whiteboard im Büro
oder kleben Sie sich jeden Tag ein neues Post-it an den Kühl-
schrank oder den Badezimmerspiegel. Der Augenblick rückt jeden Tag ein Stückchen näher.

Wer weckt Ihre Vorfreude?

Genauso, wie wir uns überlegen können, auf welche Ereignisse
wir uns freuen, können wir das auch im Hinblick auf unsere Beziehungen tun. Idealerweise sollten wir uns mit Menschen umgeben, auf deren Gegenwart wir uns freuen – das sollte logisch sein!
Ob wir uns in Beziehungen, für die wir uns bewusst entscheiden
– Freundinnen oder einen Partner beispielsweise –, auf den anderen freuen, hängt zum Großteil davon ab, ob uns diese Beziehung Energie verleiht oder kostet. Wenn wir glücklicher werden
wollen, sollten wir dafür sorgen, dass wir von Menschen umgeben sind, die unsere Vorfreude vergrößern. Wenn das bei einigen
Menschen nicht der Fall sein sollte, können wir uns fragen: „Wie
kann ich diese Beziehung so verbessern, dass wir uns aufeinander
freuen?" Vermutlich wissen Sie, dass sich manche Menschen in
Ihrem Umfeld nicht ändern werden. In diesem Fall müssen Sie
lernen, Grenzen zu setzen. Nur weniges beeinflusst unser Glück
so sehr wie unsere Beziehungen.

Es widerspricht unserer Intuition, aber ich muss es dennoch erwähnen: Wir können es mit den Glücklichmachern auch übertreiben. Jede Stärke wird zur Schwäche, wenn wir sie überspannen. Wer eine Tendenz zum Perfektionismus hat, setzt sich leicht unter einen Druck, der mehr Stress mit sich bringt als nützt. Sich Termine zu setzen, auf die wir uns freuen, kann auch bedeuten, die Latte ein wenig niedriger zu hängen. Ich will das kurz erklären: Denken Sie einmal an das Ziel, das Sie aktuell am stärksten unter Druck setzt. Sie haben so hohe Erwartungen daran, dass es einem Ballon ähnelt, der fast bis zum Zerreißen gefüllt ist mit Erwartungsluft. Wenn Sie nur noch ein wenig mehr hineinpusten, platzt er! Es müsste schon alles perfekt laufen, damit Ihre Erwartungen erfüllt würden. Ach ja, und dann gibt es da auch noch einen Zeitplan – der nicht zum Bummeln einlädt. Haben Sie ein solches Ziel vor Augen?

Nun schließen Sie die Augen. Atmen Sie tief ein. Und stellen Sie sich vor, Sie würden dem Ergebnis ein wenig mehr Raum zugestehen. Sie wären immer noch hellauf begeistert, wenn alles so einträfe, wie Sie es sich wünschen, aber Sie lockern Ihren Anspruch, wie es kommen muss. Denken Sie daran, was Jesus sagte: „Mir zu dienen, ist keine Bürde für euch, meine Last ist leicht" (Matthäus 11,30). Wenn sich unsere Erwartungen an Gottes perfektem Willen für unser Leben ausrichten, sind sie keine Last. Die Bürde ist leicht.

Hohe Erwartungen erzeugen Druck und erhöhen die Wahrscheinlichkeit, enttäuscht zu werden. Das heißt nicht, dass Sie keine hohen Erwartungen haben dürfen. Aber überlegen Sie gut, woran Sie hohe Erwartungen stellen wollen. Wenn Sie immer hohe Erwartungen haben, sind Stress und Enttäuschung viel wahrscheinlicher. Wenn sich manche dieser Erwartungen dann auch noch auf lediglich zweitrangige Ziele richten, fordern wir den Stress und die Enttäuschung zudem unnötig heraus. Unser Ziel ist es, Zufriedenheit zu finden, nicht Stress.

WECKEN SIE DIESEN GLÜCKLICHMACHER!

- Sehen Sie Ihre Termine in der nächsten Woche durch. Worauf freuen Sie sich? Wie könnten Sie Ihre Freude noch vergrößern? Wenn Sie nichts finden, worauf Sie sich freuen, was können Sie sich vornehmen und in Ihren Kalender eintragen?
- Halten Sie inne. Schließen Sie die Augen. Atmen Sie tief ein. Und jetzt stellen Sie sich vor, wie Sie das Ereignis genießen, auf das Sie sich am meisten freuen. Das nennt man „in der Vorfreude schwelgen".
- Reden Sie darüber, worauf Sie sich freuen. Vorfreude sollte man nicht für sich behalten. Unsere Begeisterung für das, was vor uns liegt – egal, ob klein oder groß – auszusprechen, ist wichtig, um diesen Glücklichmacher umzusetzen.
- Genießen Sie den Moment. Leben Sie völlig in der Gegenwart, wenn das Ereignis nahe rückt. Lassen Sie sich Ihre Freude nicht von Ablenkungen trüben.
- Erinnern Sie sich wohlwollend daran zurück. Schwelgen Sie in den erlebten Freuden und kosten Sie die Vergangenheit aus. Was haben Sie am meisten genossen? Wie haben Sie sich dabei gefühlt? Was hat es Ihnen bedeutet? Reden Sie darüber. Und führen Sie Tagebuch. Darin können Sie wertvolle Momente hervorragend reflektieren. Und wenn Sie später eine Portion positiver Emotionen brauchen, können Sie Ihr Tagebuch immer wieder aufschlagen und noch ein wenig länger in dem Erlebnis schwelgen! Oder legen Sie sich ein Notizbuch an, in das Sie alles Mögliche einkleben, oder ein Fotoalbum (das geht auch online!).
- Setzen Sie sich ein neues, wichtiges Ziel und beschreiben Sie, wie es sich anfühlen wird, dieses Ziel zu erreichen.

- Schreiben Sie sich einige einfache Dinge auf, an denen Sie Spaß hätten. Und suchen Sie sich eine dieser Ideen aus, die Sie heute in Ihren Kalender eintragen.

Anregungen zum Gespräch

Sie sollten am besten alles erreichen, oder?

Der Stress und Erwartungsdruck einer Frau im 21. Jahrhundert

....

- Wie definieren Sie „als Frau alles erreichen"?
- Fühlen Sie sich manchmal, als hinkten Sie im Leben hinterher? Als hätten Sie den Zug verpasst und müssten sich beeilen hinterherzukommen? Inwiefern?
- Was wäre nötig, damit Sie hier und jetzt die Entscheidung treffen könnten, glücklich zu sein, selbst wenn Sie aktuell nicht alle Erwartungen erfüllen und alles unter einen Hut kriegen?

....

An irgendeinem Punkt scheint sich die Botschaft der Frauenbewegung verändert zu haben von „Als Frau kannst du alles erreichen" zu „Als Frau *solltest* du alles erreichen". Das wurde zu einer generellen Erwartung, die uns unter einen hohen Druck setzt. Es könnte Ihnen so richtig gut gehen – vielleicht kümmern Sie sich zu Hause um die Kinder und machen das hervorragend. Aber Sie haben Ihren Beruf aufgegeben, um für Ihre Familie da zu sein. „Ich habe das Gefühl hinterherzuhinken", erzählte mir eine Mutter von sechs Kindern. „Ich meine, ich wollte längst ein Buch geschrieben haben. Karrieremäßig habe ich einfach nichts erreicht", erklärte sie. Ich saß ihr am Tisch gegenüber und war perplex. Sie war seit zwanzig Jahren glücklich verheiratet und hatte sechs respektvolle, gesunde, glückliche Kinder. Was für eine Leistung! Und trotzdem spürte sie den Druck, alles zu erreichen – und zwar gleichzeitig. Zu diesem „alles", das den meisten Frauen eingetrichtert wurde und von dem sie glauben, sie müssten es erreichen, gehören:

- eine erfolgreiche Karriere,
- ein wundervoller, gut aussehender, erfolgreicher Mann,
- hübsche, tolle Kinder,
- ein makelloses Äußeres,
- mehr Geld als nötig,
- ein perfekter Haushalt,
- Glück und Zufriedenheit.

Dank des Fortschritts im letzten halben Jahrhundert – von Karrieremöglichkeiten über Verhütung und künstliche Befruchtung bis hin zu Technologien, die uns die Welt zu Füßen legen – sind unsere Möglichkeiten grenzenlos. Ein Übermaß an Optionen kann aber auch Stress bedeuten, dem die Frauen früherer Generationen nicht ausgesetzt waren.

Wenn wir „alles" erreichen wollen, bedeutet dieses „alles" vermutlich das, was die meisten Frauen vor wenigen Jahrzehnten kannten (Ehe und Familie) *plus* all das, was den Männern vorbehalten war (Chance auf Bildung, ein eigenes Einkommen und freie Berufswahl). Männer haben nicht dafür gekämpft, „alles" zu erreichen (nämlich alles, was sie schon hatten *plus* die Verantwortung für Haushalt und Kinder). Als sich den Frauen außerhalb der Familie die Türen öffneten, nahmen sie damit den Männern einen Teil ihrer Last ab. Aber die Erwartung, dass sich in erster Linie die Frauen um Kinder und Haushalt zu kümmern haben, blieb bestehen. Gleichzeitig schwand die Erwartung an den Mann, die Familie allein zu ernähren – ein doppeltes Einkommen ist mittlerweile Standard. Und während Frauen heute offenbar immer noch heiraten und eine Familie gründen wollen, hat der Druck auf die Männer nachgelassen, früh im Leben dasselbe zu tun.

Vielleicht sollten wir aufhören zu fragen: „Können Frauen alles erreichen?" Denn wir kennen die Antwort darauf. *Ja, das können sie.* Bei einer Handvoll Frauen wirkt das sogar ganz unkompliziert, aber nach nur wenigen Fragen merkt man, dass auch sie neu für sich definieren mussten, was es heißt „als Frau alles zu erreichen". Wenn eine Frau verheiratet ist und sowohl Kinder als auch einen anstrengenden Beruf hat, wird sie meist von einem engagierten Mann unterstützt und einer – oder beide – haben zuweilen ihre Verpflichtungen im Beruf zurückgeschraubt. Oder diese Frau hat ein Kindermädchen, Eltern oder Schwiegereltern, die ihr bei den Kindern helfen.

Viele Frauen, die beruflich überaus erfolgreich und Single sind, erzählen, dass sie nicht geplant hatten, mit Mitte 40 oder 50 allein zu sein. Bei einer Studie unter Frauen zwischen 41 und 55, die mehr als 100.000 Dollar im Jahr verdienen, hatten 49 Prozent keine Kinder und nur 14 Prozent von ihnen hatten sich freiwillig dafür entschieden, in diesem Lebensabschnitt allein zu sein. In Deutschland hat eine Untersuchung von 2012 ergeben, dass 30 Prozent der Akademikerinnen zwischen 40 und 49 keine Kinder bekommen hatten.[10]

Also, ja, wir können alles erreichen, aber häufig zahlen wir dafür einen Preis, den Männer nicht zahlen müssen. Sehen wir den Tatsachen ins Auge: Die Zahl der Hausmänner hat sich seit Ende der 90er-Jahre zwar verdreifacht, aber laut statistischem Bundesamt der USA machen sie immer noch nur drei Prozent der Elternteile aus, die zu Hause bleiben. In Deutschland nehmen zwar immer mehr Väter Elternzeit – die meisten jedoch nur für

---

10 Olga Pötzsch, Julia Weinmann und Thomas Haustein: Geburtentrends und Familiensituation in Deutschland 2012. Wiesbaden: Statistisches Bundesamt, 2012.

zwei Monate. 89 Prozent der Männer arbeiten nach der Geburt ihrer Kinder weiterhin in Vollzeit.[11] Erfolgreiche Männer haben einfach häufiger die Unterstützung ihrer Partnerin, die bereit ist, die traditionelle Rolle zu übernehmen, damit sie die Karriereleiter erklimmen können – und zwar ohne der Erwartung gerecht werden zu müssen, die wichtigste Betreuungsperson für die Kinder und für den Haushalt verantwortlich zu sein.

Ich bin allen dankbar, die für die Rechte der Frauen gekämpft haben. Wir alle verdienen die Chance, unser Potenzial zu verwirklichen, indem wir unsere Talente und Begabungen einsetzen können – unabhängig von unserem Geschlecht. Anders als unseren Müttern und Großmüttern stellt sich uns nicht die Frage, ob wir überhaupt die nötigen Fähigkeiten mitbringen, um in einem bestimmten Gebiet Erfolg haben zu können. Wir können erfolgreich sein, sowohl im Beruf als auch zu Hause. Die wichtigere Frage lautet aber: Nun, da wir uns für *beides* entscheiden können und uns so gut wie alle Türen im Leben offen stehen – was wollen wir wirklich? Was kann uns tatsächlich glücklich machen? Und wie können wir unser Leben so gestalten, dass echte Erfüllung möglich wird? Gehen Sie auf die Suche nach Ihrer persönlichen Antwort. In unserer Gesellschaft werden Sie viele verschiedene Meinungen dazu hören. Jede Frau wird zu einer anderen Antwort kommen. Suchen Sie Ihre eigene.

---

11 Forsa-Studie „Eltern 2015".

Lächeln!

*Warum uns nicht nur gute Laune lächeln lässt, sondern uns ein
Lächeln (selbst wenn es erzwungen ist) auch gute Laune macht*

Entscheidung
„Ich werde jeden Tag etwas finden, worüber ich lächeln kann –
vor allem an schlechten Tagen."

In einer Firma, für die ich gearbeitet habe, war einer der Eigentümer ein sehr großer Mann mit graumeliertem Haar und dichtem Schnurrbart. Ich nenne ihn hier Jim. Auf mich als Mitte 20-Jährige, die gerne lächelte, wirkte er mitunter etwas einschüchternd, wenn er mir im Flur entgegenkam. Normalerweise war mein Lächeln ansteckend – ich lächelte und die andere Person zog ein wenig die Mundwinkel nach oben oder nickte zumindest. Nicht so Jim. Seine Reaktion war immer ein simples, monotones „Hi" und eine starre Miene. Nie spürte ich irgendeine Regung.

Stellen Sie sich meine Überraschung vor, als ich eines Tages den Flur hinunterlief und Jim auf mich zukam und *als Erster* lächelte. Ich überlegte zuerst, ob hinter mir wohl jemand stand, dem er zulächelte, aber nein, wir waren wirklich allein. Ich erwiderte sein Lächeln. „Er muss gerade etwas unglaublich Positives erlebt haben", dachte ich. Ich war mir nicht sicher, ob ich vorher je seine Zähne gesehen hatte. Sie waren tadellos! Als er lächelte, wirkte er sehr freundlich. Sein Lächeln sah vielleicht etwas erzwungen aus, aber es war eine so angenehme Abwechslung zu seinem Pokerface, dass ich mich darüber freute. Ein paar Tage später geschah dasselbe noch einmal. Ich lief durch den Flur und Jim lächelte als Erster.

Nach der dritten lächelnden Begegnung erzählte ich einer Kollegin davon. Sie lachte und gestand, als sie ihn zum ersten Mal so erlebt habe, sei sie so verdutzt gewesen, dass sie seine Assistentin gefragt habe, was mit Jim los sei. Offenbar hatte eine Befragung in seinem gesamten Team ergeben, dass alle ihn etwas einschüchternd fanden – und ein Berater von außen hatte ihm den Rat gegeben, häufiger zu lächeln. Jim hatte seiner Assistentin erzählt: „Es funktioniert. Die Leute sind viel gesprächiger und entspannter." Bald wirkte Jims Lächeln überhaupt nicht mehr erzwungen. Er schien seine neuen Begegnungen mit Kollegen in der Firma rundum zu genießen.

> „Ein Lächeln ist eine Kurve, die alles wieder geradebiegt."
> – *Phyllis Diller*

Ein Lächeln kann erwiesenermaßen unsere Stimmung positiv beeinflussen, egal, ob es aufgesetzt ist oder echt. Es bewirkt, dass Endorphine in unser Hirn ausgeschüttet werden. Allgemein glauben wir, dass wir lächeln, weil wir glücklich sind. Und das stimmt. Aber zu lächeln – und sogar die körperlichen Attribute eines Lächelns zu imitieren, wie etwa fest auf einen Stift zu beißen oder ausgeprägt „Iiiii" zu sagen – ruft ebenfalls Glücksgefühle hervor. Natürlich ist es schöner, wenn uns schöne Ereignisse zum Lächeln bringen. Aber der Dominoeffekt, der von einem Lächeln ausgeht, kann uns tatsächlich glücklicher machen.

Wenn sich unser Gehirn glücklich fühlt – oder anders ausgedrückt: wenn es kleine positive Emotionen wahrnimmt – kann es positive Gedanken anstoßen. Positive Gedanken etwa wie die, dass wir für etwas dankbar sind oder die Chance haben, etwas in Angriff zu nehmen, das wir schon eine Weile vor uns herschieben. Und diese Gedanken können wiederum eine Aufwärtsspirale positiver Emotionen in Gang setzen.

Das funktioniert wirklich. Ich habe es schon in Situationen ausprobiert, in denen ich mich offen gestanden am liebsten eine Weile in Selbstmitleid gewälzt hätte. Kennen Sie das? Man ist niedergeschlagen. Etwas läuft nicht so, wie man es gern hätte. Man denkt, man hätte allen Grund, Trübsal zu blasen, und ist nicht in der Stimmung, sich aufheitern zu lassen. Trübsal zu blasen hat sein Gutes: Man darf sich bemitleiden, man darf jemand anderem die Schuld geben und wird vielleicht sogar bemitleidet: *Du Arme. Natürlich erwarten wir nicht, dass du irgendetwas tust. Lass nur den Kopf hängen und schmolle. Das hast du dir verdient.*

Ich steckte in einer solchen erbärmlichen Lage, als mir plötzlich der leise Gedanke kam: „Warum befreist du dich nicht selbst aus dieser Mitleidsorgie und lächelst, nur so zum Spaß?" Bei meiner schlechten Laune war dieser Gedanke ziemlich schräg, aber er klang dennoch verlockend. Und der Teil von mir, der sich so richtig gern in Selbstmitleid suhlt, wollte auch nichts davon hören! „Nein, tu das nicht!", bettelte er, wohl wissend, dass ich mich besser fühlen würde, wenn ich lächelte, wenn auch nur leicht. Und wenn ich auch nur die kleinste positive Emotion verspürte, würde ich mehr davon wollen. Entgegen dem Willen meines inneren Schweinehunds hob ich langsam die Mundwinkel. Ich spürte, wie Endorphin ausgeschüttet wurde. Ich dachte daran, wie dämlich ich aussehen musste. Ich ging zum Spiegel und fand, dass ich wirklich so aussah, als würde ich lächeln. Daraus wurde unweigerlich ein breites Zahnpastalächeln. Dann kicherte ich mir ins Gesicht. Dieser leichte Hauch einer positiven Emotion genügte, damit ich mich innerlich öffnete und den Gedanke zuließ: „Statt hier zu sitzen und zu jammern – was will ich dagegen tun? Ich bin zäh. Ich lasse mich doch davon nicht unterkriegen. Diese Selbstmitleidsmasche wird langsam langweilig." Das war der Moment, in dem sich das Blatt wendete.

Selbst wenn Ihr Kopf weiß, dass Sie Ihr Lächeln nur aufsetzen, weiß Ihr Körper das nicht. Warum probieren Sie es nicht sofort einmal aus? Hier ist ein kleines, einfaches Lächelexperiment:

1. Lockern Sie Ihre Gesichtszüge und heben Sie Ihre Mundwinkel an. Stellen Sie sich vor, Sie zögen mit Ihrem Mund einen Halbkreis.
2. Ziehen Sie die Mundwinkel noch weiter auseinander, bis Sie das Gefühl haben, Ihre Wangen würden größer.
3. Dann ziehen Sie noch weiter, bis sich Ihre Augenwinkel anfangen zu kräuseln.
4. Um Ihr Lächeln noch weiter zu steigern, lassen Sie Ihr Zahnweiß aufblitzen. Möglicherweise haben Sie das Gefühl, dass Ihre Augen leuchten. Das stimmt!

Vielleicht kommt es Ihnen albern vor, sich dafür zu entscheiden zu lächeln – aber tun Sie es trotzdem. Verstehen Sie mich nicht falsch. Ich will damit nicht sagen, dass Sie nach einer Tragödie im Leben nur ein Lächeln aufsetzen sollen und alles wird gut. Was ich damit meine, ist: Probieren Sie ein Lächeln aus, wenn Ihre Kinder zum dritten Mal in dieser Woche Milch auf dem Tisch verschütten oder Sie im Stau stehen oder Ihre Chefin Sie schon wieder anschnauzt und Sie nun am liebsten jeden anderen anschnauzen würden.

Ob Sie es glauben oder nicht, mir ist das heute Nachmittag passiert. Ich musste meine Bank zurückrufen, um meine Firmenkreditkarte zu aktivieren, nachdem ich zunächst meine Assistentin gebeten hatte, das zu tun. Offenbar war sie dazu aber nicht befugt und als ich nun dort anrief, wurden mir gehörig die Leviten gelesen, dass ich es gewagt hatte, jemand anderen damit zu beauftragen. Ich saß mitten bei der Arbeit und offen gestanden habe ich den Eindruck, diese Bank zieht meine Kreditkarte wegen Betrugsverdachts aus dem Verkehr, sobald ich mich nur umdrehe. Das hat zur Folge, dass sie jedes Mal abgelehnt wird, wenn ich etwas damit bezahlen will. „Tja Miss Burton", sagt der Verantwortliche für Betrugsfälle dann, „Sie waren in einem Laden in Minneapolis und das fanden wir verdächtig." Oder: „Jemand hat versucht, Ihre Kreditkarte in einem Hotel in Kalifornien zu benutzen, und da Sie nicht in der Nähe von Kalifornien wohnen, haben wir entschieden, Ihre Karte einzuziehen, bis Sie anrufen und bestätigen, dass Sie tatsächlich in Kalifornien sind." Jedes

Mal, wenn ich anrufe, sage ich: „Ja! Ich war es wirklich! Ich bin geschäftlich unterwegs, darf ich jetzt bitte meine Kreditkarte benutzen?" Als ich heute also zurückrief und die Mitarbeiterin andeutete, ich hätte in betrügerischer Absicht gehandelt, schnellte mein Stresspegel unversehens in die Höhe. Die Dame wirkte eher genervt als hilfsbereit, als hätte ich ihr Nachmittagsschläfchen gestört und nicht ein Callcenter angerufen, in dem sie vermutlich saß, um genau auf Anrufe wie meinen zu warten.

Haben Sie je eine solche Situation erlebt? Ehe ich michs versah, bat ich darum, ihren Vorgesetzten sprechen zu dürfen. (Ja! Ich, die glückliche Frau, habe mich am Telefon von einer völlig Fremden aus meiner besten Laune reißen lassen!) Als ich auflegte, war ich völlig am Ende. Ich war total frustriert von dem Gespräch und musste innerlich ganz bewusst gegensteuern. Also hielt ich inne. Ich verschränkte die Hände ineinander und ließ mein Kinn darauf ruhen. Ich atmete ein paarmal tief ein und aus. Ich schloss die Augen und begann ganz langsam zu lächeln. Einatmen. Lächeln. Innehalten. Ausatmen. Lächeln. Innehalten. „Herr", sagte ich, „so eine blöde Kleinigkeit darf mich nicht aus der Bahn werfen. Danke, dass mich so vieles im Leben glücklich macht."

Eine ganz einfache Formel: Durchatmen. Lächeln. Beten. Sie funktioniert.

Und das sind die positiven Nebenwirkungen, wenn man lächelt, auch wenn einem vielleicht gar nicht danach zumute ist:

- Ein Lächeln hilft uns, weniger zu denken und mehr zu fühlen. Es hilft, nicht nur den Kopf regieren zu lassen, sondern einen Blick ins Herz zu werfen.
- Ein Lächeln regt die Ausschüttung von Endorphinen und Serotonin, einem Beruhigungshormon, an. Diese Hormone helfen, sich zu entspannen, und verbessern unsere Gemütslage. Die daraus resultierenden positiven Emotionen helfen dann, klarer zu denken.
- Ein Lächeln bekämpft negative Gedanken. Probieren Sie es aus. Lächeln Sie. Jetzt. Lächeln Sie? Lächeln Sie, bevor Sie den nächsten Satz lesen. Okay, während Sie jetzt weiterlä-

cheln, denken Sie an eine Situation, die sich negativ für Sie anfühlt. Das ist ziemlich schwierig, oder?

- Ein Lächeln kann die Atmosphäre verändern. Die Stimmung in einem ganzen Raum kann durch ein Lächeln besser werden. Ein Lächeln ist universell. Wenn Sie je im Ausland waren oder sich mit jemandem unterhalten haben, der eine andere Sprache spricht, dann wissen Sie, dass ein Lächeln in jeder Sprache Nähe, Wärme und Zufriedenheit ausdrückt.
- Ein Lächeln verbindet Menschen. Da Lächeln ansteckend ist und uns vom Kopf zu unserem Herzen führt, hilft es wunderbar, Menschen zusammenzubringen. Es drückt aus: „Ich heiße dich in meinem Revier willkommen."

WER SELBSTBEWUSST LÄCHELT, LÄCHELT HÄUFIGER

Negative Gefühle sind nicht das Einzige, das uns vom Lächeln abhalten kann. Wer sich unwohl mit seinem Lächeln fühlt, lächelt höchstwahrscheinlich seltener. Ich habe mittlerweile viele Frauen kennengelernt, die ihre Zähne nicht zeigen wollen, weil sie sie nicht mögen. Wenn das bei Ihnen auch so ist, warum planen Sie nicht, etwas dagegen zu tun? Ich finde, kein kosmetischer Eingriff ist lohnenswerter als einer, der unser Lächeln betrifft. Egal, ob eine Zahnspange oder das Weißen der Zähne, weil sie fleckig oder vergilbt sind – diese kosmetischen Veränderungen gehören zu den wenigen, die wirklich glücklicher machen können, weil sie helfen, selbstbewusster ein blendendes Lächeln an den Tag zu legen.

Im Laufe der letzten Jahre hatte ich mehrfach die Gelegenheit, mit Firmen zusammenzuarbeiten, deren Produkte und Werte zu mir passten, aber zu den gelungensten Kooperationen gehörte die mit „Crest Zahnpasta", die in Deutschland unter dem Namen „Blend-A-Med" firmiert und in den USA damit wirbt, für ein schöneres Lächeln zu sorgen. Man fragte mich 2012 für eine Kampagne mit dem Fernsehsender „Black Entertainment Television" und der jährlichen Preisverleihung „Black Girls Rock!" an und mittlerweile gehöre ich zum „Crest-Shine"-Netzwerk. Es fällt mir leicht, mit einer Firma zusammenzuarbeiten, deren Produkte für ein schöneres Lächeln sorgen, denn wer sein Lächeln mag, wird mit höherer Wahrscheinlichkeit auch häufiger lächeln! Und wer häufiger lächelt, fühlt sich glücklicher.

DAS DUCHENNE-LÄCHELN

Ein Lächeln, bei dem unsere Augenwinkel Falten werfen, hat noch mehr Vorteile, als nur gesunde Hormone in unseren Körper auszuschütten, die unsere Stimmung aufhellen. Ein Lächeln, das die Muskeln um Mund und Augen aktiviert, wird Duchenne-Lächeln genannt, nach dem französischen Arzt Guillaume Duchenne. Mitte des 19. Jahrhunderts unterschied Dr. Duchenne zwei verschiedene Arten zu lächeln: das, bei dem die Wangen sich heben und rund um die Augen kleine Krähenfüße entstehen, und das andere, das man später als Pan-Am-Lächeln bezeichnete, bekannt nach der mittlerweile insolvent gegangenen Fluglinie Pan Am, deren Flugbegleiterinnen beim Boarding jeden Passagier mit einem höflichen Lächeln bedachten. Beim Pan-Am-Lächeln ist nur der große Jochbeinmuskel im Einsatz, der die Mundwinkel anhebt.

In einer Studie aus dem Jahr 2001 analysierten die Forscher 114 Fotos junger Studentinnen eines Frauen-Colleges in der San Francisco Bay Area.[12] Die Fotos stammten aus den Jahrbüchern von 1958 und 1960. Nur drei Frauen lächelten gar nicht auf den Fotos. Von den 111 lächelnden Frauen zeigten manche ein Duchenne- und andere ein Pan-Am-Lächeln. Jedes Lächeln wurde nach einer 10-Punkte-Skala bewertet: Je mehr es nach einem Duchenne-Lächeln aussah, desto mehr Punkte bekam es. Der Durchschnittswert lag bei 3,8 Punkten. Die Forscher bewerteten die Fotos außerdem nach Attraktivität. Anders ausgedrückt: Wie anziehend war die Frau auf dem Foto, ganz unabhängig von ihrem Lächeln? Dass die Fotos dieser Jahrgänge analysiert wurden, hatte einen Grund: Die fotografierten Frauen nahmen gleichzeitig an einer Längsschnittstudie teil. Die Forscher verfügten über

---

12 L.A. Harker/D. Keltner: „Expressions of Positive Emotion in Women's College Yearbook Pictures and Their Relationship to Personality and Life Outcomes Across Adulthood", *Journal of Personality and Social Psychology*, 2001.

Informationen darüber, ob die Frauen verheiratet und wie glücklich sie in ihrer Ehe waren. Interessanterweise waren die Frauen mit einem Duchenne-Lächeln häufiger verheiratet und auch Jahrzehnte später glücklicher in ihrer Ehe. Die Attraktivität einer Frau ließ dagegen nicht darauf schließen, ob sie glücklich verheiratet war oder nicht.

Ein Duchenne-Lächeln wirkt authentisch und gibt Aufschluss darüber, dass jemand positiv gestimmt ist. Wir wissen aus der Forschung, dass positive Emotionen auch auf die Gesundheit, die Lebensdauer und die Beziehungen positive Auswirkungen haben und das Ergebnis dieser Studie unterstützt diese These. In geistlicher Hinsicht werde ich an Nehemia 8,10 erinnert. Dort heißt es: „Die Freude am Herrn gibt euch Kraft!" Freude stärkt uns in der Tat auf ganz unterschiedliche Arten. Aber die Studie aus dem Frauen-College ist nicht die einzige, die auf positive Zusammenhänge zwischen dem Duchenne-Lächeln und positiven Erfahrungen im späteren Leben hinweist.

Eine Studie aus dem Jahr 2010, für die Fotos von Baseballspielern aus der Major-League-Saison 1952 untersucht wurden, führte zu ähnlich interessanten Ergebnissen.[13] In der Studie wurden Fotos von 150 Spielern analysiert, die bis Juni 2009 verstorben waren. Spieler, die auf den Fotos nicht lächelten, hatten eine durchschnittliche Lebensdauer von 72 Jahren. Diejenigen mit einem Pan-Am-Lächeln wurden im Durchschnitt 75 Jahre alt. Diejenigen mit einem authentischen Duchenne-Lächeln lebten durchschnittlich 80 Jahre! Ein authentisches Lächeln ist mehrere Lebensjahre wert.

FRAUEN NEHMEN GESICHTSAUSDRÜCKE BESSER WAHR ALS MÄNNER

Frauen neigen dazu, ihre Gefühle stärker über ihren Gesichtsausdruck sichtbar zu machen als Männer, und Studien belegen zudem, dass wir Frauen Gesichtsausdrücke auch besser interpre-

---

13 E.L. Abel/M.L. Kruger: „Smile Intensity in Photographs Predicts Longevity",
Psychological Science, 2010.

tieren können. Deshalb ist es gut vorstellbar, dass Frauen sich von einem lächelnden Blick stärker beeinflussen lassen als Männer. Erklärt das, warum Jims beharrliches Pokerface mich so irritiert hat, wenn ich ihm bei einer Begegnung auf dem Flur zulächelte? Vielleicht.

Ein Artikel in der Fachzeitschrift *Scientific American* verwies auf eine Studie an der Universität in Cardiff in Wales, die Frauen untersuchte, die mit Botox behandelt worden waren und daher ihre Stirn nicht mehr in Falten legen konnten.[14] Die Untersuchungen zeigten, dass die Frauen, die ihre Stirn nicht mehr runzeln konnten, sich glücklicher fühlten und weniger Angst hatten. Interessanterweise gaben sie nicht an, sich attraktiver zu fühlen als die Frauen ohne Botox-Injektionen. Daraus schlossen die Forscher, dass ihre Glücksgefühle nicht auf die Dankbarkeit über weniger Falten zurückzuführen waren. „Es scheint, dass unsere Art, Emotionen zu empfinden, nicht auf unser Gehirn beschränkt ist – andere Teile unseres Körpers unterstützen und verstärken unsere Gefühle", schrieb Co-Autor Michael Lewis in dem Artikel. „Das ist wie eine Feedbackschleife."

Negative Gefühle lassen uns nicht nur die Stirn runzeln, sondern das Stirnrunzeln bewirkt wiederum zusätzliche negative Gefühle. Ohne die Fähigkeit, die Stirn zu runzeln, sind die negativen Gefühle weniger stark ausgeprägt. Eine andere Studie, die im *Journal of Pain* veröffentlicht wurde, zeigt zudem, dass Menschen, die bei Schmerzen ein trauriges Gesicht machen, stärkere Schmerzen erleben als solche mit einem entspannten Gesicht. Auch hier verstärkt der Gesichtsausdruck die Gefühle. Diese Ergebnisse untermauern das, was man über die körperliche Reaktion auf ein Lächeln herausgefunden hat. Glücksgefühle sorgen nicht nur für ein Lächeln auf unserem Gesicht. Ein Lächeln auf dem Gesicht sorgt auch für Glücksgefühle. Zwischen unserem Gesicht und unseren Gefühlen existiert eine Feedbackschleife.

Das bedeutet nun nicht, dass wir tunlichst vermeiden sollten, die Stirn zu runzeln, wenn wir traurig sind, um negativen Gefühlen entgegenzuwirken. Studien belegen genauso, dass negative

14 Melinda Werner: „Smile! It Could Make You Happier", *Scientific American*, Oktober 2009.

Emotionen sich andere Wege suchen, wenn sie völlig unterdrückt werden.

Und auch wenn die Wissenschaft belegt, dass ein Lächeln – egal, ob authentisch oder nicht – Glücksgefühle mit sich bringt, ist es natürlich viel besser, wenn Sie tatsächlich einen Grund zum Lächeln haben. Das kann auch bedeuten, dass Sie lernen müssen, sich selbst nicht so wichtig zu nehmen. Einen Grund zu finden, über sich selbst zu lachen – oder einfach zu lachen, Punkt – führt zu einem authentischen Lächeln.

NUR SO ZUM SPASS

„Ein fröhlicher Mensch lebt gesund; wer aber ständig niederge-schlagen ist, wird krank und kraftlos" (Sprüche 17,22).

Wenn Sie je ein Fan der Fernsehserie *Seinfield* waren, erinnern Sie sich vielleicht an die Folge, in der Jerry mit einer Frau ausgeht und ihn seine Freunde darauf aufmerksam machen, dass diese Frau nie lacht. Wenn Jerry einen Witz macht, sagt sie immer nur trocken: „Das ist lustig." Das ist paradox, weil sie mit einem Comedian ausgeht, und bringt mich zu meinem Punkt: Lachen ist nicht dafür gedacht, unterdrückt, im Zaum gehalten oder sonst irgendwie geschmälert zu werden.

Heutzutage wird in Kurznachrichten so oft die Abkürzung *LOL* („Laughing Out Loud", auf Deutsch: „Habe laut gelacht") verwendet, doch die wenigsten tun das tatsächlich! Dabei ist es an der Zeit für LOL. Lachen Sie laut los. Buchstäblich. Jeden Tag sollte uns etwas lauthals zum Lachen bringen. Also öffnen Sie den Mund. Lächeln Sie breit. Lachen Sie laut los – aus dem Bauch heraus. Lachen mit geschlossenem Mund ist nicht erlaubt – es klingt albern und außerdem sehen Sie dabei aus, als hätten Sie Verstopfung. Ich kannte einmal eine Frau, die immer nur mit geschlossenem Mund lachte – als bekäme sie Ärger, wenn sie es richtig hinausslassen würde. Sie kniff die Lippen zusammen und machte ein kleines kicherndes Geräusch im Hals. Wenn sie es kaum mehr unterdrücken konnte, suchte sich das Gelächter manchmal den Weg durch die Nase, was fast wie schlimmes Schnarchen klang.

Eines Tages fragte ich sie: „Wie kommt es, dass du so leise lachst?"

Sie lachte (mit geschlossenem Mund) auf meine Frage hin und sagte dann: „Das ist mir noch nie aufgefallen. Tue ich das?"

„Ja! Und ich fände es schön, wenn du es einfach herauslässt!", erwiderte ich.

„Als Kind bekam ich immer Ärger, wenn ich lachte, und eine Verwandte sagte mir, lautes Lachen gehöre sich nicht für eine Frau, also habe ich mir wohl ein süßes leises Lachen angewöhnt", überlegte sie.

„Und glaubst du noch, dass das stimmt?", fragte ich.

„Nein, eigentlich nicht", sagte sie.

Lachen ist gesund. Und als Erwachsene lachen wir längst nicht oft genug. Wenn Lachen Ihnen schwerfällt, verbringen Sie einmal Zeit mit einem Baby. Ein Baby lacht im Durchschnitt 300 Mal am Tag. Und Erwachsene? Gerade einmal 20 Mal. Genau wie Lächeln ist auch das Lachen eine universelle menschliche Sprache. Neurophysiologen sagen, dass Lachen die ventromediale prefrontale Hirnrinde aktiviert, den Teil des Gehirns, der Endorphine produziert. Man hat herausgefunden, dass Lachen die Stresshormone Cortisol und Adrenalin abbaut. Es kann sowohl das Immunsystem stärken als auch unsere Denkleistung fördern. Die positiven Gefühle, die dabei geweckt werden, stärken unsere Fähigkeit, zu lernen und neue Informationen zu verarbeiten. Das ist der Grund, weshalb Redner häufig mit einem Witz beginnen und gut daran tun, ihre Präsentationen mit einer Prise Humor zu würzen, egal, wie ernst das Thema sonst auch sein mag. Wie Sie in Ihrem Alltag häufiger lachen können? Hier ein paar Ideen:

- Entspannen Sie sich und lachen Sie über sich selbst!
- Verbringen Sie Zeit mit Menschen, die gern lachen.
- Sehen Sie sich etwas Lustiges an.
- Spielen Sie mit einem Baby oder Kleinkind.
- Hören Sie sich humorvolle Geschichten und Erinnerungen an – und erzählen Sie selbst welche.

Ich bin dankbar, dass ich aus einer Familie stamme, in der gern gelacht wird. Als ich am Krankenhausbett meines Vaters stand und die Pfleger kamen, um ihn zu einem Eingriff am offenen Herzen abzuholen, machte er noch Scherze. Ich war etwas aufgeregt – aber er? Kein bisschen. „Gott hat mich nicht so weit geführt, um mich jetzt zu sich zu holen!", sagte er. Er grinste sogar, als man ihn wegrollte. Meine Eltern, Cousins, Tanten, Onkel – *alle* lachen gern. Vielleicht ist das auch ein Grund, weshalb wir uns so nahe stehen. Wir kommen jeden Sommer zu einem großen Familientreffen zusammen. Ich habe noch nie erlebt, dass zwei nicht mehr miteinander geredet hätten, selbst wenn sie mit etwas nicht einverstanden waren. Und wir sind ziemlich sentimental. „Ich hab dich lieb" ist bei uns fast genauso häufig zu hören wie „Hallo". Wir haben einige schwere Schicksalsschläge erlebt, manche davon waren ziemlich traumatisch, aber wir sind einander verbunden geblieben. Am glücklichsten bin ich, wenn ich mit meiner Familie zusammen bin.

Eines Abends saßen wir mit Tante Margaret und Onkel Bobby zusammen und erzählten lustige Anekdoten. Eine Geschichte, die mein Vater erzählte, verdeutlicht, wie wichtig Lachen bei uns ist. Er erinnerte sich, dass sein Vater in den letzten Minuten seines Lebens viel gelacht hatte. Kurz vor seinem letzten Atemzug hatte er meinen Vater angesehen und mit einem Lächeln auf den Lippen gesagt: „Junior, lass dich nicht vom großen Vogel fangen!"

Mein Opa spielte damit auf ein Ereignis an, das mehr als zwanzig Jahre zurücklag. Damals war mein Vater neun Jahre alt gewesen. Das war Anfang der 60er-Jahre und lange bevor man wegen der Schießereien an Schulen vorsichtiger dabei wurde, Kindern den Umgang mit Waffen beizubringen. Mein Opa war Jäger und sagte zu meinem Vater: „Es ist Zeit, dass du deine eigene Flinte bekommst und jagen lernst." Sie gingen in ein Geschäft, kauften ein Gewehr und eines frühen Samstagmorgens fuhren sie mitsamt Hunden und einem Vorrat an Getränken und Fleischwurstbroten in die Wälder zum Jagen.

„Wir waren morgens gegen halb sieben losgefahren", erinnerte sich mein Vater. „Wir verbrachten den ganzen Tag draußen. Ich glaube, mein Vater ärgerte sich ein wenig über mich. Jagen lag mir nicht besonders und ich war todmüde, daher beschloss er, mir eine Pause zu gönnen, aber selbst noch bis Anbruch der Dunkelheit auf die Pirsch zu gehen."

„Setz dich hierhin", sagte mein Opa zu ihm. „Ich bin bald zurück. Ruf mich, wenn du mich brauchst!"

Mein Vater saß still unter einem Baum und legte seine brandneue Flinte neben sich auf den Boden. In der Ferne konnte er seinen Vater und die Hunde hören. Aber nach einer Weile ließ ihn ein anderes Geräusch aufhorchen. „Ich hörte ein tiefes, zischendes Geräusch. Fast wie eine Vibration. Ich hatte so etwas noch nie gehört und wusste nicht, was es war. Ich war mir nur sicher, dass es von irgendeinem Tier stammte. Und es kam von oben über meinem Kopf."

Da erinnerte er sich, was ihm sein Vater eines Sonntags auf dem Rückweg von der Kirche erzählt hatte, als ein Adler mit der größten Spannweite, die er je gesehen hatte, neben der Straße entlanggeflogen war. Mein Opa hatte zu ihm gesagt: „Mein Sohn, ein Adler hat so große Krallen, dass er mühelos einen 30 Kilo schweren Jungen wie dich hochheben und wegtragen könnte."

Diese Worte gingen meinem Vater in diesem Augenblick durch den Kopf. „Was, wenn das Geräusch von einem Adler stammt?", dachte er. In dem Moment sah der kleine Johnny Burton einen riesigen Vogel mit großen runden Augen und einem Kopf, der so groß war wie sein eigener, direkt über sich in den Zweigen sitzen. Der Vogel sah ihm geradewegs in die Augen. Und zu seiner Verblüffung drehte sich der Kopf des Vogels einmal um 360 Grad! Johnny wollte diesem fürchterlichen Adler keine Chance lassen, ihn zu fangen, und so rannte er schreiend und so schnell er konnte davon.

„Daddy! Daddy!", rief er, als er durch den Wald lief, fest davon überzeugt, dass der großköpfige Adler ihn verfolgte und sich schon darauf vorbereite, seine Krallen auszufahren und den kleinen Johnny am Shirt zu packen.

Er wusste nicht genau, wo sein Vater war, aber sein Vater konnte ihn hören. Er rannte verzweifelt um sein Leben. Die Hunde bellten in der Ferne. Mein Opa rief seinen kleinen Sohn, ohne einen blassen Schimmer zu haben, in welcher Gefahr er sich befand: „Junior?", rief mein Opa. „Ich komme, Junior! Renn zur Lichtung! Wir treffen uns auf der Lichtung!"

Johnny rannte und rannte und nach einer gefühlten Ewigkeit erreichte er die Lichtung. Als mein Opa sah, dass es seinem Sohn gut ging, fragte er: „Was ist los, mein Sohn? Was ist passiert?"

Keuchend und nach Luft ringend erzählte der kleine Johnny von dem Schrecken: „Ein großer Vogel! Ein großer Vogel!", sagte er aufgelöst. „Ein großer Vogel hat mich verfolgt!", stieß er zwischen seinen keuchenden Atemzügen hervor.

Verblüfft sah sich mein Opa um. Nirgendwo war ein großer Vogel zu sehen.

„Warum hast du den Vogel nicht erschossen?", fragte er erstaunt. Dann sah er, dass sein Sohn sein Gewehr gar nicht bei sich trug. „Junge, wo ist deine Flinte?", forschte er nach.

Sprachlos sah Johnny auf seine Hände. Er hatte sein Gewehr auf dem Boden unter dem Baum liegen gelassen. Und dass ihn eindeutig kein Vogel verfolgte, machte die Sache umso skurriler.

Sie standen mitten auf der Lichtung und brachen in hemmungsloses Gelächter aus.

„Komm, wir suchen deine Flinte. Und den großen Vogel", sagte mein Opa. Sie liefen zum Baum zurück und dort lag das Gewehr auf dem Boden. Der Vogel saß noch immer auf demselben Ast. Er hatte sich keinen Zentimeter bewegt. Und es war kein Adler. Sondern eine Eule.

Auf dem Sterbebett erinnerte sich mein Opa an diese Episode. Sie brachte ihn zum Lächeln. In den letzten Augenblicken seines Lebens lachte er in Erinnerung an eine lustige Geschichte, die er vor zwei Jahrzehnten mit seinem Sohn erlebt hatte.

Für mich ist das eine Bestätigung, wie viel Kraft in all dem liegt, was uns glücklicher macht: Beziehungen, Spiel und Vergnügen, Lachen, Gemeinschaft und Genuss.

WECKEN SIE DIESEN GLÜCKLICHMACHER!

- Heben Sie Ihre Mundwinkel, bis Ihre Wangen sich oben aufplustern und Ihre Augenwinkel sich kräuseln. Ahh ...
- Wenn Sie sich glücklich fühlen, lassen Sie es Ihr Gesicht wissen! Drücken Sie Ihre Gefühle aus.
- Lachen Sie – nicht nur manchmal, sondern oft!

Anregungen zum Gespräch

Zügeln Sie Ihre Erwartungen an sich selbst

Wie die „Königin des Glücks" ihr Glück verlor und wiederfand

....

- Welche Erwartungen setzen Sie unter Druck?
- Welche Erwartungen vermitteln Ihnen das Gefühl, nicht genug zu machen oder selbst nicht zu genügen?
- Welchen Erwartungen, die Gott gar nicht unbedingt an Sie stellt, versuchen Sie gerecht zu werden?

....

Ich war so begeistert davon, ein Buch darüber zu schreiben, wie man glücklicher wird, dass ich gar nicht realisierte, wie Furcht einflößend dieses Projekt andererseits sein konnte. Denn als Autorin gilt man bis zu einem gewissen Grad immer auch als Expertin auf dem Gebiet, von dem das Buch handelt. Und Expertin in Sachen Glück zu sein, kann schnell heißen, alles auf die Reihe kriegen und eine glückliche Bilderbuchfrau sein zu müssen. Zugegeben, manche Menschen in meinem Umfeld würden auch sagen, dass das stimmt. Ich erinnere mich an ein Interview auf CNN vor einigen Jahren, in dem der Moderator mich als „Königin des Glücks" anmoderierte. Prägnante Beschreibung, aber – Junge, Junge! – auch eine Menge Druck.

Und dann beschloss ich auch noch, ein Buch zu diesem Thema zu schreiben! Ich war nicht darauf gefasst, aber bei mir stellte sich Nervosität ein. „Wenn ich dieses Buch schreibe, heißt das dann, dass ich nie wieder unglücklich sein darf?", fragte ich mich. „Verpflichte ich mich, ständig zu lächeln, wann immer ich das Haus verlasse? Darf ich nie mehr einen schlechten Tag haben?" Als ich mich in dieses Projekt stürzte, waren das die Fragen, die mir kamen – nicht laut und bedrohlich, aber sie wisperten in meinem Hinterkopf und erinnerten mich freundlich, aber unablässig an die Zeiten in meinem Leben, in denen ich *nicht* glücklich war, in denen ich vergaß, dankbar zu sein und meinen Optimismus verlor oder mir nach einer langen, anstrengenden Woche bei jemandem der Geduldsfaden riss. *Kannst du den Ansprüchen dieses Buches gerecht werden?*, bohrten die kritischen Gedanken. *Bist du klug genug? Glücklich genug? Expertin genug?* Als ich mich mit den Gedanken auseinandersetzte, wurden sie immer lauter und das Schreiben schwieriger, bis mich mein Frust ungefähr auf halbem Weg der Fertigstellung auf die Knie zwang.

Herr, ein Buch zu schreiben, wie man glücklich wird, sollte mich nicht unglücklich machen. Was um alles in der Welt ist bloß los mit mir? Willst du mir damit etwas sagen? Denn wenn ich frustriert bin, versuchst du dadurch meist, meine Aufmerksamkeit auf dich zu ziehen. Nun, hier bin ich und höre! Was ist dein Wille mit diesem Buch? Was willst du sagen? Bitte schreib du durch mich, denn sonst wird dieses Buch vermutlich nie geschrieben werden. Und das fände ich wirklich schade, denn ich glaube, dass es gebraucht wird. Aber es ist nutzlos, wenn es nicht das ist, was du Frauen sagen willst. Daher gebe ich alle meine Sorgen und Ängste an dich ab. Wenn es fertig wird, dann nur, weil du mir die Kraft, den Mut und die Weisheit dafür gibst. Ich bin ganz Ohr. Amen.

Ich spürte fast sofort eine große Erleichterung. Er sprach. Das sind die Gedanken, die ich in meinem Geist spürte:

Diesen Anspruch stelle ich nicht an dich, Valorie – das perfekte Buch zu schreiben, die Sache groß und kompliziert zu machen. Das liegt an dir. Erinnere dich: Meine Last ist leicht und mein Joch ist nicht schwer! Wenn es sich anders für dich anfühlt, dann ist das nicht von mir. Ich erwarte, dass du mit dem Herzen schreibst. Erzähl von dem, was du gelernt hast. Mach den Frauen bewusst, dass die gesellschaftlichen Veränderungen es ihnen immer schwerer machen, glücklich zu sein, wenn sie sich nicht bewusst dafür entscheiden. Und, meine Güte, hab Spaß beim Schreiben! Ich habe dich fürs Schreiben geschaffen, also sei glücklich.

Eine der wichtigsten Wahrheiten, wenn es um Frauen und Glück geht, lautet: Haushohe Erwartungen *rauben* uns unsere Zufriedenheit. Dem gerecht werden zu wollen, was andere denken und von uns wollen, ist ein todsicheres Rezept für dauerhafte Ängste, Selbstzweifel und generelle Unzufriedenheit. Wenn Sie sich gerade die Genug-Frage stellen, kann ich sie Ihnen sofort beantworten: Ja! Ja, Sie bringen genug mit für alles, was Sie in Ihrem Leben erreichen sollen. In der heutigen Gesellschaft schlagen wir Frauen uns allzu oft mit Selbstzweifeln herum: Tun wir genug? Sind wir gut genug? Im Beruf, zu Hause, in der Gemeinde, bei der Erziehung? Türen, die unseren Müttern und Großmüttern noch verschlossen waren – Türen, die sie uns mit großem Eifer geöffnet haben – haben zu einer Fülle an Möglichkeiten geführt und – überraschenderweise – auch zu großen Sorgen.

Nun, da wir uns gemeinsam auf die Reise gemacht haben in Ihre glücklichere Zukunft, möchte ich Ihnen etwas anvertrauen: Ich bin glücklich. Aber ich behaupte nicht, *Expertin* auf diesem Gebiet zu sein. Ich nenne mich lieber eine *Lernende* in Sachen Glück. Dieser Titel passt gut zu mir, lässt mir Luft zum Atmen und bringt mich zum Lächeln. Ich bin auf der Reise, um Antworten zu finden und anschließend zu verbreiten, fruchtbare Gespräche in Gang zu bringen, auf gesellschaftliche Veränderungen hinzuweisen und anderen zu helfen, sich persönlich zu verändern. So bin ich. Ich habe einmal einen Test zu meinen persönlichen Stärken gemacht, und es hat mich nicht überrascht, unter den Top 5 auch die „Liebe zum Lernen" zu finden. Es fasziniert mich, mehr darüber zu lesen, was glücklich macht und was nicht. Es bereitet mir Sorge, dass Frauen sich in den letzten vier Jahrzehnten immer seltener glücklich fühlen und Männer aus irgendeinem Grund immer glücklicher werden. Nicht, dass ich den Männern ihr Glück nicht gönnen würde, aber ich bin neugierig und will wissen: *Was ist los mit uns?*

Das genau ist die Frage, die mich anfangs bewegt hat. Ich habe Freundinnen, Kolleginnen und Fremde im Flugzeug gefragt: Warum, glaubt ihr, werden Frauen mit dem Alter immer unzufriedener und Männer nicht? Sieht dein Leben so aus, wie du es dir vorgestellt hast oder bist du enttäuscht? Kriegst du alles unter einen Hut? Hast du es *versucht?* Wie hat es bei dir funktioniert? Nicht von einer einzigen Frau habe ich gehört: „Keine Ahnung." Alle hatten eine Meinung dazu!

Die meisten waren frustriert. Viele sagten, sie könnten den Erwartungen nicht gerecht werden. Andere – viele andere – gaben zu, ein schlechtes Gewissen zu haben: dass sie keine bessere Mutter oder Ehefrau waren, dass sie im Beruf nicht immer alles gaben, dass sie bei dem Versuch, alles auf einmal zu bewerkstelligen, feststellen mussten, dass es ziemlich schwierig ist, in allem wirklich gut zu sein. „Wann werde ich jemals genug getan haben?", fragten sie. „Es gibt immer noch etwas zu tun, immer noch etwas zu erreichen."

Mir scheint, ein Schlüssel ist, die Balance zwischen Optimismus und Realismus zu finden. Nach den Sternen zu greifen (wenn man will) und gleichzeitig mit beiden Beinen fest auf der Erde zu stehen und auch einfache, aber aufrichtige Freuden schlicht genießen zu können. Sich selbst zuzugestehen, Mensch zu sein und sich über Kleinigkeiten zu freuen.

Dienen

Warum der Individualismus unser Glück ruiniert und warum wir dem Drang nachgeben sollten, uns um andere zu kümmern

Entscheidung
„Ich will jeden Tag mindestens einmal einem anderen Menschen etwas Gutes tun."

Eine der tiefgründigsten geistlichen Lektionen aller Zeiten finden wir in Johannes 13, als Jesus seinen Jüngern vor dem letzten Abendmahl die Füße wäscht. Das war die Pflicht eines Dieners, ganz offensichtlich weit unter der Würde von Jesus. Petrus protestiert deshalb auch: „Niemals sollst du mir die Füße waschen!" (Johannes 13,8). Aber Jesus erklärt, wenn er ihm nicht die Füße wasche, habe Petrus keinen Anteil an ihm.

„Versteht ihr, was ich eben getan habe?", fragt er sie. „Ihr nennt mich Meister und Herr. Das ist auch richtig so, denn ich bin es. Wie ich, euer Meister und Herr, euch jetzt die Füße gewaschen habe, so sollt auch ihr euch gegenseitig die Füße waschen. Ich habe euch damit ein Beispiel gegeben, dem ihr folgen sollt. Handelt ebenso!" (Johannes 13,12-15).

In Matthäus 23,11 fasst er das Konzept des Dienens zusammen: „Wer unter euch groß sein will, der soll allen anderen dienen."

Man könnte auch sagen, dass die Glücklichsten unter uns Dienende sind. Wer nur danach fragt, was für ihn selbst herausspringt, wird schnell von Angst und Gier zerfressen. Aber wer sich fragt, was er in einer Situation zu geben hat, erlebt keine Angst. Dienstbereit zu sein, schürt nicht Angst, sondern bringt Frieden und Freude hervor. Wir müssen uns jeden Tag fragen: „Wem kann ich heute Gutes tun? Wem soll ich dienen?" Manchmal sind das kleine Gesten – einer Kollegin, die es brauchen kann, ein ermutigendes Wort sagen, oder dem eigenen Ehemann hinterherräumen, auch wenn es nervt, dass er seine Schuhe und Socken immer mitten im Wohnzimmer liegen lässt, wenn er nach Hause kommt. In anderen Situationen werden wir uns berufen fühlen, in größerem Umfang etwas beizutragen und zu dienen.

Beth stand beruflich gerade vor einem Wechsel von Kalifornien nach Michigan. Sie musste das gesamte Mobiliar ihrer Wohnung einpacken und zudem ihre beiden Autos nach Michigan schaffen. Ihr Bruder bot an, eins in den Mittleren Westen zu fahren, aber der andere Wagen musste anders transportiert werden. Er gehörte ihr schon seit dem Studium (und schon damals hatte er ein paar Jahre auf dem Buckel), war mittlerweile zehn Jahre alt und hatte gut 150.000 Kilometer runter. Aber das Auto war ein VW und Beth wusste, dass es noch eine Weile fahren würde. Außerdem wollte sie sich nicht von ihm trennen. Es würde noch ein paar Jahre halten und war bestens für den Schnee in Michigan geeignet. Lediglich Ölwechsel, Wartungen und neue Reifen waren regelmäßig nötig. Aber als sich Beth eines Morgens die Zähne putzte, schoss ihr der Gedanke durch den Kopf: „Gib Sylvia das Auto."

„Wie bitte?", dachte sie und schrubbte weiter.

Sylvia war eine junge Alleinerziehende mit einem kleinen Mädchen und einem Jungen aus der Gemeinde. Beths Freundin Lisa hatte kürzlich erwähnt, dass Sylvia eine besser bezahlte Stelle am anderen Ende der Stadt nicht annehmen konnte, weil ihr Auto immer stehen blieb und sie sich kein neues leisten konnte. Ohne ein zuverlässiges Gefährt machte es aber keinen Sinn, eine neue Stelle anzutreten.

Beth hörte auf zu putzen und blieb vor dem Spiegel stehen. Tränen rollten ihr über die Wangen. Ihr hatte es noch nie an einem zuverlässigen Auto gemangelt. Als Jugendliche und im Studium hatten ihre Eltern ihr ein Auto geschenkt. Direkt nach dem Studium hatte sie eine gut bezahlte Stelle als Buchhalterin gefunden. Seit zwei Jahren besaß sie nun sogar zwei Autos. In diesem Augenblick wurde ihr bewusst, wie gut es ihr ging, und sie verspürte den überwältigenden Drang, Sylvia ebenfalls etwas Gutes zu tun.

Sie rief Lisa an, um herauszufinden, wie sie Sylvia erreichen konnte. Es war Samstag. Sie rief Sylvia an und fragte, ob sie sich nach dem Gottesdienst am nächsten Tag zusammensetzen könnten. Im persönlichen Gespräch teilte sie ihr die frohe Botschaft mit: Sie wolle ihr etwas Gutes tun und ihr das Auto schenken, Bedingungen gebe es keine. Sylvia war anfangs sprachlos. Dann begann sie zu weinen: „Du hast ja keine Ahnung", flüsterte sie mit brüchiger Stimme. „Ich habe gerade hier gesessen und Gott gebeten, mir irgendwie zu helfen. Ich habe ihm gesagt, ich will es schaffen, aber ich brauche ein zuverlässiges Auto! Und keine halbe Stunde nach meinem Gebet kommst du und erzählst mir das!" Sylvia bedankte sich überschwänglich bei Beth. Sie erzählte es den Kindern und sie hüpften vor Freude.

Beth hatte das Gefühl, auf Wolke sieben zu schweben. Etwas, das sie als selbstverständlich betrachtet und das sie nichts gekostet hatte, hatte im Leben dieser Familie einen riesigen Unterschied bewirkt.

Genauso gibt es Möglichkeiten, wie Sie jemandem wie Sylvia etwas Gutes tun können. Das Opfer wäre für Sie gering, aber gigantisch für den anderen. Sie haben Wissen weiterzugeben, von dem andere keine Ahnung haben. Dienen Sie jemandem als Mentorin mit diesem Wissen? Sie besitzen Dinge, die Sie lange nicht benutzt haben oder die Sie nicht vermissen würden, wenn Sie sie verschenken würden, aber diese Dinge könnten jemand anderem, der sie braucht, enorm helfen. Horten Sie Ihren Besitz oder überlegen Sie, wie Sie anderen damit dienen könnten? Sie haben ein Lächeln, das den Tag eines anderen erhellen könnte, aber aus irgendeinem Grund starren Sie immer nur trübsinnig vor sich hin. Könnten Sie lockerer werden und Sonnenschein verbreiten?

Man weiß nie, was die Leute um einen herum gerade durchmachen. Dienen wir ihnen mit Zuversicht und Freundlichkeit.

Die häufigste Charakterstärke unter guten Führungspersönlichkeiten ist überraschenderweise nicht die Fähigkeit zu leiten oder Mut und Tapferkeit, sondern die Fähigkeit zu lieben und geliebt zu werden. Warum? Vermutlich auch deshalb, weil Menschen leichter jemandem vertrauen und folgen und ihn unterstützen, wenn sie das Gefühl haben, dass er sich um sie kümmert. Liebe ist der Kern unseres Dienstes an anderen. Wir können nicht lieben, ohne zu dienen. Wir können nicht dienen, ohne zu lieben. Beides ist untrennbar miteinander verbunden – und nicht nur miteinander, sondern auch mit Ihrer persönlichen Zufriedenheit.

GESCHAFFEN, UM ZU DIENEN

Wir sind geschaffen, um zu dienen. Unsere Lebensaufgabe ist das Dienen, aber beim Dienen geht es nicht nur um unsere Lebensaufgabe. Es geht darum, auf ganz einfache Art an jedem x-beliebigen Tag das Leben anderer positiv zu beeinflussen. Wenn Sie glücklicher werden wollen, dann finden Sie Wege, einem anderen den Tag zu verschönern. Richten Sie den Blick weg von sich selbst und hin auf andere.

Waren Sie es schon einmal leid, über Ihre Probleme nachzudenken und zu versuchen sie zu lösen? Es ist ermüdend, ständig nur über sich selbst nachzudenken. *Bekomme ich die Gehaltserhöhung? Kann ich abnehmen? Werde ich heiraten? Werde ich befördert? Kann ich aufhören zu arbeiten und zu Hause bleiben? Wie sehen meine Haare aus? Was hat sie über mich gesagt?* Erkennen Sie den roten Faden? Nur über mich, mich, mich nachzudenken, ist der sichere Weg in die Unzufriedenheit. Und der schnelle Weg der Umkehr heißt: unsere Gedanken auf jemand anderen richten. Wussten Sie, dass ein anderer Sie in diesem Moment braucht? Jemand braucht Ihr Lächeln. Jemand braucht Ihre Ermutigung. Jemand würde absolut alles dafür geben, das Leben führen zu können, das Sie gerade leben. Jemand würde gern hören, wie Sie geschafft haben, was Sie gerade geschafft haben. Aber er oder sie wird es nie erfahren, wenn Sie sich nicht die Zeit nehmen, sich ihm oder ihr zuzuwenden.

Man sagt, die schlimmste Form von Pessimismus ist als Depression einzustufen. Ein nach innen gerichteter Fokus auf sich selbst und was schiefläuft im Leben, ist Pessimismus. Der Individualismus, der in den letzten 60 Jahren vorherrschend wurde, hat dazu geführt, dass wir uns immer weniger um unsere Mitmenschen kümmern und uns stattdessen immer mehr um uns selbst drehen, stellte Dr. Martin Seligman im Zuge seiner Forschungen fest. „Wer nach 1945 geboren wurde, hat eine zehnmal höhere Wahrscheinlichkeit, an Depressionen zu leiden, als diejenigen, die 50 Jahre früher geboren wurden."[15] Ich werde nie das Weihnachten vor vielen, vielen Jahren vergessen, als sich abzeichnete, dass ich den ersten Feiertag allein verbringen würde. Ich war Mitte 20 und Single und kein anderes Familienmitglied war über Weihnachten in der Stadt. Ich begann mich selbst zu bemitleiden: „Ich habe keinen Freund und erst recht keinen Ehemann. Niemand denkt an mich. Ich werde wohl dasitzen und alleine Geschenke auspacken. Vielleicht sollte ich ein paar Sachen für mich kaufen und einpacken, damit ich mehr Geschenke auspacken kann. Wie jämmerlich ist das? Meine eigenen Geschenke zu kaufen und einzupacken?" Oh ja, ich war sehr jämmerlich. Ich liebe den Spruch von Joyce Meyer: „Man kann jämmerlich sein oder eindrucksvoll, aber nie beides zugleich." Das traf definitiv auf mich zu.

In der Woche vor Weihnachten leierte ich meine jämmerliche Geschichte einer guten Freundin vor und sie sagte: „Warum kommst du nicht mit, wenn wir an Heiligabend Geschenke verteilen und Essen ausgeben?" Sie und ihr Freund hatten sich vorgenommen, an den Feiertagen anderen zu dienen.

„Das klingt gut", sagte ich zu ihr. „Wenn ihr nichts dagegen habt."

Zu dritt kamen wir mit ein paar Lebensmitteln im Schlepptau an dem alten Theater an. Das Hilfswerk, das den Tag organisiert hatte, informierte uns, wie alles ablaufen würde und was wir zu

---

15 Seligman: *Learned Optimism.*

tun hatten. Nach ein paar Stunden trafen die Familien in den gecharterten Bussen ein. Bedürftige Eltern und ihre Kinder waren darin zum Theater gebracht worden. Jede Familie erhielt ein warmes Weihnachtsessen und Lebensmittel, die sie mit nach Hause nehmen konnte, und wir überreichten den Kindern persönlich Geschenke. Darf ich kurz anmerken, dass sie sich wirklich gefreut haben? Sie waren dankbar. Sie waren bescheiden. Und sie haben mich in meiner Jammerhaltung, in der ich den ganzen Advent gesteckt hatte, zutiefst beschämt. Genau das hatte ich gebraucht: die richtige Perspektive. Es war eins der glücklichsten Weihnachtsfeste meines Lebens. Anstatt etwas zu bekommen, habe ich gegeben. Zu dienen hat mich glücklich gemacht. Dankbar. Es hat mich daran erinnert, wofür wir alle hier sind – um einander zu dienen.

NEUN WEGE, HEUTE JEMANDEM ZU DIENEN

1. FRAGEN STELLEN

Drei Selbstcoaching-Fragen können helfen, den Tag mit einer positiven Einstellung zu beginnen. Wenn Sie morgens aufwachen, fragen Sie sich als Erstes: „Wem will ich heute etwas Gutes tun?" Fragen Sie sich als Zweites: „Worauf freue ich mich?" Und als Drittes: „Wofür bin ich am meisten dankbar?" Damit aktivieren Sie die Glücklichmacher „Dienen", „Vorfreude" und „Dankbarkeit" gleich in den ersten fünf Minuten nach dem Aufwachen!

2. DIE TÜR AUFHALTEN

Dienen ist konkret. Es bedeutet, etwas zu tun, was einem anderen nützt. Dienen Sie in unserer Welt, die so oft von Unhöflichkeit und Anonymität geprägt ist, mit spontanen Gesten der Hilfsbereitschaft – wie etwa jemandem die Tür aufzuhalten, den Sie nur aus den Augenwinkeln sehen. Sie wissen, dass er hinter Ihnen ist, also ignorieren Sie ihn nicht!

3. GEDULD HABEN

„Allein aus Gottes Gnade." Es geht nicht nur um uns. Ich weiß, irgendwer braucht für diese Sache, auf die Sie so dringend warten, länger, als Ihnen lieb ist. Aber Sie werden sie bekommen, wenn auch vielleicht nicht ganz so, wie Sie zeitlich gehofft hatten. Warum entscheiden Sie sich nicht dazu, sich in Geduld zu üben und der Person Aufschub zu gewähren und Fehler zuzugestehen? Dafür ist eine Portion Demut nötig. Wer dient, ist demütig. Damit gestehen Sie anderen zu, auch nur Menschen zu sein.

4. DENEN, DIE WIR LIEBEN, DAS GEBEN, WAS SIE WOLLEN, NICHT, WAS WIR WOLLEN

Ohne dass es uns bewusst ist, geben wir anderen häufig die Art von Liebe, die wir uns selbst wünschen. Aber wenn wir geben, was wir uns wünschen, dreht sich wieder alles um uns selbst, nicht um den anderen. Sie möchten gern Blumen und Geschenke bekommen, aber Ihr Ehemann sähe es vielleicht viel lieber, wenn Sie eine Pause einlegen und mit ihm den Nachmittag auf dem Sofa verbringen und das Fußballspiel mit ihm sehen würden. Das würde ihn glücklich machen.

5. EHRENAMTLICH MITARBEITEN

Die einfachste Art zu dienen, ist die, eine Not zu finden und ihr zu begegnen. Engagieren Sie sich schon bei einem gemeinnützigen Verein oder Hilfswerk, das sich in Ihrer Stadt oder weltweit für etwas Gutes einsetzt?

6. EINE FAMILIE ADOPTIEREN

Wer die finanziellen Möglichkeiten oder das Wissen hat, jemandem zu helfen, der in Not ist oder Hilfe in der Familie brauchen könnte, kann sich vornehmen, solche Menschen zu unterstützen. Vielleicht sucht jemand ein Vorbild, das ihm zeigen kann, wie gute Erziehung aussieht. Oder er will lernen, bessere finanzielle

Entscheidungen zu treffen. Oder er hat viel Potenzial, das freigesetzt werden könnte, und Sie könnten ihn ermutigen, mehr aus
seinem Leben zu machen.

7. EINE JUNGE FRAU ALS MENTORIN BEGLEITEN

Egal ob durch ein offizielles Mentorenprogramm wie „Balu und
du" oder inoffiziell durch Gemeinde, Familie oder Nachbar-
schaftsbeziehungen, investieren Sie in das Leben eines Mädchens
oder einer jungen Frau, indem Sie ihr helfen, ein gutes Fundament für ein sinnerfülltes, glückliches Leben zu legen.

8. LÄCHELN

Das ist einfach. Verbreiten Sie Sonnenschein, wo immer Sie sind.
Seien Sie freundlich. Lächeln Sie. Das ist ansteckend. Sie werden
schnell den Dominoeffekt bemerken. Was für eine einfache Möglichkeit, unserem Umfeld zu dienen.

9. ZUHÖREN

Nur wenige haben die Chance, wirklich gehört zu werden. Sie
können jemand sein, der zuhört. Manchmal braucht jemand nur
ein offenes Ohr. Sie werden es an der Dankbarkeit ablesen können.

IHRER FAMILIE DIENEN

Schnell denken wir bei „Dienen" an das, was wir „da draußen"
tun, in der Welt, in der so viele Menschen Not leiden. Aber es
geht auch um unsere engsten Beziehungen. Wenn Liebe und
Dienen untrennbar miteinander verbunden sind, wie gut sind
Sie dann darin, Ihrer Familie zu dienen? Sind Sie großzügig oder
kleinlich? Was ist Ihrem Partner wichtig? Ihren Kindern? Ihren
Eltern? Wahre Liebe muss sich als Erstes zu Hause zeigen.
Stellen Sie sich diese Selbstcoaching-Fragen:

- Hand aufs Herz: Dienen Sie mehr oder lassen Sie sich mehr dienen?
- Was haben Sie in letzter Zeit getan, um jemandem in Not zu helfen?
- Worin könnten Sie anderen stärker dienen?
- Inwiefern dreht sich Ihr Leben vielleicht zu sehr um Sie selbst und nicht genügend um andere?
- Was hält Sie davon ab zu dienen? Was könnten Sie daran ändern?

WECKEN SIE DIESEN GLÜCKLICHMACHER!

- Konzentrieren Sie sich heute nicht auf sich selbst, sondern stecken Sie Ihre Energie in spontane Gesten der Hilfsbereitschaft.
- Gehen Sie Ihren Besitzstand durch – Kleidung, Computer, Haushaltsgeräte, alles. Mit welchem Ihrer Besitztümer könnten Sie jemand anderem etwas Gutes tun?
- Schreiben Sie die Menschen in Ihrem Leben auf, denen Sie gern etwas Gutes tun würden, inklusive Ihres Partners und Ihrer Familienangehörigen.

Ist es in Ordnung, die Welt gar nicht erobern zu wollen?

Früher war es normal, heute gilt es als Makel, beruflich keinen gro-ßen Ehrgeiz zu zeigen

....

Nachdenkenswertes

- Frauen früherer Generationen hatten weniger Möglichkei-ten, aber auch weniger Rollen, die sie ausfüllen mussten.
- Ehrgeiz kann sich auch auf außerberufliche Ziele richten.
- Von den Frauen, die zwischen 1960 und 1980 geboren wur-den, waren im Jahr 2011 in den USA 43 Prozent kinderlos.

....

Gesprächseinstiege

- Ist es in Ordnung, bewusst keinen Ehrgeiz im Beruf zu zei-gen?
- Welche Erwartungen sind Ihnen nach Ihrem Schul- oder Uniabschluss begegnet? Stimmten diese mit Ihren eigenen Wünschen überein?
- Weshalb steigen heutzutage wohl so viele berufstätige Frau-en aus ihrem Beruf aus? Welche Gefühle spielen dabei eine Rolle?

- Welchen Sinn hat ein Master- oder Bachelorabschluss, wenn man gar nicht arbeiten will?

„Als ich mit der Schule fertig war, hat niemand von mir erwartet, die Welt zu erobern", bemerkt die 60-jährige Lynn nüchtern. Sie schloss die High School ab, heiratete zwei Jahre später und bekam ein Kind. Ihrer eigenen Aussage zufolge hätte sie nicht glücklicher sein können – und das meint sie ganz ehrlich. „Ich war vollkommen begeistert, Mutter zu sein und ein Baby zu haben, um das ich mich kümmern konnte. Es war wie eine lebendige Puppe für mich", erinnert sie sich. „Mein Mann stand noch ganz am Anfang seiner Karriere und verdiente nicht viel, aber das war egal. Wir hatten alles, was wir brauchten, plus gute Freunde und ein gesundes Kind."

Dara ist noch etwas jünger, Ende 40, und hat vier Kinder. Sie hat einen Abschluss in VWL, verspürte aber nie das Bedürfnis, in diesem Bereich zu arbeiten. „Ich bin ans College gegangen, um eine Ausbildung zu bekommen, aber eigentlich wollte ich immer Ehefrau und Mutter werden", sagt sie. „Und damit bin ich bis heute glücklich. Ich habe nicht das Gefühl, irgendetwas zu verpassen. Alles zu erreichen, bedeutet für mich, Ehefrau und Mutter zu sein. Karriere zu machen gehörte für mich nie dazu."

Andreas Geschichte unterscheidet sich von Lynns und Daras, läuft aber auf dasselbe hinaus. Sie ist Anfang vierzig und kinderlos, klug, einfühlsam, glücklich – und bewusst nicht zielstrebig. „Ich war noch nie ehrgeizig. Ich sitze nie herum und denke über meine Ziele nach", gesteht sie.

Als ich das zum ersten Mal hörte, war ich offen gestanden ziemlich überrascht. Ich runzelte die Stirn. „Du denkst nicht darüber nach, welche Ziele du erreichen willst? Es macht dir nichts aus, keinen Ehrgeiz zu haben?", fragte ich skeptisch. „Vielleicht hat sie einfach ihre Herzenswünsche noch nicht realisiert", dachte ich insgeheim. Aber Andrea faszinierte mich. Andrea ist glücklich verheiratet und liebt das Leben. Sie engagiert sich ehrenamtlich und ist eine wichtige Stütze im Leben ihrer Nichte und ihres Neffen – manchmal bringt sie die beiden zum Basketballtraining oder zur Ballettprobe. Sie ist nicht gestresst. Und sie ist zufrieden mit dem, wo sie im Leben steht. Sie zwingt sich nicht dazu, ehrgeiziger zu werden.

Je länger ich Andrea zuhörte und sie beobachtete, wie sie auf ihre typische Art erzählte, wurde mir klar, dass sie einfach so ist. Nicht jede Frau zieht ihr Glück und ihre Zufriedenheit aus erreichten Zielen.

„Ich will die Welt nicht erobern“, sagte sie. „Das bin ich einfach nicht.“

Diese Aussage hat es in sich. In unserer erfolgsorientierten Gesellschaft, in der Erfolg größtenteils im beruflichen und finanziellen Bereich gemessen wird, ist es fast schon politisch unkorrekt, wenn eine Frau sagt: „Hey, das will ich aber nicht.“ Aber was, wenn man wie Andrea an beruflichen Erfolgen gar kein Interesse hat? Ist es in Ordnung, karrieretechnisch eher weniger zu wollen als mehr?

Das ist eine persönliche Entscheidung, die jede Frau für sich selbst treffen muss. Wir müssen wissen, was unsere Berufung ist und auf dieser Grundlage dann eine Vision für unser Leben entwickeln. Gott hat uns nicht alle gleich geschaffen. Manche sind zielstrebiger als andere. Und manche sind durchaus zielstrebig, aber nicht in beruflicher Hinsicht oder in Richtung Selbstständigkeit oder Bürojob.

NIEDRIGERE ERWARTUNGEN, MEHR ZUFRIEDENHEIT

Inzwischen wissen Sie, dass ich Sie anspornen will, Ihre Möglichkeiten voll auszuschöpfen. Daher würde ich Ihnen nie raten, Ihre Ansprüche herunterzuschrauben. Ich glaube, es ist wichtig, die eigenen Träume nicht zu beschneiden. *Die Träume, die Gott Ihnen ins Herz gelegt hat, sind für Sie bestimmt.* Wir können nicht darin versagen, wofür der Schöpfer uns geschaffen hat. Aber nicht alle Träume stammen von Gott. Manche Träume sind Erwartungen, die wir an uns selbst richten und die uns unnötig Stress und Druck auferlegen – und es kann auch passieren, dass wir uns von der Angst, einen anderen zu enttäuschen, zu Träumen drängen lassen, die gar nicht unsere eigenen sind. Ist Ihnen das schon einmal passiert?

Jede Frau, mit der ich gesprochen habe, für die „alles erreichen" weniger beinhaltete, als man allgemein darunter versteht, sagte von sich, dass sie glücklich sei. Die Ausnahme bildeten die Frauen, die sich mit anderen verglichen – und zwar nicht immer nur mit anderen Frauen, sondern manchmal auch mit ihrem Mann.

Ellen und ihr Mann planten, zu einem Ehemaligentreffen an ihrem College zu fahren. Bei dem Treffen würde auch gewürdigt werden, was jedes Paar erreicht hatte. Ellen war zutiefst betrübt, dass sie keinerlei berufliche Erfolge vorzuweisen hatte, während ihr Ehemann sogar Punkte streichen musste, damit alles auf eine Seite passte! „Was habe ich in all den Jahren eigentlich gemacht?", fragte sie sich selbstkritisch. „Worüber soll ich denn reden? Meine Kinder sind verheiratet und aus dem Haus. Sie führen ihr eigenes Leben. Was habe ich vorzuweisen?" Von außen betrachtet, klang Ellens Fazit ziemlich hart. Sie hatte drei fleißige, zuvorkommende, geistlich reife, liebevolle Kinder großgezogen. Sie hatte ihren Mann unterstützt, ihre erweiterte Familie zusammengehalten und führte ein unglaublich beschenktes Leben. Noch dazu war es genau das Leben, das sie sich immer erträumt hatte. Sie hatte alles, was sie wollte. Aber ihre beruflichen Erfolge der letzten 25 Jahre darlegen zu müssen, traf bei ihr einen empfindlichen Nerv.

Sich zu vergleichen, ist gefährlich. Es kann zu Unzufriedenheit führen, und das war bei Ellen der Fall. Wir könnten vollkommen glücklich sein mit der Entscheidung, nicht zu arbeiten – oder durchaus zu arbeiten, aber nicht Karriere zu machen oder das große Geschäft aufzubauen. Aber wer sich nur mit denen vergleicht, die beruflich mehr erreicht haben, wird trotzdem an sich zweifeln. Sich mit denen über sich zu vergleichen, hinterlässt immer ein ungutes Gefühl. Ein gesunder Vergleich sollte deshalb ausgewogen sein. Wir können anerkennen, was diejenigen erreicht haben, die ehrgeiziger waren als wir, aber wir müssen auch die sehen, die *weniger* ehrgeizig sind. Und dann, und das ist das Wichtigste, feiern Sie das, was Sie selbst erreicht haben, und freuen Sie sich darüber.

Ein kluger Umgang mit Geld

*Finanzielle Entscheidungen vermeiden lernen,
die unsere Zufriedenheit schmälern, und Entscheidungen treffen,
die uns glücklich machen*

Entscheidung
„Ich werde versuchen, mit weniger als 75 Prozent
meines Einkommens auszukommen."

„Mo' Money, Mo' Problems!" *Mehr Geld, mehr Probleme,* sang der inzwischen verstorbene Biggy Smalls in seiner Raphymne aus den 90er-Jahren. Aber Biggie lag falsch. In Wahrheit kann Geld tatsächlich glücklich machen. Ich weiß, besonders geistlich klingt das nicht, es klingt eher materialistisch. Das ist es aber gar nicht. Ich will es gern erläutern. Wenn wir lernen, unser Geld auf die richtige Art und Weise auszugeben, *kann Geld uns zufriedener machen.*

Das erklärt, warum weit oben auf der Liste der glücklichsten Nationen diejenigen mit dem größten Wohlstand stehen. Keins der ärmsten Länder der Welt zählt auch zu den glücklichsten. In Nationen, in denen die Bevölkerung arm und die Regierung autoritär ist, leben die am wenigsten glücklichen Menschen. Wenn die grundlegendsten Bedürfnisse nicht gestillt sind, schert man sich nicht darum, wie Menschen glücklicher werden könnten. Glück hat keine Priorität. Wichtig ist das Überleben.

In wohlhabenden Nationen belegen fast alle Studien, dass reiche Menschen sich glücklicher fühlen als diejenigen mit niedrigem oder durchschnittlichem Einkommen. Es stimmt tatsächlich: Geld macht messbar glücklicher – vor allem, wenn man erst nicht viel hat und das Einkommen dann sprunghaft ansteigt. Forschungen zeigen, dass der Anstieg der Zufriedenheit aufgrund einer Einkommenssteigerung dann am höchsten ist, wenn Menschen nur sehr wenig besitzen. Wer unterhalb der Armutsgrenze lebt und dann plötzlich so viel mehr verdient, dass er nun zur Mittelschicht gehört, wird entscheidend glücklicher! Mit dem höheren Einkommen kann man in eine sichere Gegend ziehen. Man kann gesündere Lebensmittel kaufen – und zwar in ausreichender Menge. Wer mit seinem Gehalt auskommt, kann seine Rechnungen bezahlen, und wer seine Rechnungen bezahlt, wird nicht von Geldeintreibern gejagt. Jawohl, man ist sehr viel glücklicher.

Oberhalb eines Haushaltseinkommens von 75.000 Dollar (umgerechnet etwa 60.000 Euro) im Jahr steigt die Zufriedenheit, die sich allein auf Einkommenszuwächse gründet, nicht mehr dramatisch. Aber Geld verschafft uns Wahlmöglichkeiten. Wer gut damit umgeht, kann andere dadurch unterstützen. Es erlaubt uns, Erfahrungen zu machen, die wir uns sonst nicht leisten könnten – eine Fahrt zur Familie über die Feiertage oder Tickets für ein Konzert des Lieblingskünstlers zusammen mit dem Liebsten beispielsweise.

„Wer nicht zufrieden ist mit dem, was er hat, wäre auch nicht zufrieden mit dem, was er gern hätte." – *Sokrates*

Der Glücklichmacher ist nicht das Geld selbst. Entscheidend ist, wie wir es ausgeben. Es gibt ein paar einfache Methoden, wie wir unser Geld ab heute so ausgeben können, dass wir glücklicher werden. Zehn davon werde ich Ihnen gleich nennen. Aber lassen Sie uns vorher noch über die andere Seite der Medaille reden.

Nur wenig verursacht mehr Stress, als Rechnungen nicht bezahlen zu können, von der Hand in den Mund zu leben oder mit dem Partner über Geld zu streiten. In geistlicher Hinsicht schrecken viele aufgrund des Verses „Geldgier ist eine Wurzel alles Übels" vor dem Gedanken zurück, Geld könne glücklich machen. Lassen Sie es mich einmal deutlich sagen: Die *Geldgier* ist die Wurzel alles möglichen sozialen Übels, von Begierde und Verbrechen bis zu Betrug und Goldgräberei. Aber Geld an sich? Wenn es gut verwaltet wird, ist Geld ein Mittel, um Gutes zu tun und gut zu leben. Und wer lernt, seinen Besitz zu vermehren und erfolgreich zu verwalten, wird glücklicher sein. Wer dagegen Schulden und materielle Güter anhäuft, um sich dadurch besser, glücklicher und wertvoller zu fühlen, wird auf die Nase fallen und sich ständig fragen, weshalb er nicht zufrieden ist.

Als Frauen erleben wir auf der Gefühlsebene größere Höhe- und Tiefpunkte als Männer. Vor allem negative emotionale Erlebnisse können unseren Umgang mit Geld stark beeinflussen. Daher will ich als Erstes über das emotional gesteuerte Geldausgeben sprechen und dann zehn konkrete Schritte nennen, wie der gesunde Umgang mit Geld uns glücklicher machen kann.

EMOTIONAL GESTEUERT EINKAUFEN = EMOTIONALE DÜRRE

Emotional gesteuerte Geldausgaben sind Symptom und Ursache zugleich für innere Unzufriedenheit. Wir geben Geld aus, weil wir bewusst oder unbewusst eine Leere füllen wollen, die durch Traurigkeit, Kummer, Langeweile, Verachtung, Wut, Angst oder andere negative Emotionen entstanden ist. Unsere Gefühle sollen damit betäubt werden – ähnlich wie beim Frustessen. Aber statt sich Pfunde anzufuttern, werden Kreditkartenschulden angehäuft oder die Konten geplündert. Man gerät in einen Teufelskreis: Je mehr Geld man ausgibt, desto mehr ärgert man sich über die mangelnde Selbstdisziplin und die Gefährdung der eigenen finanziellen Sicherheit.

Dazu passt die folgende Geschichte: Vor Jahren stand ich einmal in der opulenten Umkleide eines Luxuskaufhauses und wartete auf eine Freundin, die ich hier einmal Tina nennen möchte. Das wäre nicht weiter überraschend gewesen, wenn sie mir nicht gerade zuvor beim Mittagessen erzählt hätte, dass ihr Freund sie sitzen gelassen hatte. Anschließend hatte sie spontan vorgeschlagen, zum Kaufhaus hinüberzugehen, um für sie ein Kostüm für ein anstehendes Vorstellungsgespräch zu kaufen. Sie kam aus der Umkleidekabine und sah umwerfend aus in dem schwarzen Hosenanzug von Armani. Die Verkäuferin scharwenzelte um sie herum und rief die Schneiderin, damit diese ihn ihr auf den Leib schneiderte. Tina genoss die Aufmerksamkeit.

„Bist du dir sicher, dass du wirklich so viel Geld ausgeben willst?", fragte ich. „In deinem Kleiderschrank hängen doch schon ein paar schicke Hosenanzüge."

„Ich brauche etwas Neues", beharrte sie. „Ich liebe diesen Anzug. Ich fühle mich darin so selbstsicher!"

Mit diesen Worten zückte Tina die Kreditkarte dieses Kaufhauses – mit einem Dispozins von 22,5 Prozent – und gab an diesem Tag fast 3.000 Dollar für ein Outfit aus. Hätte Tina diesen Einkauf in bar bezahlen können, nicht bereits ihren Studienkredit in sechsstelliger Höhe abbezahlen müssen und ein geregeltes Einkommen gehabt, wäre diese Geschichte nicht weiter erwähnenswert gewesen. Aber das war nun einmal die Realität. Tina war einsam und frustriert. Geld in teuren Läden auszugeben, die beliebtesten Marken zu tragen und in ihrem Luxuswagen gesehen zu werden, befriedigte ihre Sehnsucht nach Aufmerksamkeit und ihren Wunsch, sich wertgeschätzt zu fühlen.

Jeder von uns geht anders mit seinen Unsicherheitsgefühlen um, aber es gibt viele Menschen, die sie mit Frustkäufen kompensieren.

Vielleicht sind Ihre Einkäufe nicht so extrem wie Tinas – oder aber sie sind noch extremer. Sie sind sich nicht sicher, ob Sie in diese Kategorie fallen? Dann überlegen Sie, ob diese Aussagen auf Sie zutreffen:

- Manchmal kaufen Sie etwas, weil Sie finden, Sie haben es sich verdient – obwohl Sie es sich eigentlich gar nicht leisten können.

- Sie kaufen teure Marken, weil Sie wollen, dass andere Sie für „erfolgreich" halten.
- Sie gehen einkaufen, wenn Sie traurig, einsam, gelangweilt oder frustriert sind oder sich zurückgesetzt fühlen.
- Sie erleben ein emotionales Hochgefühl, wenn Sie die Kreditkarte zücken, um Ihren Einkauf zu tätigen. In dem Moment fühlen Sie sich stark und als Herrin der Lage.
- Sie kaufen Dinge für Ihre Kinder, weil Sie ein schlechtes Gewissen haben, dass ein Elternteil fehlt oder Sie zu viel arbeiten und nicht genug Zeit für Ihre Kinder haben.

Wenn Sie sich in einer dieser Aussagen wiederfinden, sollten Sie aufhorchen: Frustkäufe sind eine Reaktion – ein Verhalten, das sich ändern lässt. In meinem Buch *Was Sie wirklich bremst* (*What's Really Holding You Back*, bisher nicht auf Deutsch erschienen), beschreibe ich, dass wir von unseren Gefühlen lernen, aber nicht beherrscht werden dürfen. Genau darum geht es auch hier. Konkret:

1. Rechnen Sie einmal aus, wie viele Schulden Sie insgesamt haben. Wenn Sie Einkäufe durch Kreditkarten- oder Ratenzahlungen finanziert haben, rechnen Sie diese hinzu. Die Summe ist vermutlich höher, als Sie denken. Lassen Sie sich davon wachrütteln. Sie brauchen diesen Weckruf.
2. Erzählen Sie jemandem davon. Halten Sie es nicht länger geheim. Lassen Sie Licht in die Angelegenheit, indem Sie jemanden einweihen, dem Sie vertrauen. Bitten Sie diese Person, Sie immer wieder zur Rechenschaft zu ziehen und Sie von weiteren Frustkäufen abzuhalten.
3. Überlegen Sie, wann die Versuchung am größten ist. Denken Sie an Ihren letzten Frustkauf zurück. Welches Gefühl hat zu dem Kauf geführt? Wie war es bei dem Mal davor? Werden Sie sich klar darüber, damit Sie den nächsten Schritt gehen können ...
4. Nehmen Sie sich vor, wie Sie aktiv an die Sache herangehen und nicht immer bloß reagieren können. Wenn Sie ein unangenehmes Gefühl befällt, halten Sie einen Moment inne

und vermeiden Sie den Einkauf, der dieses Gefühl kurzzeitig betäuben soll. Treffen Sie stattdessen die bewusste Entscheidung, auf eine konstruktivere Art zu reagieren.

Jetzt ist es an der Zeit, zu überlegen, wie eine gesunde Reaktion aussehen kann. Schreiben Sie sich alles auf, was Ihrer Seele guttut, was Sie glücklich macht und Ihr Selbstvertrauen wirklich stärkt. Sie könnten sich beispielsweise dafür entscheiden, nicht shoppen, sondern mit Ihren Kindern in den Park zu gehen, eine Ausstellung zu besuchen, die keinen Eintritt kostet, oder eine Freundin einzuladen, mit der Sie sich einen Film ansehen oder einfach unterhalten. *Erlebnisse* mit den Menschen in Ihrem Umfeld machen viel glücklicher als zusätzlicher Kram. Und je glücklicher Sie werden, desto seltener werden sich die Gefühle einstellen, die Sie zu Frustkäufen animieren.

GELD MACHT ALLES MÖGLICH

Ich erinnere mich noch an das erste Mal, als ich im Buch Prediger den Vers las, in dem steht, dass Geld alles möglich macht. Anfangs war ich schockiert. Bis ich ein tieferes Verständnis darüber erlangte.

„Man schlemmt und will dabei lachen, der Wein erfreut die Lebenden, das Geld macht alles möglich" (Prediger 10,19).

Mein damaliger Pastor sagte, er zögere immer, diesen Vers zu zitieren, weil man ihn leicht missinterpretieren könne, aber unterm Strich bedeute er: Geld kann jedes Problem lösen, bei dem es um *Dinge* geht. Es wird dagegen die meisten Beziehungsprobleme nicht lösen (wenn es auch eine Beziehung von so manchem Stress befreien kann). Es wird die meisten gesundheitlichen Probleme nicht lösen (wobei Geld in vielen Ländern erst eine Krankenversicherung oder bessere medizinische Versorgung möglich macht). Aber wenn man Essen, ein Obdach, Kleidung oder jemanden braucht, der einem bei fast jedem Projekt hilft, das man gerne umsetzen würde – ob beruflich oder privat – wird Geld immer die Antwort sein.

Ich erinnere mich an eine Partnerschaft, die mir fast das Geschäft ruiniert hätte, als ich Mitte zwanzig war. Die Woche, in der das passierte, gehört zu den schlimmsten Wochen meines Lebens. Ich musste mich endlose Stunden damit beschäftigen und habe alles daran gesetzt, die Schwierigkeiten aus dem Weg zu räumen. In der darauffolgenden Woche wäre beinahe meine Mutter gestorben. Und plötzlich wirkten meine beruflichen Sorgen völlig nebensächlich. Als meine Mutter im Koma lag, sagte ich zu einer Freundin: „Wer Probleme hat, die sich mit Geld lösen lassen, hat keine wirklichen Probleme." Um finanzielle Schwierigkeiten aus dem Weg zu räumen, kann man verhandeln oder Geld verdienen. Aber wenn jemand, den man liebt, reglos in einem Krankenhausbett liegt, bleiben einem wenige Optionen übrig.

WIE ES GELINGT, MIT GELD GLÜCKLICHER ZU WERDEN

In meinem Buch *Erfolgreiche Frauen denken anders* (Successful Women Think Differently, bisher nicht auf Deutsch erschienen) habe ich drei durch Studien gut belegte Situationen beschrieben, in denen Geld glücklich machen kann: wenn man alle Rechnungen bezahlen kann, wenn man mehr verdient, als andere Berufskollegen durchschnittlich verdienen, und wenn man Geld verschenkt. Geld und unser Umgang damit können große Auswirkungen auf unsere Zufriedenheit haben.

Mein Herz schlägt schon lange für das Thema Frauen und Geld. Zu vielen Frauen, selbst gut ausgebildeten Frauen, fehlt es an Wissen in Finanzfragen. Das liegt zum Teil daran, dass das ganze Thema in unserem Schul- und Universitätssystem nicht vorkommt. Nur an wenigen Schulen lernen Schüler die finanziellen Grundlagen – wie man ein Konto führt, was Zinsen sind oder wie man für das Rentenalter plant und spart. Aber selbst wenn der Lehrplan diese Themen beinhalten würde, würde es nicht genügen, um glücklicher zu werden. Um in Finanzfragen glücklich zu werden, sollte sich jede Frau ein paar Gewohnheiten aneignen. Manche davon klingen recht simpel, andere unerreichbar – je nach den persönlichen finanziellen Möglichkeiten. Wenn

Sie die folgenden acht Punkte lesen, sagen Sie sich, dass alle davon im Bereich des Möglichen liegen – vielleicht brauchen einige nur ihre Zeit. Manche dieser Gewohnheiten bringen vielleicht bestimmte Gefühle ans Tageslicht oder stellen infrage, was Sie einmal in Bezug auf Frauen und den Umgang mit Geld gelernt haben. Lassen Sie sich von Ihren Gefühlen nicht behindern.

ACHT WEGE, WIE GELD GLÜCKLICH MACHT

1. *Bleiben Sie unterhalb Ihrer finanziellen Möglichkeiten*

Wer je seine Rechnungen nicht bezahlen oder sich die einfachsten Dinge nicht leisten konnte, kennt den Stress, den das mit sich bringt. Unterhalb der eigenen finanziellen Möglichkeiten zu bleiben, macht glücklich. Es verleiht einem das Gefühl, die Zügel in der Hand zu halten und in der Lage zu sein, die eigenen Finanzen zu verwalten. Daraus kann eine tiefe Befriedigung erwachsen. Vielleicht haben Sie den guten Vorsatz am Kapitelanfang gelesen: „Ich werde versuchen, mit weniger als 75 Prozent meines Einkommens auszukommen." In einigen Gruppeninterviews zu Forschungszwecken waren manche Frauen überrascht über diesen Vorschlag. Er kam ihnen kaum umsetzbar vor. Vielleicht sind Sie heute dazu nicht in der Lage. Aber Sie können sich vornehmen, den Unterschied zwischen dem, was Sie verdienen, und dem, was Sie ausgeben, zu vergrößern, und somit einen immer geringeren Teil Ihres monatlichen Einkommens zu verbrauchen. Das verschafft einem nicht nur ein gutes Gefühl, sondern auch Erleichterung und Sicherheit, weil einem finanziell mehr Luft zum Atmen bleibt. Das ist der Vorteil, wenn man seinen Finanzrahmen einhält. Wenn Sie momentan 105 Prozent Ihres Einkommens verbrauchen, dann nehmen Sie sich vor, Ihre Ausgaben in diesem Jahr auf 95 Prozent herunterzuschrauben. Wenn Sie 95 Prozent verbrauchen, peilen Sie 85 Prozent an. Wird das Einkommen höher, vergrößert sich der Unterschied. Werden zudem die Ausgaben beschränkt, vergrößert sich der Unterschied noch mehr. Statt zu planen, welches Auto Sie sich als Nächstes kaufen wollen, freuen Sie sich lieber darauf, wie lange Sie Ihren derzeitigen Wagen noch fahren können, wenn Sie ihn abbezahlt haben. Meine Hoffnung für Sie ist, dass Sie mit der Hälfte Ihres Einkommens auskommen und eines Tages finanziell unabhängig in Rente gehen können. Mit den richtigen finanziellen Entscheidungen – dank derer Sie zufriedener und besser abgesichert sein werden – ist das möglich.

2. BLEIBEN SIE BESCHEIDEN

Mit dem Gefühl zu leben, weniger zu haben als der Durchschnitt, macht keine Frau glücklich. Es mag nach Stolz klingen, aber Studien belegen: Wenn Menschen die Wahl haben zwischen zwei verschiedenen Gehältern und zwei Städten, in denen sie wohnen können, würden 76 Prozent lieber weniger verdienen, wenn das bedeutet, dass ihr Einkommen in ihrer Stadt damit doppelt so hoch ist wie das des Durchschnittsverdieners. Klug mit Geld umzugehen bedeutet also nicht nur, mit weniger auszukommen, als man verdient, sondern auch, sich kein Umfeld zu suchen, in dem man das Gefühl hat, nicht mithalten zu können. Kaufen Sie also kein Haus in der teuersten Lage, die für Sie infrage kommt. Seien Sie bescheiden. Geben Sie *weniger* aus, als Sie können. Das wird Sie letztlich glücklicher und zufriedener machen.

3. VERSCHENKEN SIE EINEN TEIL!

Geben, nicht nehmen, ist der Weg zum Glück. Wir haben schon gesehen, dass Dienen glücklich macht. Dasselbe gilt für das Verschenken. Deshalb ist das Prinzip des Zehnten – Gott zehn Prozent des Einkommens zu geben – so wichtig. Aber sind Sie auch darüber hinaus großzügig? Großzügige Menschen sind glücklicher. Sie klammern sich nicht ängstlich an ihr Geld und ihren Besitz, sondern sie gehen mit offenen Händen durchs Leben und sind bereit, mit anderen zu teilen. Und weil ihre Hände offen sind zum Teilen, fällt ihnen häufig im Gegenzug weitaus Wertvolleres zu.

Wann immer Sie einen unerwarteten Geldsegen erleben, geben Sie etwas davon ab. Studien zeigen, dass Angestellte, die mit einem Teil ihrer Boni anderen helfen oder eine gemeinnützige Organisation unterstützen, sich als glücklicher bezeichnen als diejenigen, die nichts abgeben. Wem könnten Sie heute Gutes tun? Vielleicht war der Geldsegen gar nicht nur dafür gedacht, dass Sie sich die Schuhe kaufen können, mit denen Sie liebäugeln. Vielleicht sollten Sie einer Freundin etwas Nettes gönnen, weil Sie wissen, dass von ihrem knappen Budget am Monatsende nicht mehr viel übrig ist.

4. Kaufen Sie sich Erlebnisse, nicht noch mehr Sachen

Wenn es Ihr Budget zulässt, blättern Sie die Glücklichmacher in diesem Buch durch und überlegen Sie sich ein Erlebnis, das Sie sich ermöglichen wollen. Das könnte zum Beispiel eins der Folgenden sein:

- Neues ausprobieren: Gibt es etwas Neues, das Sie einmal wagen wollen?
- Genießen: Möchten Sie vielleicht mit jemandem in Ihrem Lieblingsrestaurant essen gehen und sich angeregt unterhalten?
- Spiel und Vergnügen: Ist jetzt die Zeit, endlich einmal an den Strand zu fahren oder die Skipiste zu erkunden?
- Umgebung: Wollen Sie sich endlich das Gemälde kaufen, das Sie sich gern ins Wohnzimmer hängen und jedes Mal bewundern würden, wenn Sie vorbeilaufen?

5. Verhandeln Sie

Die meisten Frauen verhandeln nur ungern – egal, ob es um das neue Auto geht oder die offene Stelle. Ein selten genannter Grund für die bestehenden Gehaltsunterschiede von Männern und Frauen könnte auch sein, dass Männer viel eher verhandeln. In einer Studie des US-Instituts für Wirtschaftsforschung unter 2.500 Arbeitssuchenden fand man heraus, dass Männer vor allem dann viel häufiger verhandelten, wenn der Arbeitgeber *nicht* ausdrücklich darauf verwies, dass das Gehalt verhandelbar sei. Erklärte der Arbeitgeber dagegen ausdrücklich die Bereitschaft über das Gehalt zu reden, verhandelten Frauen genauso häufig, manchmal sogar etwas häufiger. Die Gehaltsunterschiede zwischen Männern und Frauen sind demnach bei Stellen, bei denen die Möglichkeit zur Verhandlung nicht eindeutig ist, auch entscheidend größer.

Deutsche Studien zeigen, dass Frauen auch hierzulande meist zu defensiv in Gehaltsverhandlungen gehen. 60 % der Frauen akzeptieren gleich das erste Angebot, auch wenn es signifikant niedriger als ihr Wunschgehalt ist, zeigte beispielsweise eine Studie der Hochschule Pforzheim. Viele versuchen erst gar nicht zu verhandeln. Außerdem neigen Frauen eher dazu, von sich aus niedrigere Gehaltsvorstellungen in ein Gespräch einzubringen, als sie eigentlich für angemessen halten.[16] Was heißt das für Sie? Dass Sie sich möglicherweise Geld durch die Lappen gehen lassen für Arbeit, die Sie bereits leisten.

6. ERACHTEN SIE NICHTS ALS SELBSTVERSTÄNDLICH

Je mehr wir besitzen, desto eher werden wir undankbar. Im Kapitel über Dankbarkeit als Glücklichmacher beschäftigen wir uns auch mit der Theorie der „hedonistischen Adaption". Sie beschreibt unsere Tendenz, uns einfach an bessere Lebensumstände zu gewöhnen, sodass wir immer mehr brauchen, um glücklich zu sein. Wir können dieser Falle entgehen, indem wir uns bewusst dafür entscheiden, dankbar für das Gute in unserem Leben zu sein, zu genießen, was wir haben, und nichts für selbstverständlich zu nehmen. Dankbarkeit hilft, unsere Ausgaben zu beschrän-

16 Kirsten Wüst und Brigitte Burkart: Schlecht gepokert? Warum schneiden Frauen bei Gehaltsverhandlungen schlechter ab als Männer?, Gender: Zeitschrift für Geschlecht, Kultur und Gesellschaft, 4 (2012), 3, S. 106-121. http://nbn-resolving.de/urn:nbn:de:0168-ssoar-397211.

ken und uns reich zu fühlen, egal, wie viel wir auf dem Konto haben.

7. KAUFEN SIE SICH ZEIT

Wären Sie glücklicher mit mehr Zeit? Egal ob Zeit für Freunde und Familie oder Zeit, sich auszuruhen oder Hobbys nachzugehen – mehr Zeit für das, was wirklich zählt, führt nachweislich zu mehr Zufriedenheit. Wenn Sie Geld übrig haben, behalten Sie im Hinterkopf, dass Investitionen, die uns Zeit sparen, immer eine gute Option sind. Das kann ein Putzdienst sein oder jemand, der unseren Rasen mäht, oder sogar eine höhere Miete, wenn wir dadurch eine Viertelstunde Fahrtweg sparen. Sagen wir, Sie brauchen 45 Minuten von Ihrer Haustür bis zur Eingangstür Ihrer Arbeitsstelle. Aber wenn Sie näher dorthin zögen, könnten Sie den Fahrtweg auf 15 Minuten verkürzen. Das ist eine Ersparnis von einer Stunde jeden Tag für beide Wege zusammen. Das sind fünf Stunden pro Woche. Der Jahresurlaub in Deutschland beträgt durchschnittlich 30 Tage im Jahr plus zehn Feiertage. Sagen wir also, Sie fahren 44 Wochen im Jahr zur Arbeit. Demnach hätten Sie jedes Jahr 220 Stunden mehr Zeit zur Verfügung! Was würden Sie mit 220 Stunden zusätzlicher Zeit anfangen? Auf Acht-Stunden-Tage umgerechnet wären das 27,5 zusätzliche Urlaubstage.

Wenn Sie beschließen, die gewonnene Zeit dafür zu nutzen, jeden Tag eine halbe Stunde früher ins Bett zu gehen und eine halbe Stunde länger zu schlafen, sind das 27 volle Nächte mehr Schlaf im Jahr. Und ein Teil der höheren Miete und der Umzugskosten könnte sich schon durch die geringeren Benzinkosten ausgleichen, wenn Sie näher bei der Arbeit wohnen. Wann immer Sie überlegen, ob es sich lohnt, Geld zu sparen und dafür kleine Unannehmlichkeiten in Kauf zu nehmen, dann denken Sie nicht nur ans Geld, sondern auch an den Zeitfaktor.

8. BEZAHLEN SIE JETZT, GENIESSEN SIE SPÄTER

Wir werden bombardiert mit Werbeslogans wie „Jetzt kaufen, später zahlen". Elizabeth Dunn, Psychologie-Professorin an der Universität in British Columbia, und Michael Norton, Marketingprofessor an der Harvard Business School, schreiben in ihrem Buch *Happy Money* Folgendes: „Wenn wir den Konsum einer Sache auf später verlegen, kommen wir in den Genuss der Vorfreude, ohne dass die Realität schon alles ruiniert. Reisen bescheren uns die größte Freude, bevor wir sie antreten." Die Schlussfolgerung? Bezahlen Sie Ihre Wellnessbehandlung oder Ihre Reise vorher. Geld auszugeben aktiviert Hirnregionen, die Schmerzen verursachen. Das ist der Grund, weshalb wir weniger Geld ausgeben wenn wir bar bezahlen anstatt mit Kreditkarte. Wenn Sie also etwas Schönes planen, bezahlen Sie im Voraus. So leidet Ihr Gehirn keinen „Bezahlschmerz", wenn der Moment gekommen ist, das Erlebnis zu genießen. Es ist zudem wahrscheinlicher, dass Sie Ihre Ausgaben bewusster planen und sich ans Budget halten, wenn Sie im Voraus zahlen.

FRAUEN IM BERUF

Es war der fünfte Regentag in Folge. Mir schwirrte der Kopf von einem Arbeitsrhythmus, bei dem ich dauernd einen anderen Gang einlegen musste. An einem Tag saß ich schreibend im Büro, am nächsten flog ich zu einem Vortrag, am dritten gab ich ein Fernsehinterview, traf zwei Kunden und musste noch zu einer Sitzung für strategisches Marketing. Und das war nur der berufliche Teil.

An diesem Tag winkten mir hinter den Gitterstäben der Kinderkrippe in meinem Gebäude zwei süße Krabbelkinder zu. Sie drehten ihre kleinen Hände vor und zurück und sahen mich mit strahlenden Augen unschuldig an. „Bye-bye!", sagten sie. „Bye-bye!" Es spielte keine Rolle, dass ich das Gebäude gerade *betrat* und es nicht verließ. Ein Erwachsener hätte „Hallo" gesagt, aber „Bye-bye" war natürlich viel niedlicher. Ich lächelte und winkte zurück: „Bye-bye!" Die Kinder hinter ihnen rutschten in dem bunten Spielbereich die Rutschen hinunter und taperten ziellos und zufrieden herum. Andere glucksten grundlos vor sich hin. Ein Teil von mir wäre am liebsten sofort in den Spielbereich gegangen – nicht um Karussell zu fahren, sondern um mein Hamsterrad zu verlassen.

Sosehr ich meine Arbeit liebe, gibt es doch auch Augenblicke, in denen ich gern einfach gar nichts tun würde. Kennen Sie das auch? Zum Glück kann ich an ein paar Tagen zu Hause bleiben, nichts tun oder in Urlaub fahren. Da ich schon seit Jahren selbstständig bin, konnte ich mir Pausen und Flexibilität in meinen Kalender einbauen.

2012 war auf Forbes.com zu lesen, dass 84 Prozent der berufstätigen Frauen gegenüber *Forbes Woman* und *The Bump* angegeben hatten, dass sie sich eines Tages gern den „finanziellen Luxus" gönnen würden, „zu Hause zu bleiben und Kinder zu kriegen". Viele Frauen – und vor allem Mütter – können sich gut vorstellen, das berufliche Hamsterrad zu verlassen. Das trifft in den USA vor allem auf Frauen der Generation X zu (etwa die Jahrgänge 1960 bis 1980). Ihre Mütter nahmen ein paar Wochen Mutterschutz und gingen anschließend gleich wieder arbeiten, während sie selbst heute ein paar Jahre pausieren, wenn sie Kinder kriegen. Vielleicht haben sie miterlebt, wie ihre Mütter versuchten, alles unter einen Hut zu kriegen und beschlossen, etwas anderes auszuprobieren. Laut Forbes-Studie wünschen sich das auch diejenigen, die ihrem Beruf nicht ganz den Rücken kehren.

- Weshalb steigen wohl so viele berufstätige Frauen heutzutage aus ihrem Beruf aus? Welche Gefühle spielen dabei eine Rolle?
- Welchen Sinn hat ein Master- oder Bachelorabschluss, wenn man nicht arbeiten will?
- Fühlen Sie sich manchmal von den Anforderungen im Beruf und im Privatleben so erschlagen, dass eine Frührente verlockend klingt?
- Wieso müssen es eigentlich ausgerechnet 40 Stunden pro Woche sein? Wäre unsere Gesellschaft (und damit Sie!) ge-

nauso produktiv, wenn Vollzeit hieße, 25, 30 oder 35 Stunden pro Woche zu arbeiten?

WARUM SIE HEUTE GAR NICHT MEHR WOLLEN, WAS SIE FRÜHER EINMAL WOLLTEN!

Zur Wahrheit über das Glück gehört, dass wir ziemlich schlecht vorhersagen können, was uns wirklich glücklich und zufrieden macht. Wir glauben, mit diesem Job oder jenem Haus oder diesem Partner wären wir glücklich. Aber erst wenn es eintrifft, realisieren wir häufig, was das bedeutet. Zuerst haben Sie vielleicht einen Freudentanz hingelegt, aber jetzt leben Sie hautnah damit, jeden Tag. Beruflich stellen viele Frauen fest, dass das Arbeitspensum und die Arbeitsbelastung – neben den ganzen Verpflichtungen zu Hause – deutlich höher sind, als sie gedacht hatten.

Sie wollten Ihre Begabungen einsetzen und die Stelle erfolgreich an Land ziehen, aber Sie wollten nicht, dass sie Ihr ganzes Leben bestimmt. Sie wollten in die Selbstständigkeit, hatten aber nicht geahnt, dass damit jeder Hauch von Privatleben hinfällig wird. Sie wollten Chefin werden, waren aber nicht darauf gefasst, dass Personalführung dem Flöhehüten gleicht. Vielleicht wollten Sie genau das, was Sie erreicht haben – bloß nicht so viel davon.

Ich liebe zum Beispiel *Erdbeerkuchen*. Ich *liebe* ihn wirklich. Aber wenn ich gezwungen wäre, jeden Tag einen ganzen Erdbeerkuchen zu verdrücken, wäre ich ihn nicht nur am Ende leid, sondern müsste zudem mit ein paar unangenehmen Nebenwirkungen rechnen – von denen die meisten meiner Gesundheit nicht wirklich zuträglich wären. Genauso ist es, wenn uns die schiere Menge an – eigentlich erwünschten – Terminen überwältigt. Was wir einst gern gemacht haben, fühlt sich dann wie eine Last an und nicht mehr wie ein Privileg. Der Stress fordert seinen Tribut.

WESHALB 40 STUNDEN?

Wieso betrachten eigentlich die meisten Menschen eine 40-Stunden-Woche als gesetzt? Wenn die Arbeit Sie überwältigt, stellen

Sie sich bitte einmal eine flexiblere und weniger anstrengende Arbeitssituation vor. Wenn Sie Ihren Beruf, Ihre Selbstständigkeit oder Ihren Job so lieben, wie er ist, sind die nächsten Zeilen nicht an Sie gerichtet. Aber wenn Sie manchmal davon träumen, mehr Zeit für sich, für Ihre Familie und Ihre Lebensträume zu haben, lassen Sie sich einmal auf ein Gedankenexperiment ein. Ein Großteil unserer Lebensweise orientiert sich an dem, was wir als Norm verinnerlicht haben. Und die meisten kommen auch nicht darauf, diese Norm zu hinterfragen oder einen Weg zu finden, der anders aussieht.

Aber was wäre, wenn Sie sich vornähmen, den Weg zu finden, der genau zu dem passt, wofür Sie geschaffen wurden? Wie würde er aussehen? Würden Sie 40 Stunden pro Woche arbeiten oder nur 20? Oder würden Sie gar nicht mehr arbeiten gehen? Würden Sie von zu Hause oder in einem Büro oder hinter dem Lenkrad eines Lieferwagens arbeiten? Und inwiefern müssten Sie, wenn überhaupt, Ihren Lebensstil verändern, um sich Ihre gewünschte Arbeitssituation zu schaffen?

Wenn Sie darüber nachdenken, wie Sie zufriedener werden könnten, scheuen Sie sich nicht davor, auch die äußeren Umstände anders zu denken als in Ihrem bisherigen Berufsleben. Die meisten akzeptieren, was als normal und vertretbar gilt, und halten es für alternativlos. Aber mit etwas Planung, Kreativität und dem Glauben, dass Ihr Leben auch völlig anders aussehen könnte, eröffnet sich Ihnen möglicherweise ein ganz neuer Weg zu arbeiten und zu leben.

Zuerst die Planung: Für die meisten Frauen sind finanzielle Erwägungen das größte Hindernis in ein weniger anstrengendes Berufsleben, darunter vor allem drei Überlegungen:

- Wie viel verdiene ich?
- Wie viel brauche ich, um meine Ausgaben zu decken?
- Wie viele Ersparnisse, Kapitalanlagen und passives Einkommen habe ich?

Wir leben in einer Kultur, die Schulden aktiv fördert. Ständig werden wir mit der Behauptung bombardiert, wir bräuchten etwas Größeres und Tolleres als bisher. Wer in diese Falle tappt, hat gar nicht mehr die Möglichkeit, seine Arbeitszeit anders und besser einzusetzen, weil die finanziellen Verpflichtungen so überhandgenommen haben, dass der Status quo die einzige Chance ist. Das gilt nicht für alle, aber doch für viel zu viele Frauen. Wenn das auf Sie zutrifft und Sie sich in dieser Situation gefangen fühlen, ermutige ich Sie, sich vorzustellen, dass Ihr Leben anders aussehen könnte. Hier ein paar Vorschläge, welche erste Schritte Sie unternehmen könnten:

- Versuchen Sie, sich Ihren Arbeitsalltag so zu organisieren, dass er zu Ihnen und Ihren Bedürfnissen passt, selbst wenn er sich von denen anderer unterscheidet. Das geht nicht über Nacht, aber fangen Sie an, eine Vision dafür zu entwickeln und die Räder in Gang zu setzen, damit sie eines Tages Wirklichkeit wird.
- Vermeiden Sie ein Burn-out, arbeiten Sie maßvoll und effektiv. Arbeiten Sie hart, aber gönnen Sie sich Pausen. Atmen Sie durch. Übertreiben Sie es nicht.
- Überlegen Sie, was Sie bereit wären, für einen Arbeitsrhythmus aufzugeben, der Ihnen mehr Luft zum Atmen lässt. Denken Sie radikal. Wären Sie bereit, günstigeren Wohnraum zu finden? Das zweite Auto abzuschaffen? Eine Beförderung auszuschlagen?
- Werden Sie still und hören Sie hin, was Gott zu Ihrer Arbeitssituation sagt. Und dann gehen Sie die entsprechenden Veränderungen an.

ALLES RUHT AUF IHREN SCHULTERN

Eine Freundin von mir, die ich hier einmal Peggy nennen möchte, hat drei Kinder, ist 48 und seit zehn Jahren geschieden, würde aber gern wieder einen Mann finden. An einem Donnerstagabend auf dem Rückweg von der Arbeit rief sie mich an. Ein Personalvermittler hatte sie an diesem Tag wegen eines Stellenangebotes kontaktiert – 3.500 Kilometer entfernt in Boise. Ich bin schon in Boise gewesen. Eine wunderschöne Stadt, wirklich. Mit frischer

Luft, offenen Menschen, schöner Landschaft. Aber auch sehr weit entfernt von Peggys Familie und Freunden und allem anderen, das derzeit ihr Leben ausmachte. Doch sie war ihre aktuelle Stelle leid und suchte nach Alternativen. Die Überlegungen, nach Boise zu ziehen, brachten sie beinahe um den Verstand.

„Ich brauche einen Mann!", forderte sie scherzhaft. „Wenn ich verheiratet wäre, wäre es gar nicht so schlecht, weit wegzuziehen. Dann hätten wir einander. Oder ich würde diesen Job, auf den ich keine Lust mehr habe, einfach kündigen und mir hier in der Stadt etwas Neues suchen. Aber das kann ich nicht! Alles ruht auf meinen Schultern. *Ich wünsche mir einfach jemanden, der sich um mich kümmert! Ist das so verwerflich?*"

Das sind nicht die Worte, die man von einer finanziell unabhängigen Frau erwarten würde, oder? Aber ich habe sie schon unzählige Male gehört. Erinnern Sie sich noch an die Zahlen, dass sich 84 Prozent der berufstätigen Frauen wünschen, sie könnten sich den Luxus gönnen, zu Hause bleiben zu können und nicht arbeiten zu müssen? Zudem nimmt jede Dritte es ihrem Partner übel, dass er nicht genug verdient, um diesen Traum Realität werden zu lassen.

In den letzten 40 Jahren haben sich uns Frauen viele Türen geöffnet und wir haben bewiesen, dass wir uns behaupten können. Wir schaffen es definitiv allein – die Frage ist nur, ob wir das auch wollen.

Es mag politisch nicht korrekt sein, aber selbst finanziell unabhängige Frauen haben gern das Gefühl, dass sich jemand um sie kümmert. Wenn das auf Sie nicht zutrifft – auch gut. Aber die meisten haben das Bedürfnis, dass ein Mann sich um sie kümmert: sie körperlich beschützt, finanziell versorgt und emotional unterstützt. Führen wir uns einmal vor Augen, wie die Aufgabe eines Ehemannes in der Bibel beschrieben wird. Er wird unmissverständlich aufgefordert, so sehr für seine Frau zu sorgen wie für sich selbst. Sie soll sich von seiner Liebe zu ihr vollständig beschützt und umsorgt fühlen – bis hin dazu, dass er sein Leben für sie riskiert:

Ihr Männer, liebt eure Frauen so, wie Christus seine Gemeinde liebt, für die er sein Leben gab. (...) Darum sollen auch die Männer ihre Frauen lieben wie ihren eigenen Körper. Wer nun seine Frau liebt, der liebt sich selbst. Niemand hasst doch seinen eigenen Körper. Vielmehr hegt und pflegt er ihn. So sorgt auch Christus für seine Gemeinde (Epheser 5, 25.28-29).

Was für eine Art von Liebe! Sie soll der Liebe von Christus gleichen. Wenn Frauen für eine solche Art von Liebe geschaffen wurden, wen wundert es da noch, dass sich eine Frau selbst dann danach sehnt, umsorgt zu werden, wenn sie auch sehr gut für sich selbst sorgen kann?

In ihrem richtungsweisenden Buch *Männer sind Frauensache* schreibt die Autorin Shaunti Feldhahn über die tief verwurzelten Gefühle der Männer, wenn es darum geht, für ihre Frauen zu sorgen. Sie wendet sich an Frauen und schreibt: „Selbst wenn Sie mit Ihrem Gehalt Ihre Familie ernähren könnten, würde das nicht an dem inneren Anspruch Ihres Mannes rütteln, dass er der Versorger sein muss." Sie gesteht, dass sie in ihren zahlreichen Gesprächen mit Männern überrascht war, wie diese über das Thema dachten: „Unabhängig von der Einstellung ihrer Frau, unabhängig davon, wie viel sie verdiente – Männer hatten immer das Gefühl, die Versorgung wäre *ihre* Aufgabe. Punkt." In einer wissenschaftlichen Erhebung, die sie und andere durchführten, sagten 78 Prozent der Männer von sich, sie hätten das Gefühl, für den Unterhalt sorgen zu müssen, selbst wenn auch die Frau mit ihrem Einkommen die Familie ernähren könnte. Ob verheiratet oder nicht, alt oder jung, religiös oder nicht, der Prozentsatz der Männer blieb immer gleich. Nur unter Angehörigen von Minderheiten lag er noch höher.[17]

Wenn Männer so gestrickt sind, sollte es uns vielleicht nicht verwundern, dass so viele Frauen sich danach sehnen, versorgt zu werden – selbst, wenn sie gut für sich allein sorgen können. Könnte es außerdem sein, dass der Druck (aus einer Notwendigkeit heraus), für uns selbst sorgen zu müssen, uns mehr stresst als

---

17 Shaunti Feldhahn: *Männer sind Frauensache*, Asslar: Gerth, 2006.

Männer? Die meisten Männer fühlen sich verpflichtet, ihre Familie zu ernähren. Große Brüder lernen, auf ihre kleinen Schwestern aufzupassen. Gute Väter sehen sich in der Pflicht, für ihre Töchter zu sorgen – vor allem, wenn diese nicht verheiratet sind. Gesunde Söhne empfinden es als selbstverständlich, für ihre geschiedenen, unverheirateten oder verwitweten Mütter zu sorgen. Das ist ein natürlicher Instinkt.

Das bedeutet nun nicht, dass jeder Mann das auch tut. Aber wir sehen, dass die Mehrheit der Männer die innere Verpflichtung spürt, sich um die Frauen, die ihnen nahestehen, zu kümmern.

Sie können sich sicher sein, dass Sie nicht allein sind, wenn Sie sich gelegentlich jemanden an Ihrer Seite wünschen, der Ihnen hilft, auch wenn Sie keine finanziellen Sorgen haben. Wenn Ihnen eine solche Unterstützung fehlt, widerstehen Sie dem Drang, in Selbstmitleid zu baden. Im vergangenen halben Jahrhundert haben sich Frauen durch Bildung und Beruf neue finanzielle Möglichkeiten eröffnet. Setzen Sie Ihr Geld klug ein. Das befriedigende Gefühl, das eigene Geld gut zu verwalten, die Freude, es für gute Zwecke einzusetzen, und der Friede dank finanzieller Sicherheit sind Samen, die als größere Zufriedenheit zur Blüte kommen.

WECKEN SIE DIESEN GLÜCKLICHMACHER!

- Geben Sie weniger aus, als Sie könnten – gehen Sie nicht an Ihr Limit. Halten Sie sich finanzielle Spielräume offen.
- Wenn Sie sich das nächste Mal eine Belohnung gönnen, geben Sie Ihr Geld für ein Erlebnis aus und nicht für etwas Materielles.
- Verhandeln Sie. Es fühlt sich gut an, die eigene Frau zu stehen und mehr zu bekommen, als einem angeboten wurde

– egal, ob es um einen Einkauf oder die neue Stelle geht.

- Setzen Sie sich zum Ziel, den Spielraum zwischen dem, was Sie verdienen, und dem, was Sie ausgeben, zu vergrößern, sodass Sie mit 75 Prozent oder weniger Ihres Einkommens auskommen.
- Finden Sie jemanden, dem Sie etwas Gutes tun können. Seien Sie großzügig.

Anregungen zum Gespräch

Wenn Sie mehr verdient als Er

Wie beeinflussen Geld und Karriere unser Glück als Paar?

....

Nachdenkenswertes

- In 40 Prozent der amerikanischen Haushalte verdienen Frauen heute mehr als ihre Männer. In Deutschland ist das bisher erst in 13 Prozent der Haushalte der Fall.
- Studien zeigen, dass Frauen ihrem Mann treu bleiben, wenn sie finanziell von ihm abhängig sind. Sind Männer von ihrer Frau abhängig, ist die Wahrscheinlichkeit höher, dass sie fremdgehen.
- Die Wahrscheinlichkeit, als Frau mit 30 Single zu sein, ist heute dreimal so hoch wie in den 70er-Jahren.

....

Gesprächseinstiege

- Manche Paare kommen sehr gut damit zurecht, dass die Frau mehr verdient. Was mag der Unterschied sein zwischen den Paaren, die glücklich sind, und denen, für die das ein Problem ist?
- Manche Frauen sagen, Männer fühlten sich von ihnen „eingeschüchtert". Sind Männer wirklich eingeschüchtert oder liegt es an etwas anderem?
- Was würden Sie tun, wenn das Thema „Wer verdient mehr?" Ihre Beziehung negativ beeinflusst?

Wie geht es Ihnen bei dem Gedanken, dass Sie mehr verdienen als Ihr Mann oder Lebensgefährte? Glauben Sie, dass Männer eingeschüchtert sind, wenn Frauen mehr verdienen, oder ist das nur eine Ausrede von Frauen, um tiefer liegende Probleme zu verschleiern, die abschreckend wirken? 1970 mussten sich Frauen solche Fragen kaum stellen, weil nur sehr wenige damals mehr verdienten als Männer. Aber inzwischen hat die Zeit sich gewandelt und dieses Thema weckt ganz reale Gefühle und Frust in uns, die unser Glück beeinträchtigen können – egal ob wir schon verheiratet sind oder es gern wären. Wenn Sie berufstätig sind, verdienen Sie möglicherweise mehr als Ihr (zukünftiger) Partner.

Katies Mann hatte schon seit fast drei Jahren keine Stelle mehr und sie war seine „Suche" inzwischen leid. Er war als Ingenieur entlassen worden und nachdem er sich mehr als ein Jahr lang um eine neue Arbeitsstelle bemüht hatte, hatte er aufgegeben und sich mit der Situation abgefunden. Sie hatten zwar nicht ausdrücklich darüber gesprochen, aber Katies Mann schien es nur recht zu sein, dass Katie die Familie nun allein finanziell versorgte. „Warum nicht?", schien seine Haltung zu sein. Ihr Einkommen war gut und dank der niedrigen Lebenshaltungskosten in Indiana deckte es ihre Ausgaben. Katie hatte die Lustlosigkeit ihres Mannes, sich Arbeit zu suchen satt, und hatte beinahe schon die Hoffnung aufgegeben, dass sich die Situation jemals ändern würde. „Inzwischen würde ich mich auch mit einer Vollzeitstelle zum Mindestlohn für ihn begnügen. Ich will einfach nur, dass er *arbeitet.*"

Ich verstand Katie. Sie strengte sich an und liebte ihre Familie. Sie schien alles richtig zu machen. Sie war seit fast 20 Jahren verheiratet, hatte zwei Kinder im Teenageralter und arbeitete im Vertrieb, in einer von Männern beherrschten Domäne, in der sie sich trotz unfairer Behandlung durchgeboxt hatte. Am Anfang ihrer Karriere waren Männer mit weniger Erfahrung vor ihr befördert worden, aber dank ihrer Beharrlichkeit und Zuversicht hatte sie mittlerweile erreicht, dass sie sich ausreichend entlohnt und für ihren Einsatz gewürdigt fühlte. Lange Jahre hatten sie und ihr Ehemann ungefähr gleich viel verdient und sich die finanziellen Verpflichtungen geteilt. Sie respektierte ihren Mann sehr und hatte anderen oft erzählt, wie gut er Lösungen finden und systematisch und kreativ Schwierigkeiten aus dem Weg räumen konnte – Eigenschaften, die sie auf seinen Beruf als Ingenieur zurückführte.

Im Oktober 2012 fanden sich in der Titelgeschichte der Zeitschrift *The Atlantic* ein paar interessante Fragen. Die Überschrift lautete „Rich Wives, Poor Husbands" („Reiche Ehefrauen, arme Männer") und in dem Artikel wurde beschrieben, dass in den Vereinigten Staaten heute etwa 40 Prozent der Frauen mehr verdienen als ihre Männer. Diese Tatsache scheint viele komplizierte, wenn auch nicht überraschende Fragen aufzuwerfen. Vielleicht sind Sie einigen davon schon in Ihrem eigenen Leben oder dem Ihrer Freunde und Kollegen begegnet. Eine Studie belegte, dass eine Scheidung wahrscheinlicher ist, wenn das Einkommen der Frau mehr beträgt als 60 Prozent des Haushaltseinkommens.[18]

Manche dieser statistischen Befunde haben mit den veränderten Möglichkeiten zu tun, die sich Frauen seit den 70er-Jahren eröffnen. Auf zwei männliche Collegeabsolventen kommen heute drei weibliche. Inzwischen machen mehr Frauen als Männer weiterführende Abschlüsse wie etwa einen Master oder Doktor und die meisten Führungspositionen (auf den unterschiedlichsten Ebenen) werden – ob Sie es glauben oder nicht – mit Frauen besetzt. Für die Zukunft bedeutet das, dass in den Ehen der größere Teil des Einkommens wahrscheinlich mehr und mehr

---

18 Sandra Tsing Loh: „Rich Wives, Poor Husbands", *The Atlantic Monthly*, Oktober 2012.

von den Frauen kommen wird. Zum ersten Mal in der Geschichte verdient eine zunehmende Zahl an Frauen unter 30 mehr als ihre männlichen Altersgenossen. Und der Abbau von Stellen in der Produktion, der Millionen Männern in der Mittelschicht den Broterwerb ermöglichte und sie bis zu den 70er-Jahren zum alleinigen Ernährer der Familie machten, hat die Stellen für Männer ohne Collegeabschluss beträchtlich dezimiert.

WESHALB SPIELT DAS EINE ROLLE?

Theoretisch sollte das alles kein Problem sein, oder? Und für viele Frauen ist es das auch nicht. Vielleicht gehören Sie zu den Frauen, die mehr verdienen als ihr Mann, und es hat Ihre Ehe nie beeinträchtigt. *Ich wünsche Ihnen das sehr.* Aber meine Recherchen und meine Coachinggespräche mit Hunderten von Frauen haben mir gezeigt, dass finanzieller Erfolg (und sogar der nur vermeintliche Erfolg) für viele Beziehungen – und für den Wunsch nach einer solchen – eine frustrierende Hürde darstellt.

Männer definieren sich viel stärker über ihren Beruf als Frauen. Frauen sind auf Beziehungen angelegt, Männer auf ihre Versorgerrolle. Eine Langzeitarbeitslosigkeit (die länger als ein Jahr andauert) hat schwerwiegendere Auswirkungen bei Männern als bei Frauen. Studien zeigen, dass es fünf Jahre dauert, bis sich ein Mann davon erholt – länger als vom Tod der Ehefrau. Das ist bemerkenswert. Wenn seine Identität zu einem so großen Teil von seiner Rolle als Versorger abhängt, was bedeutet es dann für den durchschnittlichen Mann, wenn er diese nicht einnehmen kann?

In Katies Fall förderten die hitzigen Diskussionen über die Stellensuche ihres Mannes ans Licht, dass sein Verhalten von einem brodelnden Groll und Unsicherheit herrührte. Nachdem er sich ein Jahr lang engagiert, aber erfolglos um eine Stelle bemüht hatte, hatte er resigniert. Seiner Frau gegenüber erwähnte er es nie, aber er hatte sein Versagen akzeptiert und die Hoffnung aufgegeben. Schon in den Jahren vor seiner Kündigung hatte Katie ihn beruflich zunehmend überholt. Für sie hatten sich Chancen eröffnet, die ihr zuvor verschlossen gewesen waren. Ihr Mann dagegen hatte sich in seiner Stelle gefangen gefühlt und es war ihm nicht gelungen, die nächste Stufe zu erreichen. Nach einer Weile hatte er die Hoffnung aufgegeben, die nächste Sprosse der Karriereleiter zu erklimmen, und hatte sich in sein Schicksal als Mittlere Führungskraft ergeben. Seine Bequemlichkeit mag nach Katies Einschätzung mit zu seiner Kündigung beigetragen haben. Als im Unternehmen die Entscheidungen getroffen wurden, wer gehen und wer bleiben sollte, waren die Leistung der letzten zwei Jahre bewertet worden und seine hatte man nur als durchschnittlich beurteilt. Er fühlte sich abgelehnt. Seine Bemühungen, im Beruf voranzukommen, waren vergeblich gewesen. Er hatte es nicht geschafft, seine Stelle zu behalten, und es gelang ihm auch nicht, eine neue zu finden. Zur selben Zeit war seine Frau befördert worden und segelte auf den Erfolgswellen ihrer Karriere. Er sah sie als Konkurrenz – und fühlte sich als Verlierer. In der Beratung gestand er, dass seine Entscheidung, seiner Frau die finanzielle Last allein aufzubürden, eine Art Bestrafung für ihren Erfolg gewesen war. Autsch.

Die Situation von Katie und ihrem Mann spiegelt wider, welche alltäglichen Faktoren unser Glück als Paar bedrohen können. Natürlich ist das nicht immer so, aber doch häufig genug. Katie traf in ihrer Situation die Entscheidung, ihrer Ehe treu zu bleiben. Sie bezeichnet sie nicht als vollkommen glücklich, aber sie betont immer die positiven Qualitäten ihres Mannes. Er ist dem 17-jährigen Sohn und der 15-jährigen Tochter ein liebevoller Vater (wobei sie sich zugleich fragt, inwiefern ihre Beziehungsprobleme die beiden beeinflussen). Er ist ein Spitzenkoch und hat zugestimmt, sich sowohl in Einzelgesprächen wie auch in einer Paartherapie den Problemen zu stellen, vor denen sie in ihrer Ehe stehen.

In Gesprächen mit Frauen im ganzen Land habe ich etliche getroffen, deren Gehälter das ihres Mannes überstieg. Für manche ist das gar kein Thema. Jennifer geht beispielsweise jeden Tag gern zur Arbeit, während sich ihr Mann zu Hause um die Kinder kümmert. „Bei uns funktioniert das", sagt sie. „Aber ich weiß, dass ich einen ungewöhnlichen Mann habe. Er ist sich seiner selbst sehr sicher. Wir hatten beschlossen, dass einer von uns so lange zu Hause bleibt, bis die Kinder in die Schule kommen. Und da meine berufliche Situation stabiler war und ich meinen Beruf liebe, haben wir beschlossen, dass ich weiterarbeite."

Aber Angela, die mittlerweile in Rente ist, hat ganz andere Erfahrungen gemacht. „Ich habe ungefähr 54.000 Dollar (umgerechnet etwa 42.000 Euro) im Jahr als Vertriebsleiterin verdient. Mein Mann war Fabrikaufseher und hat etwa 10.000 Dollar (etwa 8.000 Euro) weniger verdient. Er hat zu den unmöglichsten Stunden gearbeitet, nur um bezahlte Überstunden zu machen, damit ich nicht mehr Geld verdiente als er. Solange er 1.000 Dollar mehr verdiente als ich, war alles in Ordnung. Aber er konnte die Vorstellung nicht ertragen, dass mein Gehalt höher war." Angelas Geschichte mag extrem klingen, aber sie weist noch auf eine andere Komponente hin: Konkurrenz. Angela fühlte sich nicht als Konkurrentin ihres Mannes. Aber ihr Mann fühlte sich gezwungen, mit ihrem Einkommen mitzuhalten.

Rachel erzählte mir, dass sie zwar gar nicht mehr als ihr Mann verdiente, er aber trotzdem immer wieder seltsame Diskussionen anzettelte, weil andere diesen Eindruck gewannen. „Ich glaube, die Leute denken, wir können uns unseren Lebensstandard nur wegen deines Einkommens leisten", beschwerte er sich eines Tages. „Auf Partys fragen sie immer nach deiner Selbstständigkeit, interessieren sich aber nur selten für meine Arbeit." Rachel war frustriert über die Kritik und die widersprüchliche Botschaft. Einmal bot sie an, ihre Arbeit aufzugeben und zu Hause zu bleiben. Aber ihr Mann legte Wert darauf, dass sie weiterarbeitete, weil es ihr Spaß machte. „Ich glaube, er wollte mich schon unterstützen. Aber egal, wie sehr ich meine Wertschätzung für ihn auch ausdrückte und ihn vor Freunden und Familie lobte, schien er trotzdem das Gefühl zu haben, dass seine Erfolge durch meine geschmälert wurden", erinnert sie sich. Inzwischen ist sie nicht mehr verheiratet.

KANN ER IHRE ERWARTUNGEN ERFÜLLEN?

Manchmal stellt sich nicht die Frage, ob der Mann die Familie ernähren kann, sondern ob sein Einkommen die vermeintlichen Erwartungen einer Frau erfüllt. Wenn sich bei Ihnen also eine

Beziehung anbahnt, ist die Frage: „Was denkt er, welche Erwartungen Sie haben?" Wenn er den Eindruck gewinnt, Sie mit seinen Verdienstmöglichkeiten nicht zufriedenstellen zu können, verliert er möglicherweise das Interesse an Ihnen. Ich betone den Begriff „Eindruck", denn was ein Mann für Ihre Erwartungen hält, mag gar nicht immer zutreffen. Aber Eindrücke und Wahrnehmungen werden zur Realität. Wenn Sie sich vorstellen können, mit jemandem zusammen zu sein, der weniger verdient als Sie, gewinnt er dann auch tatsächlich den Eindruck, dass Sie damit zufrieden wären? Oder glaubt er, dass er Ihre Erwartungen nicht wird erfüllen können? Wenn Sie nicht damit zufrieden wären, machen Sie Ihre Gründe dafür ausreichend klar?

Wie eine Frau darüber denkt, kann sehr persönliche Gründe haben. Vielleicht haben Sie sogar den Eindruck, sich für Ihre Gefühle entschuldigen zu müssen. Vielleicht sind Sie in der Vorstellung erzogen worden, ein Mann habe die Versorgerrolle zu übernehmen. Vielleicht haben Sie hart für Ihren beruflichen und finanziellen Erfolg gekämpft und sind trotzdem immer davon ausgegangen, dass Ihr Partner eines Tages als finanzieller Ritter in funkelnder Rüstung vor Ihnen steht. „Meine Mutter hat immer gearbeitet", erzählte mir eine 22-jährige Collegeabsolventin. „Aber ‚ihr' Geld konnte sie immer einsetzen, wie sie wollte – für Familienurlaube, als Ersparnisse oder für die Wünsche von uns Kindern. Ich wurde so erzogen, dass der Mann finanziell für die Familie verantwortlich ist."

Heutzutage mag das für viele Frauen nach einem Märchen klingen, aber noch vor wenigen Jahrzehnten war eine solche Absprache die absolute Norm. Wuchs man als Mädchen in einer Familie mit einer solchen finanziellen Regelung auf, beeinflusste das natürlich die eigene Einstellung zu Männern und Geld. Was Sie als Kind erlebt haben, Ihre Erfahrungswelt, prägt Ihre Haltungen und Erwartungen.

Die gute Nachricht ist, dass wir als Erwachsene unsere Haltungen und Erwartungen bewusst überdenken können. Wenn eine andere Einstellung nötig wird, können nur wir selbst diese Entscheidung treffen. Wenn Sie beim Navigieren durch die Finanzfragen Ihr Glück finden wollen, beachten Sie die folgenden Punkte:

- Hinterfragen Sie Ihre Gefühle. Welche Gedanken in diesem Abschnitt haben bei Ihnen einen Nerv getroffen? Schreiben Sie Ihre Einstellung zu Geld und Partnerschaft auf und fragen Sie sich anschließend: „Helfen mir diese Einstellungen heute oder hindern sie mich? Möchte ich eine bestimmte Haltung ändern?"

- Wenn finanzielle Fragen in Ihrer Partnerschaft Probleme aufwerfen, tun Sie nicht so, als wäre alles in Ordnung. Reden Sie mit Ihrem Partner darüber, um die Angelegenheit zu klären.

- Wenn Sie keinen Partner haben, sich aber einen wünschen, suchen Sie nach einem Mann, der Ihre beruflichen und finanziellen Erfolge mit Ihnen feiert und sich seiner selbst sicher ist.

Dankbarkeit

Warum Sie das Prinzip der Wertschätzung dazu bringt, mehr Sport zu treiben, besser zu schlafen und ausgeglichener zu sein

Entscheidung
„Bevor ich abends einschlafe,
überlege ich mir die drei Highlights des Tages."

Ich hatte einmal einen Freund, der sich darüber beschwerte, dass ich zu oft *Danke* sagte. „In meiner Familien bedanken wir uns nicht, wenn wir einfach unsere Aufgabe erledigen", erklärte er mir.

Ich fand das seltsam. „In meiner Familie", erwiderte ich, „bedanken wir uns auch, wenn wir unsere Aufgabe erledigen, denn in manchen Familien ist das nicht der Fall. Wir sind einfach dankbar für eine Familie, auf die Verlass ist – darum sagen wir: ,Hey, danke, dass du mich heute zum Flughafen bringst ... heute Morgen den Müll rausgebracht hast ... mich daran erinnerst, dass Tante Billie Geburtstag hat, damit ich nicht vergesse, sie anzurufen!'" Die Beziehung hat nicht lange gehalten, aber mein Hang zur Dankbarkeit hat mich im Leben schon häufig glücklich gemacht. Das wusste ich damals noch nicht, denn ich hatte zu diesem Zeitpunkt keine Ahnung, welche meine Glücklichmacher sind, aber Dankbarkeit findet sich bei mir unter den Top drei.

Ich bin von Natur aus dankbar. Ich sitze auf meiner Terrasse und bin dankbar, dass die Vögel es heute Morgen für angebracht halten, zu zwitschern: Ihr Lied ist Musik in meinen Ohren. Ich stehe unter der Dusche und wenn das warme Wasser mühelos aus der Brause rauscht, bin ich dankbar, dass ich im späten 20. Jahrhundert auf die Welt gekommen bin – und nicht Wasser heranschleppen muss, um in einer Eisenwanne ein kaltes Bad zu nehmen, nachdem schon zwei oder drei andere Familienmitglieder darin gebadet haben. Bäh!

Ich weiß nicht, ob andere Menschen über so etwas nachdenken, ich jedenfalls schon. Ich bin mir beispielsweise darüber im Klaren, dass allein das Aufwachen in den USA eine Myriade von Segnungen bedeutet, für die ich dankbar sein kann, selbst an Tagen, an denen alles schiefgeht. Dankbarkeit fällt mir meistens leicht. Ich sage „meistens", weil ich in der Tat auch nur ein Mensch bin und es Momente gibt, in denen man mich daran erinnern muss, wie gut das Leben ist.

Danke zu sagen, hat nicht nur für den Empfänger sein Gutes – wobei es natürlich ein schönes Gefühl ist, wertgeschätzt zu werden. Aber Dankbarkeit dient dem, der sie ausdrückt, am meisten. Sie weckt positive Emotionen, die messbar unser inneres Glücksgefühl steigern. In der Bibel lesen wir immer wieder, dass Gott Lobpreis liebt und Dankbarkeit fordert, aber die Wahrheit ist, dass *wir selbst* ermutigt werden, wenn wir uns die Zeit nehmen innezuhalten und ihn für das loben, wofür wir dankbar sind.

Als meine Mutter nach zweimonatigem Krankenhausaufenthalt wegen eines Aneurysmas im Gehirn und der darauffolgenden Operation nach Hause kam, gaben ihr meines Erachtens ihre dankbare Haltung und ihr Ausdruck von Dank die nötige Kraft und Energie, wieder auf die Beine zu kommen. Während sie mittels Physio-, Sprach- und Ergotherapie versuchte, ihr Seh-, Sprach- und Gehvermögen, ihre Balance und ihren Schluckreflex wiederzuerlangen, sagte sie immer wieder: „Ich bin immerhin in der Lage zu sehen, dass es bergauf geht. Dafür bin ich dankbar." Mit dieser Dankbarkeit konzentrierte sie sich auf ihre Genesung und war fest entschlossen, alle Chancen, die sich ihr boten, zu ergreifen, um gesund zu werden. Und das tat sie.

„Wir sind dann am lebendigsten, wenn sich unser Herz seiner Schätze bewusst ist." – *Thornton Wilder*

WAS IST DANKBARKEIT?

Eine dankbare Haltung ist Ausdruck unserer Freude über all das Gute im Leben. Dankbarkeit ist auf andere gerichtet. Danke zu sagen, ist ein Akt der Demut, mit dem wir ausdrücken, dass wir ohne die Großzügigkeit und den Beitrag anderer nicht wären, wer oder wo wir sind. Zu einer dankbaren Einstellung gehört auch das Wissen, dass es Gutes gibt in der Welt und dass Gottes Gnade und Liebe im Überfluss vorhanden sind. In der gesamten Bibel ruft Gott uns zur Dankbarkeit auf: „Dir, Herr, will ich von ganzem Herzen danken, und erzählen will ich von deinen wunderbaren Taten" (Ps 9,2).

WARUM DANKBARKEIT EINER NEGATIVEN HALTUNG ENTGEGENWIRKT

Im Lauf der letzten 50 Jahre haben sich die Einkommen in den USA, in Großbritannien und in Japan verdoppelt, in Deutschland fast verachtfacht. Aber die Zufriedenheit ist nicht messbar angestiegen. Einer der Gründe mag das Phänomen der sogenannten „hedonistischen Adaption" sein. Wir gewöhnen uns an verbesserte Lebensumstände und irgendwann bedeuten sie uns nichts mehr. Es sei denn, wir bemühen uns, bewusst dankbar zu sein. Als die meisten Familien der Mittelschicht nur ein Auto besaßen, war jede Familie froh, die zwei hatte. In den 60er-Jahren waren die meisten Garagen oder Carports nur für ein Auto ausgelegt. Inzwischen ist das anders. Besitzt man aber eine Garage, in die zwei oder drei Autos passen, hat man schnell den Anspruch, auch zwei oder drei Autos hineinzustellen. In den USA ist das heute die Regel. Deshalb kommt uns vielleicht gar nicht in den Sinn, dass es in unserer Stadt Menschen geben könnte, die gar kein Auto besitzen – obwohl manche sich eins wünschen würden, es sich aber aus unterschiedlichen Gründen nicht leisten können.

Ob wir den Fernseher anschalten, Plakatwände lesen, unsere Lieblingszeitschrift aufschlagen oder den Internetbrowser öffnen – überall werden wir mit Bildern und Slogans bombardiert, was wir angeblich alles brauchen, und uns wird suggeriert, dass alle anderen es schon besäßen. Unser Konsumverhalten ist Gift für eine dankbare Lebenseinstellung. Unser Gegengift ist, das Gute im Leben bewusst wahrzunehmen.

DAS GEGENGIFT ZUR HEDONISTISCHEN TRETMÜHLE

In meinem Buch *Erfolgreiche Frauen denken anders* ging es auch um die sogenannte „hedonistische Adaption". Sie beruht auf der Tatsache, dass wir meist schlecht vorausahnen, was uns glücklich macht. Wir probieren immer wieder Dinge aus, von denen wir glauben, dass sie uns glücklich machen. Kurzfristig wecken sie vielleicht tatsächlich Glücksgefühle, aber am Ende gewöhnen wir uns an sie. Das zu besitzen, von dem wir einmal dachten, es würde uns glücklich machen, wird normal. Wir gewöhnen uns an die Verbesserung. Und suchen die nächste Neuheit, von der wir uns Zufriedenheit erhoffen. Angefangen beim neuen Haus bis hin zum neuen Partner – wenn wir nicht lernen, dankbar zu sein für das, was wir haben, kann es passieren, dass wir auf die harte Tour lernen müssen, dass das Gras auf der anderen Seite des Zauns normalerweise auch nicht grüner ist.

„Sich der positiven Dinge im eigenen Leben bewusst zu werden, kann den Effekten der ‚hedonistischen Adaption' – jenem Prozess, der unser Glücksniveau immer wieder auf seinen Ausgangspunkt zurückfallen lässt – direkt entgegenwirken, weil es hilft, die guten Dinge im Leben nicht für selbstverständlich zu nehmen", sagte Dr. Robert Emmons, Dankbarkeitsforscher und Professor an der University of California in Davis, in seinem Buch *Vom Glück, dankbar zu sein – Eine Anleitung für den Alltag*. „Wenn wir uns bewusst an all das Gute im Leben erinnern, fällt es uns schwerer, es für selbstverständlich zu nehmen und uns daran zu gewöhnen."[19]

Ich habe festgestellt, dass Dankbarkeit mich davon abhalten kann, Dinge zu kaufen, die ich nicht brauche. Typisches Beispiel: Mein Auto ist elf Jahre alt. Ich könnte mir ein neues kaufen – aber warum? Ich fahre es gern. Es ist zuverlässig. Es kostet mich nur die Inspektion und die Ölwechsel – plus Versicherung natürlich. Es fährt mich überallhin. Gerade kürzlich erst habe ich damit ein ganzes Futon zur neuen Wohnung meines jüngeren Bruders gebracht und hatte noch ganze anderthalb Zentimeter Platz, als ich die Kofferraumklappe schloss. Zugegeben, meine Mutter saß vorne etwas eingequetscht, weil ich den Beifahrersitz so weit wie möglich nach vorne geschoben hatte, aber wir amüsierten uns großartig. Als ich mir das Auto kaufte, hätte ich nie gedacht, dass ich es so lange behalten würde, aber ich bin völlig zufrieden. Wenn ich eines Tages ein neues brauche oder gern hätte, kaufe ich mir eines. Aber momentan reicht mein jetziges Auto vollkommen. Ich bin dankbar dafür und mein Selbstbewusstsein ist groß genug, dass ich mich nicht über Marke, Modell und Baujahr meines Wagens definieren muss.

Das zu wollen, was man hat, ist ein Zeichen von Glück und vor allem von Dankbarkeit. „Dankbare Menschen sind achtsame Konsumenten", erklärt Dr. Emmons. „Dinge ganz bewusst wertzuschätzen, wirkt der Tendenz entgegen, gering zu achten, was wir haben. Dadurch ersetzen wir unsere Sachen nicht so schnell durch neue, glänzende, schnellere, bessere Alternativen." Wollen Sie das, was Sie besitzen? Wenn nicht, können Sie trotzdem Gründe finden, Ihr Hab und Gut wertzuschätzen und zufrieden damit zu sein, bis die Umstände es Ihnen ermöglichen, sich etwas Neues anzuschaffen?

Dem Leben ist eine gewisse Leichtigkeit eigen, wenn wir nicht dauernd mit den Hufen scharren, bis unser Leben endlich in Schwung kommt. Wer seine derzeitige Lebenssituation wertschätzt, erntet Freude. Und ich glaube, in dieser Freude ist Gott gegenwärtig. Es gibt so viele Bibelverse über Dankbarkeit, dass

---

19 Robert A. Emmons: *Vom Glück, dankbar zu sein – Eine Anleitung für den Alltag.* Frankfurt/New York: Campus, 2008.

wir sie nicht einfach ignorieren können. Ich mag vor allem 1. Thessalonicher 5,16-18: „Freut euch zu jeder Zeit! Hört niemals auf zu beten. Dankt Gott für alles. Denn das erwartet Gott von euch, weil ihr zu Jesus Christus gehört."

Es ist Gottes Wille, dass wir dankbar sind. Es geht nicht nur darum, dass Sie glücklicher werden. Es geht um das, was Gott sich von Ihnen wünscht: dass Sie wertschätzen, was Sie haben, und sich nicht auf das konzentrieren, was Sie nicht haben. Zu wissen, wofür wir dankbar sein können, wird uns geistlich immer in die richtige Richtung lenken – und uns aufmuntern.

DANKBARKEIT IST MEDIZIN

Fühlen Sie sich niedergeschlagen? Können Sie schlecht schlafen? Holen Sie sich schnell eine Erkältung? Vielleicht überrascht es Sie, dass uns der Glücksforschung zufolge eine einfache Gewohnheit zufriedener, gesünder und erholter machen kann: zu überlegen, wofür im Leben wir dankbar sein können. Forscher der University of California haben Teilnehmer gebeten, jeden Tag drei Dinge aufzuschreiben, für die sie dankbar sind, und sie anschließend mit anderen Teilnehmern verglichen, die das nicht taten. Teilnehmer der dankbaren Gruppe hatten ein stärkeres Immunsystem, waren seltener erkältet, hatten weniger Probleme ein- und durchzuschlafen und waren zufriedener mit ihrem Leben. Sie trieben sogar häufiger Sport. Interessanterweise genügt es nicht, nur zu sagen, wofür wir dankbar sind. Den Studien zufolge müssen wir es aufschreiben. Offenbar hat das geschriebene Wort eine gewisse Kraft.

Um eine dankbare Haltung einzuüben, legen Sie sich ein Notizbuch auf den Nachttisch. Wenn Sie aufstehen, stellen Sie sich eine einfache Frage, die Sie dankbarer werden lässt, zum Beispiel: „Auf welche drei Dinge freue ich mich heute?" oder „Wofür bin ich heute am meisten dankbar?" Oder führen Sie jeweils vor dem Schlafengehen ein Dankebuch – eine Übung, die erwiesenermaßen den Schlaf verbessern kann. Statt gegen Schlafstörungen Schafe zu zählen, zählen Sie positive Dinge in Ihrem Leben. Fragen Sie sich: „Was waren heute die drei Highlights des Tages?" oder „Worüber habe ich mich heute am meisten gefreut?"

Der Studie zufolge kann ein solches Dankebuch zudem dazu führen, sich munterer und energiegeladener zu fühlen und stärker bereit zu sein, anderen emotionale Unterstützung zu bieten. Also schnappen Sie sich in dieser Woche ein Heft oder Tagebuch und fangen Sie an aufzuschreiben, wofür Sie dankbar sind.

KÖNNEN SIE DANKE SAGEN?

Ebenso, wie es wichtig ist, Gott unseren Dank zu bringen, müssen wir lernen, den Menschen in unserem Umfeld zu danken. Nicht gedankenlos und unbeteiligt, sondern authentisch und warmherzig. Selbst ein einfaches Danke kann etwas Besonderes sein, wenn wir dem anderen in die Augen sehen, ihm die Hand schütteln und sagen: „Danke. Ich weiß wirklich zu schätzen, was du für mich getan hast. Es hat mir so viel bedeutet, dass ...“ Wir lassen heutzutage viel zu schnell eine Gelegenheit verstreichen, unsere Dankbarkeit so auszudrücken, dass der andere sie *spüren* kann.

Ich habe festgestellt, dass wir uns auch ein bisschen verwundbar machen, wenn wir unsere Dankbarkeit authentisch zum Ausdruck bringen. Wenn wir uns bei jemandem bedanken, erkennen wir damit im Wesentlichen an, dass der andere uns etwas Gutes getan hat. Je größer das Geschenk – egal, ob es sich um Zeit, Gedanken oder Dinge handelt – desto größere Auswirkungen hat es auf uns und desto eindrücklicher wirkt ein aufrichtiger Dank.

Wie kommt es, dass wir manchmal zögern, genau zu benennen, was die Großzügigkeit eines anderen uns bedeutet hat? Es ist leicht, einfach *Danke* zu sagen. Und häufig ist mehr auch gar nicht nötig. Aber es gibt unterschiedliche Grade in Ausdruck, Ernsthaftigkeit und Gefühl, in denen wir Danke sagen können. Setzen Sie diese bewusst ein. Manchmal ist es für den anderen ein Segen zu erfahren, *warum* seine Geste Ihnen etwas bedeutet und was sie bewirkt hat.

„Danke, dass du mir gestern Abend zugehört hast, als ich Dampf ablassen musste. Ich brauchte jemanden zum Zuhören und bin dankbar, dass du mir dein Ohr geliehen hast, ohne das Problem lösen zu wollen oder mir zu sagen, was ich fühlen soll.“

„Danke, dass du letzte Woche auf meine Kinder aufgepasst hast. Ich weiß, dass du eine volle Woche hattest, und bin sehr dankbar, dass du dir die Zeit genommen hast."

„Danke für die ganze Arbeit, die du in das Projekt gesteckt hast. Du hast alle meine Erwartungen übertroffen und ich bin dankbar, wie hervorragend du die Arbeit erledigt hast."

Wenn Sie sich für etwas bedanken wollen, das Ihnen wirklich etwas bedeutet hat, sagen Sie nicht einfach „Danke", sondern auch, warum Sie dankbar sind.

EINEN DANKESBRIEF SCHREIBEN

Ein Dankesbrief ist eine herzliche und besondere Geste, die das positive Wirken eines anderen in Worte fasst. Das ist ganz einfach. Denken Sie an jemanden, der Ihnen etwas Gutes getan hat und dem Sie auf besondere Weise danken möchten, und schreiben Sie einen Brief. Beantworten Sie in diesem Brief folgende Fragen:

- Was hat die Person für Sie getan?
- Warum hat es Ihnen etwas bedeutet?
- Welchen Einsatz hat die Person gebracht oder worauf hat sie verzichtet, um Ihnen zu helfen?
- Warum ist es Ihnen wichtig, heute Ihre Dankbarkeit auszudrücken?
- Was soll Ihr Gegenüber wissen, das Sie ihm vielleicht noch nicht mündlich gesagt haben?

Die Kraft eines Dankesbriefes liegt nicht nur im geschriebenen Wort, sondern auch in dem Geschenk, das Sie dem anderen machen können, wenn Sie ihm den Brief laut vorlesen. Machen Sie ein Ereignis daraus. Es kann auch ein schönes Ritual werden zum Geburtstag, zu Erntedank oder um eine besonders feierliche Gelegenheit zu würdigen. Aber zögern Sie es andererseits natürlich nicht so lange hinaus, bis sich endlich ein besonderer Anlass ergibt. Wenn Sie es für richtig halten, einen Dankesbrief zu schreiben, dann tun Sie es sofort. Statten Sie dem Empfänger einen „Dankesbesuch" ab und lesen Sie ihm den Brief laut vor.

DANK ANNEHMEN

Am Ende meines allerersten Trainer-Intensivkurses am Institut für Coaching und Positive Psychologie war ich völlig überwältigt von dem Geschenk der anwesenden 42 Studierenden: eine Dankebox. Alle Studierenden hatten sich handschriftlich für den Kurs bedankt und aufgeschrieben, was ihnen das Wochenendseminar bedeutet hatte. Sie hatten die Dankeskarten in einer Box gesammelt, eine Schleife darumgebunden und mir überreicht. Ich wartete bis zum nächsten Tag, bevor ich sie öffnete. Ich war erschöpft von den 16 Stunden Unterricht an zwei Tagen und wollte jede Karte aufmerksam lesen und wertschätzen – und das würde Zeit und Kraft kosten. Also stellte ich die Kiste auf meinen Schreibtisch im Arbeitszimmer. Am nächsten Morgen ging ich nach unten, setzte mich an den Tisch und öffnete jede Karte langsam und las sie aufmerksam. Die Karten waren sehr nett formuliert. Hier sind ein paar Auszüge:

- „Die Zeit war super, der ganze Kurs ist geprägt von Ihrem Optimismus und Elan!"
- „Was soll ich sagen – Ihr Leitbild sind nicht nur Worte auf einem Stück Papier, sondern Sie leben sie und setzen sie um! Danke, dass Sie Ihre Zeit, Ihre Gebete und Ihr Wissen mit uns geteilt haben."
- „Mein Unternehmen floriert heute dank Ihres Mutes, mit dem Sie Ihre Träume umgesetzt und mich dadurch inspiriert haben, meine eigenen zu verfolgen. Tausend Dank für Ihre Liebe und Schönheit – innen wie außen."
- „Ich finde es bewundernswert, dass Sie Ihre Vision immer weiter umsetzen."
- „Danke, danke, dass Sie Gottes Berufung für Ihr Leben gehorsam sind."
- „Danke für die Aha-Effekte, die neuen Gedanken, Durchbrüche und Offenbarungen. Ich schätze Sie von ganzem Herzen!"
- „Mein Leben hat sich für immer verändert! Ich bin auf der richtigen Spur."

- „Sie sind so ein Segen. Dieser Kurs war die Erfüllung eines Traums!"
- „Ich hoffe, dass sich unsere Wege noch häufig kreuzen werden!"
- „Sie waren mein Vorbild, das Gott mir geschenkt hat, um Life-Coach zu werden."

Die Karten waren aufrichtig. Das Geschenk war die Essenz meiner Einheiten an jenem Wochenende – Einheiten über Themen wie Dankbarkeit, Engagement, Beziehungen und Gemeinschaft. Sie hatten die Lektionen nicht nur verstanden, sondern setzten sie mit diesem Geschenk der Wertschätzung auch gleich um.

Mir liefen Tränen übers Gesicht. Ich war überwältigt, dass etwas, das ich begründet hatte, eine solche Dankbarkeit auslöste. Ich nahm es als große Bestätigung, dass sich aller Einsatz gelohnt hatte. Menschen wurden verändert. Und mir wurde Wertschätzung zuteil.

Die Schachtel steht noch immer in meinem Büro. Und wenn ich frustriert bin oder mich frage, ob meine Arbeit sich lohnt, kann ich meine Dankebox öffnen und mich erinnern lassen, dass die Antwort ein leidenschaftliches *Ja!* ist.

Wenn jemand Ihnen dankt, nehmen Sie es an. Sagen Sie nie: „Ach, dafür doch nicht! Das war doch ein Klacks." Mit einem schlichten „Gern geschehen" erkennen Sie an, dass Sie dem anderen etwas Gutes getan haben, selbst wenn es Sie nichts gekostet hat.

Bei einem Aufenthalt in Tampa in Florida, wo ich einen Vortrag halten sollte, ging ich einmal am Wasser spazieren. Ein langer Holzsteg führte vom Hotel zwischen Bäumen hindurch an die Bucht. Am Stegende stand eine Laube, die ich schon von meinem Hotelzimmer aus gesehen hatte. Es war Mittag und da niemand in der Nähe war, legte ich mich in der Laube auf eine Bank und dachte über das Thema Dankbarkeit nach. Ich lag da und sinnierte über die wichtigsten Bereiche meines Lebens: Beziehungen, Finanzen, Arbeit, Gesundheit und geistliches Leben. *Wofür kann ich in jedem dieser Bereiche dankbar sein?*, fragte ich mich. Gedanklich ging ich einen nach dem anderen durch. Und machte eine großartige Entdeckung: Mir geht es in jedem dieser Bereiche besser als je zuvor. (Na gut, fast. Meistens verschwende ich nicht viele Gedanken an meine Figur, aber so viel wie jetzt habe ich noch nie gewogen – zweieinhalb Kilo habe ich zugenommen und dabei wünsche ich mir doch einen Sixpack.) Aber ernsthaft, davon mal abgesehen geht es mir so gut wie noch nie.

Das heißt nun wiederum nicht, dass mein Leben perfekt ist oder ich keinen Ehrgeiz oder keine Ziele mehr habe, die ich gerne noch verwirklichen würde, aber mein Leben war noch nie so rund. Ich habe viel gelernt und bin reifer geworden und habe so viele Fortschritte gemacht. Ich bin glücklicher mit meinen Beziehungen. Ich fühle mich wertgeschätzt und verstanden, geliebt und bewundert. Finanziell geht es mir besser und ich stehe nicht in der Gefahr, Frustkäufe zu tätigen. (Und das bedeutet bei mir schon etwas! Manche Menschen essen aus Frust. Ich musste meine Frustkäufe überwinden.) Ich höre Gottes Stimme und habe völlig das Gefühl, innerhalb seines Willens zu leben. Ich liebe, was ich tue, und freue mich über die Türen, die sich öffnen.

Staunend lag ich in der Laube. Wie kommt es, dass es mir so viel besser geht als je zuvor – und es mir bis zu diesem Augenblick nicht einmal bewusst war?

Dankbarkeit kann uns aufrichten, wenn es einmal nicht so läuft wie geplant. Aber genauso wichtig ist es, dankbar zu erkennen, wie gesegnet wir sind, wenn das Leben genauso läuft wie erhofft. Gibt es einen Bereich in Ihrem Leben, in dem es Ihnen besser geht als je zuvor? Oder aber vielleicht geht es Ihnen nicht besser als je zuvor, aber besser als vorher! Freuen Sie sich darüber. Danken Sie Gott dafür. Dankbarkeit lässt uns unser wundervolles Leben erkennen.

WECKEN SIE DIESEN GLÜCKLICHMACHER!

- Bevor Sie heute zu Bett gehen, schreiben Sie drei positive Dinge in Ihrem Leben auf – und dazu Ihre Überlegungen, was diese Dinge in Ihrem Leben bedeuten.
- Schreiben Sie jemandem, der für Sie ein Segen ist, einen Dankesbrief. Beschreiben Sie detailliert, was die Person für Sie getan hat und warum es so wichtig für Sie war. Überlegen Sie sich eine gute Zeit für Ihren Dankesbesuch und lesen Sie der Person den Brief vor.
- Fragen Sie sich morgens: „Wofür bin ich heute dankbar?"
- Bedanken Sie sich bei jemandem mit einer Karte für eine gute Tat oder ein Geschenk oder dass er einfach ist, wer er ist.
- Nehmen Sie sich in Ihrem Beruf einen Augenblick Zeit, um einem Kollegen oder Kunden zu danken, und wertschätzen Sie seinen Einsatz für die Arbeit. Sagen Sie zum Beispiel: „Sie kommen jeden Tag mit einem Lächeln hierher. Das verschafft mir immer gute Laune und inspiriert mich, an meiner Einstellung zu arbeiten. Danke."

Facebook oder Fakebook? Der schwierige Vergleich mit denen, die es besser haben

Die sozialen Medien ermöglichen es jedem, in seiner eigenen Reality Show aufzutreten

....

Nachdenkenswertes

- Durch Realityshows und soziale Netzwerke hat sich die Zahl derer immens erhöht, mit denen wir uns vergleichen. Sich aber nur mit denen zu vergleichen, denen es besser geht, macht unzufrieden.
- Realityshows zeigen nicht die Realität. Aber das heißt nicht, dass wir der Illusion nicht auf den Leim gehen.
- In sozialen Netzwerken zeigt jeder das, was die anderen sehen sollen, und verbirgt, was ungesehen bleiben soll.
- Dankbarkeit hilft, mit beiden Beinen auf der Erde zu bleiben, wenn wir Gefahr laufen, uns nur mit denen zu vergleichen, denen es besser geht.

....

Gesprächseinstiege

- Haben Sie sich schon einmal schlechter gefühlt, nachdem Sie sich in den sozialen Medien eingeloggt hatten? Inwiefern? Weshalb?

- Wie groß ist der Prozentsatz Ihrer Freunde in sozialen Netzwerken, mit denen Sie im letzten halben Jahr persönlich gesprochen haben?
- Welchen Eindruck erwecken Realityshows dazu, wie Frauen miteinander umgehen und sich präsentieren sollten?

Alexa loggte sich eines Abends zu Hause nach der Arbeit bei Facebook ein und scrollte durch ihre Startseite. Ihre frühere Schulkameradin Erika hatte ein süßes Video von ihrer zweijährigen Tochter hochgeladen, wie sie im Garten spielt. Eine Kollegin, mit der sie in ihrer ersten Stelle nach dem College zusammengearbeitet hatte, postete ein Bild von sich und ihrem Mann beim Wandern und dazu den Kommentar: „Mein Mann ist super! Was für ein Glück, seit 15 Jahren mit ihm verheiratet zu sein. Ich liebe dich, Schatz!" Sie feierten ihren 15. Hochzeitstag in einer Berghütte. Ihre frühere Zimmerkollegin Mia war gerade befördert worden und schrieb jubelnd: „Heute befördert worden! Mit höherem Gehalt! Fühle mich so gesegnet!" Alexas Kollegin Barbara aus der Buchhaltung, eine liebe Dame Mitte sechzig, hatte ihr Profilfoto geändert und war nun mit ihrem Sohn bei seiner Abschlussfeier an der medizinischen Fakultät zu sehen. Er wirkte so glücklich mit seinem Hut und dem Umhang. Das alles waren gute Nachrichten. Das Leben der anderen wirkte so spannend und aufregend. Aber Alexa freute sich nicht. Sie saß an diesem Abend vor ihrem Computer und weinte.

„Was läuft in meinem Leben schief?", dachte sie. Sie starrte auf den Bildschirm und fragte sich, was wohl passieren würde, wenn sie die Wahrheit postete: „Ich vermute, mein Mann betrügt mich mit einer Kollegin. Mein Sohn hat mir soeben mitgeteilt, das College sei nichts für ihn. Er will das Studium schmeißen. Und meine Chefin hat mir eine unfaire Beurteilung ausgestellt, sodass jegliche Hoffnung auf eine Beförderung im nächsten Jahr aussichtslos ist!" Wie viele würden bei diesem Post wohl auf „like" klicken?

An diesem Abend schloss Alexa ihr Nutzerkonto. Ihr wurde klar, dass der ständige Blick auf das Online-Leben derjenigen, mit denen sie nie persönlichen Kontakt hatte und von denen sie manche seit dem Schul- oder Collegeabschluss nicht mehr gesehen hatte, sie nicht von ihren Problemen ablenkte. Stattdessen ging es ihr mit ihren Problemen immer schlechter, weil sie den Eindruck gewann, dass niemand sonst welche hatte.

Eine der größten gesellschaftlichen Veränderungen der letzten zehn Jahre ist das Ausmaß und die Geschwindigkeit, mit der wir mit einem immer größer werdenden Netzwerk von Menschen kommunizieren und in Verbindung bleiben können. Mit vielen haben wir im wirklichen Leben nie persönlichen Kontakt. Von den 50er- bis in die 90er-Jahre holten wir uns aus dem Fernsehen den Rundum-Vergleich, wie das Leben nach dem Vorbild der Sitcoms und Serien auszusehen hatte. Aber heute kollidieren wahres Leben und Realityshow jeden Tag miteinander – nicht nur im Fernsehen, sondern auch auf unserem Computer, Tablet und Smartphone. Ständig behalten wir im Auge, was die anderen – angeblich – machen und zwar 24 Stunden am Tag. Studien haben wiederholt belegt, dass Menschen unglücklicher werden, wenn sie sich ständig mit denen vergleichen, von denen sie annehmen, es gehe ihnen besser. Wer sich hingegen genauso mit denen vergleicht, denen es nicht so gut geht wie ihm selbst, hält seine Zufriedenheit in der Waage. Die meisten Menschen stellen allerdings schnell fest, dass sie viel stärker auf die achten, die sie beneiden, als auf die, denen fehlt, was sie selbst besitzen.

Die Lösung? Erstens: Sich nicht ständig mit denen vergleichen, denen es besser geht. Und zweitens: sich im eigenen Leben eine Haltung der Dankbarkeit bewahren, statt mit Adleraugen das Leben anderer zu beobachten.

Soziale Netzwerke können ein hervorragendes Medium sein, um alte Freunde wiederzutreffen und mit Freunden in Verbindung zu bleiben. Aber wenn ständige Vergleiche die eigene Perspektive verzerren, ist es an der Zeit, den Rückwärtsgang einzulegen. Das bedeutet nicht automatisch, dass man sich ganz herausziehen muss, aber vielleicht für eine Weile. Dasselbe gilt für Fernsehsendungen, die Einstellungen und Werte vermitteln, die einen stressen, frustrieren und einem jegliche Dankbarkeit für das eigene Leben und das Gute darin rauben.

Haben Sie schon einmal festgestellt, dass Sie sich mit Menschen vergleichen, denen es besser geht, nachdem Sie eine Sendung im Fernsehen gesehen oder zu viel Zeit im Internet verbracht haben? Haben Sie sich nach den Vergleichen vorgeworfen, nicht genug zu tun, nicht gut genug zu sein oder im Leben nicht schnell genug voranzukommen? Nehmen Sie sich vor, darauf zu achten, wie Ihr Medienverhalten – ob online oder auf klassischem Wege – Ihre Einstellungen prägt. Und wenn Sie das Gefühl haben, aus dem Gleichgewicht zu geraten, treten Sie einen Schritt zurück, atmen Sie tief durch und suchen Sie Bodenhaftung im wahren Leben, indem Sie sich vor Augen führen, wofür Sie alles dankbar sein können.

Beziehungen

Warum wir weniger Kontakte haben, ängstlicher sind und weniger gute Freundschaften pflegen als Frauen früherer Generationen

Entscheidung
„Ich spreche mit Familie und Freunden häufiger persönlich als per E-Mail und SMS."

Janies Ehemann Mike kam eines Abends beschwingt früher von der Arbeit nach Hause. Er hatte von der Beförderung erfahren, die er sich seit mehr als einem Jahr gewünscht hatte. Er strahlte, als er von der Garage in die Küche lief, und verkündete die frohe Botschaft.

„Du wirst es nicht glauben!", rief er mit einem breiten Grinsen auf dem Gesicht.

„Was?", sagte Janie lächelnd und riss aus Neugier und Erwartung die Augen weit auf.

„Ich bin befördert worden! Ich bin endlich befördert worden!"

„Hurra!", erwiderte sie. „Das ist ja unglaublich!" Janie schlang ihm ihre Arme um den Hals und gratulierte mit einem dicken Kuss. „Ich bin so stolz auf dich."

„Warte, warte", flüsterte er aufgeregt. „Das ist noch nicht alles."

Janie hörte gespannt zu, lächelte aufmunternd und hoffte, dass er ihr gleich das erzählen würde, was sie erwartete. „Noch etwas? Was denn?", fragte sie.

„Ich habe eine Gehaltserhöhung von 12.000 Dollar bekommen!!!", verkündete er.

Jane täuschte eine Ohnmacht vor. Mike lachte.

„Du hast doch nur fünf- oder sechstausend Dollar mehr erwartet!", sagte sie. „Du bist ja ein Verhandlungskünstler. Wie hast du es geschafft, doppelt so viel zu bekommen?"

„Ich habe zaghaft angedeutet, dass ich in meiner letzten Position unterbezahlt war und habe noch ein paar Gründe genannt und auf meine große Erfahrung hingewiesen. Und sie haben zugestimmt!"

„Wow", gab Janie zurück. „Das ist grandios. Wie fühlst du dich?"

„Unglaublich", gab Mike zu. „Die harte Arbeit hat sich also gelohnt, auch wenn es länger gedauert hat, als mir lieb war. Ich habe gelernt, was Durchhalten bedeutet. Und Gott hat mich mit dieser unerwartet großen Gehaltserhöhung für das letzte Jahr entschädigt, in dem ich mich unterbezahlt gefühlt habe."

„Das schreit nach einem besonderen Fest!", sagte sie. „Wie willst du diesen Meilenstein feiern? Wollen wir eine Beförderungsparty schmeißen oder so?"

„Hm. Darüber habe ich noch nicht nachgedacht", sagte er und überlegte, ob sie ein paar Freunde und Angehörige einladen sollten. „Lass uns eine Grillparty feiern!"

„Wird gemacht", sagte Janie. „Wenn du alle aufschreibst, die du einladen willst, kümmere ich mich um den Rest."

Mikes Grinsen wurde noch breiter, als er daran dachte, seine besten Freunde und Eltern einzuladen. Sein Vater würde sehr stolz sein! „Weiß du was?", sagte er zu Janie. „Ich muss ohnehin meinen Vater und ein paar andere anrufen und ihnen die Neuigkeiten mitteilen. Dann lade ich sie gleich ein." Mit diesen Worten schwebte er auf Wolke sieben aus der Küche und freute sich noch mehr über seine Beförderung als in dem Moment, in dem er die Küche betreten hatte.

Janies und Mikes Gespräch war wie ein aufeinander abgestimmter Tanz, der eine Aufwärtsspirale aus positiven Emotionen mit sich brachte. Mike begann das Gespräch mit guten Neuigkeiten und Janie antwortete offen und freudestrahlend, ging auf seine Begeisterung ein und schaffte einen sicheren Raum, sodass er sich noch mehr begeistern konnte. Die Wissenschaftlerin Shelly Gable bezeichnet diese Art, mit jemanden über gute Neuigkeiten zu reden, die Zusammenhalt entstehen lässt, als „aktiv-konstruktives Reagieren". Beziehungsexperten betonen häufig, wie wichtig aktives Zuhören in einer Beziehung ist. Aber aktiv-konstruktives Reagieren kann eine noch stärkere Wirkung haben. Aktives Zuhören, Beifall und Lob, ehrliche Begeisterung und aufschlussreiche Fragen kommen dann zusammen und führen dazu, dass der andere die guten Neuigkeiten noch mehr genießen kann. Es stärkt die Beziehung, indem es Zusammenhalt und Bindung aufbaut.

Dr. Gable zufolge gibt es vier Arten, um auf gute Nachrichten zu reagieren, aber eine aktiv-konstruktive Reaktion stärkt als Einzige den Zusammenhalt. Genau genommen schwächen die anderen drei ihn sogar. In diesem Schaubild sind die vier Reaktionsarten beschrieben:

	Aktiv	Passiv
Konstruktiv	„Das ist super. Ich weiß, wie wichtig dir diese Beförderung war! Wir sollten ausgehen und feiern und dabei kannst du mir erzählen, was dich an deiner neuen Stelle am meisten begeistert." Nonverbale Kommunikation: Blickkontakt, Zeichen für positive Emotionen wie authentisches Lächeln, Berührungen und Lachen.	„Das sind ja gute Neuigkeiten." Nonverbale Kommunikation: Wenig oder kein aktiver emotionaler Ausdruck.
Destruktiv	„Das klingt nach einer Menge mehr Verantwortung. Die neue Stelle bedeutet vermutlich wesentlich mehr Stress und längere Arbeitszeiten." Nonverbale Kommunikation: Zeichen negativer Emotion wie gekräuselte Augenbrauen oder eine gerunzelte Stirn.	„Was machen wir am Freitagabend?" Nonverbale Kommunikation: Wenig bis kein Augenkontakt, Wegdrehen, das Zimmer verlassen.

„Könnte es ein größeres Wunder geben, als wenn wir einen Augenblick mit den Augen des anderen sehen könnten?" –
Henry David Thoreau

WAS IST BEZIEHUNG?

Beziehung lässt sich leicht erklären: Beziehung ist Liebe. Augenblicke, in denen unser Herz sich mit dem eines anderen verbindet, egal, ob es sich um die Kassiererin im Supermarkt oder um den Kollegen am Nachbarschreibtisch oder um den Ehemann während einer belanglosen Auseinandersetzung handelt. Liebe schafft Beziehung. Und wenn wir wirklich in Beziehung stehen, ist Gott darin. Woher ich das weiß? Gott ist Liebe. Wenn Beziehung also Liebe ist, dann bedeutet in Beziehung zu stehen, Gott in unserer Gemeinschaft zu erfahren. Je weniger Beziehung wir zu unseren Kontakten aufbauen, desto weniger erleben wir Gott darin. Jeder Moment in Gemeinschaft mit anderen bietet die Chance für einen augenblicklichen Austausch von Liebe. Ich rede hier nicht über Liebe in einem romantischen Sinne oder auf eine Art, wie man die Eltern oder ein Kind oder die beste Freundin liebt. Ich rede über die Form von Liebe, die in 1. Korinther 13 beschrieben wird. Diese Form von Liebe umfasst Folgendes:

- Geduld
- Freundlichkeit
- Bescheidenheit
- Hilfsbereitschaft
- Wahrhaftigkeit
- Vergebungsbereitschaft
- Schutz
- Vertrauen
- Hoffnung
- Durchhaltevermögen

Wenn wir diese Charakterzüge leben und auch beim anderen wahrnehmen, entsteht Beziehung. Sie hängt allerdings davon ab, dass der andere unseren Ausdruck von Liebe annimmt. Wenn nicht, ist Liebe da, aber nicht Beziehung. Der andere muss offen sein, die Liebe, die sich in einer der zehn Eigenschaften aus 1. Korinther 13, 4-7 ausdrückt, auch anzunehmen:

Liebe ist geduldig und freundlich. Sie ist nicht verbissen, sie prahlt nicht und schaut nicht auf andere herab. Liebe verletzt nicht den Anstand und sucht nicht den eigenen Vorteil, sie lässt sich nicht reizen und ist nicht nachtragend. Sie freut sich nicht am Unrecht, sondern freut sich, wenn die Wahrheit siegt. Liebe ist immer bereit zu verzeihen, stets vertraut sie, sie verliert nie die Hoffnung und hält durch bis zum Ende.

Ehrliche, aufrichtige Beziehung verleiht Energie. Sie ermutigt uns innerlich und schafft einen Gleichklang zwischen uns und der anderen an der Begegnung beteiligten Person oder den Personen.

Chris Peterson, ein Vertreter der Positiven Psychologie, fasst sehr schlicht zusammen, wie wichtig Beziehungen sind für unser Glück: „Andere Menschen sind wichtig", sagte er häufig. Das stimmt in der Tat. Man mag über ein wenig Einsamkeit glücklich sein, wenn man zu lange mit zu vielen Menschen zusammen war. Aber früher oder später brauchen wir andere Menschen um uns. Wir sind für Beziehung geschaffen. In der heutigen Welt wird echte Beziehung aber zunehmend schwieriger.

WARUM WAHRE BEZIEHUNG SCHWIERIGER WIRD

Es gibt mehrere Gründe dafür, weshalb Beziehung in unserer heutigen Gesellschaft schwieriger geworden ist. Es ist wichtig, dass wir diese Gründe kennen und im Alltag etwas dagegen unternehmen können. Wenn nicht, ist unser Glück in Gefahr. Hier sind sieben Faktoren, die es zunehmend schwieriger machen:

1. FRAUEN SIND MOBILER

Vor 40 oder 50 Jahren lebte man viel häufiger noch in oder in der Nähe der Stadt, in der man aufgewachsen war. Heute leben wir zumeist woanders. Wir sind eine mobile Gesellschaft, was auch bedeutet, dass wir in einem neuen Umfeld neue Beziehungen aufbauen müssen – wenn man nicht mehr 20 ist, einem Alter, in dem die meisten Freunde noch Single und sorglos sind, wird das umso schwieriger.

2. ES LEBEN MEHR MENSCHEN ALLEIN ALS FRÜHER

Wenn Sie allein leben, sind Sie nicht allein. Etwa 16 Millionen Menschen in Deutschland leben allein – 8,5 Millionen davon sind Frauen. 2001 dagegen gab es nur insgesamt etwa 13,5 Millionen Alleinlebende. In Städten wie Berlin oder Hamburg liegt der Anteil der Singlehaushalte schon bei über 80 Prozent. Die meisten der Alleinlebenden entscheiden sich bewusst dafür, aber der Trend zeigt die Vereinzelung. In einem Artikel auf cbsnews. com stellt der Soziologe Eric Kinenberg fest: „Ich würde sagen, dass der zahlenmäßige Anstieg Alleinlebender die größte soziale Veränderung der letzten 60 Jahre darstellt, die wir nicht erkannt haben."[20]

3. Wir haben Garagen

Bis Anfang der 70er-Jahre hatten die wenigsten Häuser eine Garage. Dieser Fakt klingt unerheblich für unsere Gedanken zum Thema Beziehung – ist er aber nicht. Denn die typische Garage in den USA betritt man direkt durchs Haus – und mit einer solchen Garage braucht man nie wieder mit den Nachbarn zu reden. Man kann hineinfahren, das Garagentor schließen und direkt ins Haus gehen. Diese einfache Errungenschaft beendete die kleinen Gespräche zwischen Nachbarn auf dem Weg zur Arbeit oder zurück.

4. Technische Hilfsmittel haben die Kommunikation auf den geringsten gemeinsamen Nenner reduziert

Heute kommunizieren wir selbst mit den Menschen, die uns am nächsten stehen, zum größten Teil nicht mehr persönlich oder am Telefon, sondern per E-Mail oder SMS. Und wie Sie vermutlich selbst schon festgestellt haben, gehen dabei manche Nuancen der Kommunikation verloren. Es ist ein großer Unterschied, ob man die Stimme des anderen hört und Mimik und Gestik sieht oder ob man eine SMS oder E-Mail liest. Wenn man persönlich oder zumindest am Telefon miteinander spricht, entsteht auf so vielen verschiedenen Ebenen eine Verbindung. Die Kommunikation läuft sofort in beide Richtungen und überlappt sich sogar an manchen Stellen, statt dass man etwas sagt und auf Antwort erst einmal warten muss.

20 „Living Alone? You're Not Alone", CBSNews, 20. Mai 2012, http://www. cbsnews.com/news/live-alone-youre-not-alone.

5. WIR SAGEN WENIGER

„Ok." „Nein." „Ja." „Top." Das sind typische Antworten meines Bruders, der im College-Alter ist, wenn wir uns simsen. Twitternachrichten sind ja schon auf 140 Zeichen beschränkt, aber SMS sind häufig noch viel kürzer.

6. UNSER UNTERSTÜTZUNGSNETZWERK IST KLEINER

Wir haben heute weniger Freunde, unsere Familien sind kleiner und wir leben viel seltener in derselben Straße wie die Leute aus unserem Beziehungsnetzwerk.

7. WIR HABEN ANGST, UNS VERLETZLICH ZU MACHEN

Eine aufrichtige Beziehung erfordert Ehrlichkeit und Echtheit, damit der andere uns als Menschen wahrnimmt – als jemanden mit Gefühlen. Egal, ob wir begeistert oder am Boden zerstört sind – jemand anderen in unser Herz blicken zu lassen, wird ihn innerlich offen machen und eine Verbindung schaffen, und sei es nur für den Augenblick. Die eigenen Gefühle zu verbergen, ist das beste Rezept für Bindungslosigkeit.

In ihrem Buch *Verloren unter 100 Freunden: Wie wir in der digitalen Welt seelisch verkümmern* beschreibt die Autorin Sherry Turkle die Auswirkungen der modernen Technologie und wie sie unsere Wahrnehmung von authentischer Beziehung verändert hat. „Unser vernetztes Leben lässt zu, dass wir uns voreinander verstecken können", schreibt sie, „selbst, wenn wir einen Draht zueinander haben. Wir texten uns lieber, als zu reden." Das ist so wahr. Wie oft standen Sie schon irgendwo in der Schlange oder saßen im Wartezimmer oder liefen über die Straße und sahen mehr Leute, die auf ihr Smartphone starrten, als solche, die auf die Menschen und Dinge um sie herum achteten? In manchen Städten, zum Beispiel in Philadelphia und diversen College-Städten, gibt es schon Gesetze, die es verbieten, beim Laufen SMS oder andere Nachrichten zu schreiben. Offenbar sind wir so versessen darauf, in Verbindung mit der Welt da draußen zu bleiben, dass man uns schon zwingen muss, unsere Aufmerksamkeit auf das zu richten, was direkt vor unserer Nase liegt, damit wir nicht überfahren werden, wenn wir über die Straße gehen.

Zum ersten Mal in der Geschichte sind heute mehr Erwachsene unverheiratet als verheiratet. Und gemäß einer Studie der Duke Universität aus dem Jahre 2006 haben US-Amerikaner heute weniger enge Freunde oder „Vertraute" als noch 1985 – und die Vertrauten sind heute häufig Verwandte. Ein Viertel der Befragten gaben an, sie hätten niemanden, dem sie sich anvertrauen könnten – doppelt so viele wie noch 1985.[21] Heute kennen wir häufiger auch die Namen unserer Nachbarn nicht mehr – und meiner Meinung nach ist uns auch egal, ob wir sie kennen. Haben die technischen Errungenschaften die Erwartungen vergrößert, was wir an einem Tag schaffen können, und zugleich unsere Zeit und Energie für tiefe Beziehungen minimiert? Und noch einen Schritt weitergedacht: Haben wir heute weniger Bedürfnisse nach tiefen Beziehungen, weil wir sie durch oberflächliche Kommunikation per E-Mail, SMS und soziale Medien ersetzt haben?

BEZIEHUNGEN MACHEN GLÜCKLICH

Weshalb ist das ganze Thema überhaupt wichtig? Weil andere Menschen für uns wichtig sind. Ein gutes soziales Miteinander ist für unser Glück von entscheidender Bedeutung. Glückliche Frauen stehen in Beziehung zu anderen. Es gibt ein paar einfache Wege, wie wir mithilfe von Beziehungen glücklicher werden.

Zum Beispiel:
1. Reden Sie, statt zu tippen.
2. Sehen Sie dem anderen in die Augen.
3. Sagen Sie die Wahrheit.

21 Miller McPherson/Lynn Smith-Lovin/Matthew E. Brashears: „Social Isolation in America: Changes in Core Discussion Networks over Two Decades", *American Sociological Review* 71, No. 353 (2006).

4. Gehen Sie aus dem Haus!
5. Umgeben Sie sich mit glücklichen Menschen.

Wir wollen jeden Punkt noch einmal einzeln betrachten.

REDEN SIE, STATT ZU TIPPEN

Seitdem Technik in unserer Kommunikation zunehmend eine Rolle spielt, wird es immer leichter, Gesprächen aus dem Weg zu gehen. Und ich gebe zu, dass das manchmal von Vorteil ist. Wenn ich meinen Kontostand abfrage, um zu sehen, ob eine Überweisung eingegangen ist, möchte ich dabei vielleicht auch gar nicht mit jemandem reden. Ich brauche einfach nur diese Information. Das ist eine reine Transaktion und es ist einfacher, wenn mir eine automatisierte Stimme den Kontostand telefonisch durchgibt. Aber wenn unsere Begegnungen nur noch Transaktion und nicht mehr Interaktion sind, entgeht uns die Möglichkeit, Beziehung zu pflegen. Haben Sie schon mal einen SMS-Wechsel wie diesen erlebt?

Wie war dein Tag?

Gut.

Top! Wollte nur mal hören.

Wie bei einem automatisierten Gespräch mit der Bank gibt es viele Situationen, in denen einem eine SMS, E-Mail, Whats-App- oder Facebook-Nachricht die Chance gibt, etwas zu klären, auch wenn man gerade keine Zeit hat, einen Anruf zu tätigen. Problematisch wird es, wenn das unsere einzige Form der Kommunikation wird. Vor allem alleinstehende Frauen klagen häufig darüber, dass Männer – erwachsene Männer über 30 – häufig nur noch eine SMS schicken, um sich zu verabreden oder Hallo zu sagen, statt anzurufen. „Das ist eine so faule Art der Kommunikation", sagte eine Frau. „Ich dachte, das sei eine Marotte der paar Männer, mit denen ich mich verabredet habe, aber als ich mit Freundinnen sprach, stellten wir fest, dass sie alle dasselbe erlebt hatten und frustriert darüber waren. Wie soll man jemanden kennenlernen, wenn er einem nur SMS schickt?"

Die Technik erlaubt uns, mit einer größeren Anzahl von Menschen oberflächlich zu kommunizieren und schafft viele lose Verbindungen, aber nur sehr wenige tief gehende. Wenn Sie glücklich sein wollen, tun Sie besser daran, sich bei Facebook auszuloggen und Ihr Adressbuch zu öffnen. Das nächste Mal, wenn Sie den Drang verspüren, Ihren Familienangehörigen eine SMS zu schicken, rufen Sie stattdessen an. Nehmen Sie zweimal am Tag den Hörer in die Hand, statt eine E-Mail zu schicken, und rufen Sie Ihren Kunden oder Lieferanten an – oder gehen Sie hinüber zum Schreibtisch Ihrer Kollegin.

SEHEN SIE DEM ANDEREN IN DIE AUGEN

Wenn Sie einen Kontakt herstellen wollen, ist ein Blick in die Augen der schnellste Weg dazu. Ist Ihnen auch schon aufgefallen, dass wir heute viel öfter, ohne uns anzusehen, nebeneinanderher gehen als früher? Blickkontakt bedeutet, dass wir die Existenz des anderen anerkennen. Blickkontakt fördert eine Beziehung mehr als alles andere. Das ist der Grund, weshalb Menschen im Internet viel aggressiver sind, als sie es im persönlichen Gespräch jemals wären. Ihre Kollegin kann leicht eine einschüchternde E-Mail abfeuern, aber wenn sie Ihnen gegenübersäße, wäre der Ton im Normalfall wesentlich gemäßigter.

Blickkontakt steht direkt mit unseren Emotionen im Zusammenhang. Man glaubt, dass das Wohlfühlhormon Oxytocin freigesetzt wird, wenn wir jemandem in die Augen sehen. Das ist ein Grund, warum ein langer Blickwechsel mit jemandem, den wir noch nicht gut kennen, sich merkwürdig anfühlt. Und es ist auch der Grund dafür, weshalb es so wichtig ist, dass Paare einander in die Augen sehen, vor allem, wenn sie ihre Beziehung wieder vertiefen wollen.

SAGEN SIE DIE WAHRHEIT: VERLETZBARKEIT IST DER SCHLÜSSEL FÜR EINE TIEFE BEZIEHUNG

Als Life Coach habe ich zahlreichen Klienten geholfen, einem anderen etwas Unangenehmes zu sagen. Manche mussten lernen,

„Nein" zu einer Bitte zu sagen, auf die sie nicht eingehen wollten. Susanne saß beispielsweise bei mir und zerbrach sich den Kopf darüber, wie sie ihrer Schwester sagen sollte, dass sie ihr kein Geld mehr leihen wollte.

„Sie hat sich jetzt so lange auf mich verlassen. Ich sehe mittlerweile ein, dass ich es ihr damit nur schwer mache, erwachsen zu werden und auf eigenen Füßen zu stehen", erklärte sie. „Ich habe ein schlechtes Gewissen, weil ich meinen College-Abschluss gemacht und eine gute Stelle bekommen habe. Sie hat nach einem Jahr abgebrochen und nie wirklich beruflich oder anderweitig Fuß gefasst. Unsere Eltern haben uns beigebracht, füreinander da zu sein, und daran habe ich mich gehalten. Aber jetzt habe ich das Gefühl, ausgenutzt zu werden. Es ist, als ob sie glaubt, Anspruch auf meine Hilfe zu haben. Ich habe noch andere Ziele, in die ich mein Geld gern investieren würde, aber das kann ich nicht, weil sie immer in irgendwelchen Schwierigkeiten steckt – ihr Auto ist kaputt, sie kann die Miete nicht bezahlen … Dafür ist sie inzwischen aber zu alt!"

„Haben Sie Ihrer Schwester das so gesagt?", fragte ich.

„Nicht wirklich", erwiderte sie.

„Warum sagen Sie ihr nicht genau das, was Sie mir gerade gesagt haben? Das ist doch die Wahrheit, genau das denken Sie doch, oder?", sagte ich.

„Ich habe wahrscheinlich Angst, sie zu verletzen oder unsere Beziehung zu gefährden", gab sie zu.

„Okay. Haben Sie Ihrer Schwester gesagt, dass Sie Angst haben, ihr zu sagen, was Sie denken, weil Sie Angst haben, Ihre Beziehung zu gefährden?", fragte ich.

Sie machte eine Pause und dachte darüber nach. „Nein, ich habe noch gar nichts zu ihr gesagt. Ich bin nur manchmal verärgert und das zeigt sich dann darin, wie ich mit ihr umgehe. In Wahrheit ist unsere Beziehung also längst belastet", sagte sie.

Susanne nahm allen Mut zusammen, sprach mit ihrer Schwester und sagte ihr die Wahrheit. „Zuerst hat sie abgeblockt", erzählte Susanne anschließend, „aber ich war ehrlich und habe es ihr in Liebe gesagt, nicht im Zorn. Einmal habe ich sogar ihre Hand genommen. Ich habe ihr die ganze Zeit in die Augen gesehen. Und als sie abgeblockt hat, habe ich gemerkt, dass sie mir nicht mehr in die Augen sehen konnte. Ich habe sie gebeten, sich zu mir umzudrehen. Da habe ich eine Veränderung bemerkt. Am Ende hat sie gesagt: ‚Ich hasse mich dafür, dass ich so bin. Ich bin dreißig Jahre alt und will auf eigenen Füßen stehen.‘"

Susanne hat sich verletzbar gemacht, als sie ihrer Schwester die Wahrheit sagte – in Liebe. Die Folge war, dass Susannes Verletzbarkeit es ihrer Schwester ermöglichte, ebenfalls die Wahrheit zu sagen. Es war ein Wendepunkt in ihrer Beziehung, die heute viel gesünder und glücklicher ist. Alles begann mit einem Gespräch, für das sich beide verletzbar machen mussten.

Wenn Sie authentisch Beziehungen leben wollen, müssen Sie sich so verletzlich machen, dass Sie aufrichtig sein können – zuerst mit sich selbst und dann mit anderen.

Gehen Sie aus dem Haus

Kürzlich war ich samstags mit zwei Freundinnen beim Atlanta Jazz Festival – einem dreitägigen Event, zu dem jedes Jahr 150.000 Besucher kommen. Meine Freundinnen und ich packten Snacks, Getränke und Decken ein und fanden ein sonniges Plätzchen auf dem weitläufigen Rasen im Piedmont Park. Während wir sämtliche Themen vom Wetter bis zu den Beziehungen zu den Menschen um uns herum abgrasten, wurde mir plötzlich bewusst: Die riesige Bühne und das Konzert waren zwar eigentlich das Zentrum dieses Events, aber für uns war es nicht mehr als die Kulisse für ein Gespräch in der Sonne – inmitten von Tausenden von Leuten. Ich sah mich um und wir waren nicht Einzigen, denen es so erging. Die meisten achteten nur auf die Musik, wenn es eine Pause gab. Dann applaudierten alle. Währenddessen jedoch summte es überall vor Gesprächen. Kinder spielten. Erwachsene lachten und redeten. Ein paar Leute spielten Frisbee und Football.

„Glaubst du, Menschen wollen einfach unter anderen Menschen sein?", sagte ich zu einer Freundin. „Denn es wirkt nicht so, als würde hier irgendjemand etwas tun, das er nicht auch zu Hause im Garten oder Wohnzimmer tun könnte." Aber dass wir uns aufgemacht hatten und mit anderen zusammen waren, verlieh diesem Nachmittag auf irgendeine Art eine besondere Lebendigkeit. Selbst in einer Menschenmenge auf einem Festival kann also Beziehung entstehen, weil wir uns als Teil von etwas Größerem fühlen – eine Art Beziehung zu der Stadt aufbauen, in der wir leben.

UMGEBEN SIE SICH MIT GLÜCKLICHEN MENSCHEN

Wussten Sie, dass Glück ansteckend ist? Menschen, die in einem Netzwerk aus glücklichen Freunden und Familienmitgliedern leben, sind häufiger glücklich. Gleich und gleich gesellt sich offenbar tatsächlich gern. Wenn Sie einige Punkte aus diesem Buch umsetzen, wird sich das wahrscheinlich auch auf die Zufriedenheit Ihrer Umgebung auswirken. Menschen mit vielen sozialen Verbindungen – Partner, Freunde, Nachbarn, Kollegen oder Verwandte – sind glücklicher. Und Forschern der Harvard Medical School zufolge beeinflusst jede weitere glückliche Person in Ihrem Umfeld Ihre Zufriedenheit zusätzlich.[22]

Im Zuge der Framingham Heart Study, die belegte, dass sich Laster wie Rauchen und Fettleibigkeit innerhalb eines Bekanntenkreises verbreiten, stellte man fest, dass sich auch positive Veränderungen wie eine größere Zufriedenheit innerhalb eines Netzwerks ausbreiten. Wenn ein enger Bekannter glücklich ist, erhöht sich die Wahrscheinlichkeit, selbst auch glücklich zu sein, um 15 Prozent! Noch überraschender: Wenn der Freund eines Freundes glücklich ist, erhöht sich die Wahrscheinlichkeit, selbst glücklich zu sein, immer noch um zehn Prozent. Jeder unglückliche Freund erhöht die Wahrscheinlichkeit unglücklich zu sein um sieben Prozent. Vergleicht man die Zahlen mit den Auswirkungen, die mehr Geld auf unsere Zufriedenheit hat, glauben Forscher, dass ein glücklicher Freund unsere Zufriedenheit so positiv beeinflusst wie jährlich 20.000 Dollar (umgerechnet 16.000 Euro) zusätzlich.

---

22 James H. Fowler/Nicholas A. Christakis: „Dynamic Spread of Happiness in a Large Social Network: Longitudinal Analysis over 20 Years in the Framingham Heart Study", *British Medical Journal*, (5. Dezember 2008), doi: 10.1136/bmj.a2338.

Natürlich sind unsere Freunde und Familienmitglieder manchmal aus gutem Grund unglücklich. Wenn sie eine schwere Zeit durchmachen zum Beispiel. Aber wenn wir neue Freundschaften schließen oder einen Partner suchen, sollten wir klug und sorgfältig auswählen. Die Glücksgewohnheiten des anderen werden unsere eigenen beeinflussen. Wenn Sie deprimiert sind, verbringen Sie bewusst Zeit mit glücklichen Freunden. Sie werden Ihre Stimmung heben. Denken Sie einmal an die Menschen in Ihrem Umfeld: Ihren Partner, Ihre Kinder, Geschwister, Eltern, andere Verwandte, Freunde, Nachbarn und Kollegen. Wer ist glücklich in Ihrem sozialen Umfeld? Sind Sie häufiger mit glücklichen oder unglücklichen Menschen zusammen?

BEZIEHUNGEN HALTEN UNS AM BODEN

Während ich dieses Buch schreibe, lerne ich eine Lektion nach der anderen. Letzten Mittwoch erst bin ich beschwingt von einer Reise nach New York zurückgekehrt. Ich war in der *Today Show* aufgetreten und hatte mich mit einigen Vertretern anderer Medienhäuser getroffen. Diese Dienstreise war produktiv und hat großen Spaß gemacht. Aber sie kam auch sehr spontan und ich hatte nicht geplant, die ersten beiden Tage der Woche unterwegs zu sein. Viele glauben, ich hätte nur Zeit für die Arbeit und kaum für etwas anderes. In Wirklichkeit achte ich sehr darauf, dass sich mein Leben um viel mehr als nur um meine Arbeit dreht. Täte ich das nicht, hätte ich vermutlich nicht viel Inspiration zum Weitergeben. Aber ich muss zugeben, dass es viel bewusste Planung erfordert, mein persönliches und mein berufliches Leben im Gleichgewicht zu halten, zumal meine Projekte nicht immer berechenbar, Abgabetermine aber sehr real sind. Aber es gelingt mir schon viel besser als früher.

Ich weiß nicht, was in Ihrem Leben so alles los ist, aber ich wette, Sie wissen, wovon ich rede! Ob nun Ihre Chefin immer noch mehr Anforderungen an Sie stellt oder Sie sich um geliebte Menschen kümmern müssen oder Sie sich auch nur die Frage stellen, wann Sie auch noch Sport in Ihrem Kalender unterbringen sollen – es ist herausfordernd, alles unter einen Hut zu bekommen.

Jeden Abend schreibe ich kurz in mein Tagebuch – zwei oder drei Sätze, in denen ich die wichtigsten Augenblicke des Tages zusammenfasse. Das dauert ungefähr 60 Sekunden. Und verschafft mir eine gewisse Klarheit, was wirklich zählt. Mein Eintrag letzten Mittwoch nach der Rückkehr von meiner Reise hatte beispielsweise nur wenig mit all den Anrufen und E-Mails von Freunden und Angehörigen zu meinem Fernsehauftritt zu tun. Stattdessen schrieb ich begeistert, dass meine Hollywoodschaukel für den Garten geliefert worden war und ich mit Yvette, einer meiner besten Freundinnen, Sitzpolster dafür ausgesucht hatte. Als ich auf den Parkplatz rollte, auf dem wir uns treffen wollten, hatte ich gerade eine Massage hinter mir, die mich nach dem Adrenalinschub der letzten beiden Tage zur Ruhe bringen sollte. Yvette war so kaputt von den pausenlosen Sitzungen in ihrem Job, dass sie früh genug gekommen war, um im Auto noch ein Nickerchen zu halten. Ich suchte mir einen Parkplatz, sie stieg aus, und wie zwei alte Damen spazierten wir davon. Als wir merkten, wie langsam wir dahinschlichen, sahen wir uns an und prusteten los.

„Anstrengende Woche, hm?", fragte ich.

„Oh ja", war alles, was sie hervorbrachte.

Wir betraten das Geschäft und diskutierten eine halbe Stunde lang über die Vorteile von gemusterten gegenüber unifarbenen Bezügen und gedeckten gegenüber leuchtenden Farben. Wir hatten unseren Spaß. Und eine Pause vom Alltag.

Warum der Kauf von Schaukelpolstern an diesem Tag das Wichtigste für mich war? Weil ich bei Schaukeln immer an die Veranda meiner Urgroßmutter in South Carolina denken muss und wie ich als Kind dort mit meinen Cousinen in der Hollywoodschaukel saß, mich mit meinen Tanten und Onkeln unterhielt und Geschichten lauschte wie der, als meine Oma Zucker in den Brunnen neben dem Haus schüttete, um heimlich Zuckerwasser herzustellen (und ordentlich Dresche dafür bezog!). Ich denke auch an die Schaukel in unserem Garten auf der Tyndall Air Force Base in Florida, als ich ein kleines Mädchen war. Damals schaukelte ich immer eine gefühlte Ewigkeit und beobachtete dabei die Delfine, die hinter unserem Haus im Golf von Mexiko spielten und durchs Wasser sprangen. Ich war gar nicht auf der Suche nach einer Schaukel gewesen, aber als sie mir kürzlich beim Shoppen ins Auge sprang, fühlte es sich richtig an, sie zu kaufen.

Als Yvette und ich bei mir zu Hause ankamen, liefen wir sofort auf die Terrasse und befestigten die Sitzpolster. Sie sind perfekt! Wir beschlossen, gleich darauf zu schaukeln. Wir ließen die Füße baumeln, betrachteten die Bäume vor uns und genossen es, einfach mal einen Augenblick nichts zu tun.

Was ich damit sagen will? Bei aller Hektik und allen beruflichen Erfolgen bleibt doch meist das am wichtigsten für uns, was verknüpft ist mit Menschen, die wir lieben und den glücklichen Momenten, die wir erleben. Je größer die Erfolge sind, die wir feiern, desto wichtiger ist es, in den einfachen Ereignissen des Lebens geerdet zu bleiben, die uns etwas bedeuten. Nehmen Sie Zeiten mit einer Freundin nie für selbstverständlich. Oder das Abendessen heute mit Ihrer Familie. Oder den Anruf, den Sie tätigen wollen. Alle beruflichen und finanziellen Erfolge der Welt sind nur wenig wert ohne ein erfülltes und beziehungsreiches Leben jenseits der Arbeit.

WECKEN SIE DIESEN GLÜCKLICHMACHER!

- Sorgen Sie dafür, mindestens sechs Stunden am Tag unter Menschen zu sein. Dazu gehören Begegnungen auf der Arbeit, Telefonate und gemeinsame Mahlzeiten.
- Sagen Sie die Wahrheit. Was würde passieren, wenn Sie in einem anstehenden Gespräch einfach ehrlich wären und die Wahrheit sagen würden?
- Nehmen Sie Ihre Masken ab und machen Sie sich verletzlich. Das bedeutet, ehrlich zu zeigen, wer Sie sind und was

Sie fühlen. Verletzlichkeit ist der Schlüssel für Beziehungen mit anderen Menschen.

- Umgeben Sie sich mit glücklichen Menschen! Glücklich zu sein üben wir am schnellsten ein, wenn wir mit Menschen zusammen sind, die im Glücklichsein geübt sind.
- Sehen Sie anderen in die Augen.
- In Ihren engsten Beziehungen: Lächeln Sie und umarmen und berühren Sie den anderen!

Anregungen zum Gespräch

Verbreiten Sie Glück!

Es ist Zeit für eine Glücksbewegung

. . . .

Nachdenkenswertes

- Frauen haben häufig das Gefühl, sie müssten glücklich wirken, und setzen ein Pokerface auf. Deshalb reden wir nicht offen miteinander und tauschen auch keine Lösungen aus.
- Veränderungen aller Art beginnen meist mit einem persönlichen Gespräch, Umkehr für Umkehr.

- Es liegt in Ihrer Hand, unter den Frauen in Ihrem Umfeld Zufriedenheit zu verbreiten. Eröffnen Sie einfach das Gespräch.

. . . .

Gesprächseinstiege

- Glück ist ansteckend. Verbreiten Sie es? Wenn nicht, was verbreiten Sie sonst?
- Wer sind die Frauen in Ihrem Umfeld, mit denen Sie sich gern zusammen auf den Weg in eine größere Zufriedenheit machen würden?
- Was könnten Sie und Ihre Freundinnen tun, um in Ihrem Ort Gutes zu bewirken?

Die gesellschaftlichen Veränderungen der letzten 40 Jahre bringen uns Frauen um unser Glück – und das so subtil, dass wir es nicht einmal bemerken. Aber wir können etwas dagegen tun. Dafür braucht es Frauen, die den Mut haben, aufzustehen und zu sagen, was wir zu unserem Glück brauchen – und was nicht.

Ich schlage vor, dass Sie Gespräche über das Glück der Frauen nutzen, um das ganze Thema zur Diskussion zu bringen. Indem Sie das Gespräch eröffnen, helfen Sie den anderen Frauen, ebenfalls ehrlich über die wahren Herausforderungen und Erfolge im Alltag zu reden. Und vor allem zeigen Sie ihnen, was sie täglich zu ihrem eigenen Glück beitragen können.

Beziehung heißt, offen und vertraulich reden zu können. Und was könnte schöner sein, als wenn sich gleichgesinnte Frauen treffen, um zufriedener und glücklicher zu werden? Hier sind ein paar einfache Schritte:

1. **Entscheiden Sie sich, etwas zu verändern**, indem Sie in Ihrem Bekanntenkreis Gespräche zwischen Frauen initiieren. Das ist einfach. Als Frauen reden wir nicht genug über unsere Situation und darüber, wie wir einfache Schritte gehen können, um glücklicher zu werden.

2. **Finden Sie einen Termin** für ein Treffen mit Ihren Freundinnen. Sie können Ihre Kolleginnen in der Mittagspause zusammentrommeln oder buchstäblich abends eine „Happy Hour" veranstalten, in der Sie sich mit Freundinnen darüber austauschen, wie frau glücklich wird. Was auch immer Sie planen, sorgen Sie für Gemeinschaft und Offenheit untereinander. Laden Sie zur Frauenparty mit Pizza und Salat

ein oder zu einem Nachmittag mit Eis (mein persönlicher Favorit)!

3. **Laden Sie ein und Ihr Haus wird voll!** Sie können mailen, anrufen, eine SMS oder Einladung schicken. Machen Sie es sich einfach und helfen Sie den anderen, schnell reagieren zu können. Die Einladung muss nicht förmlich wirken – es sei denn, das ist Ihr Stil.

4. **Eröffnen Sie das Gespräch! Nutzen Sie die Fragen aus diesem Buch oder die Aussagen aus der Rubrik *Nachdenkenswertes*,** um mit der Gruppe über gesellschaftliche Veränderungen, alltägliche Herausforderungen und Glücklichmacher ins Gespräch zu kommen. Ich garantiere Ihnen, dass dieses Treffen lebhafte Diskussionen unter Ihren Freundinnen und Bekannten hervorrufen wird. So war es auch, als ich selbst ein solches Freundinnentreffen veranstaltet habe.

Flow

Wie Sie Ablenkungen vermeiden und sich vom Zeitdruck befreien

Entscheidung
„Ich reduziere Unterbrechungen und konzentriere mich voll auf
die Aufgabe, die gerade vor mir liegt."

Häufig machen wir einfach alles auf die Schnelle. Kennen Sie das Gefühl? Wir wollen die Sachen einfach flink abarbeiten und nichts erhält unsere volle Aufmerksamkeit oder die Sorgfalt und Zeit, die es verdient. Stattdessen jagen wir von einer Aufgabe zur nächsten, kriegen manches kaum geregelt und immer schreit schon der nächste Punkt auf unserer To-do-Liste. Wir sind gestresst, nicht glücklich.

Flow ist der Glücklichmacher, der am schwierigsten zu fassen ist. Er beschreibt unsere Fähigkeit, uns so sehr auf eine Sache zu konzentrieren, dass wir vollkommen darin aufgehen. Dem Wissenschaftler Dr. Mihaly Csikszentmihalyi zufolge, der das Buch „Flow – Das Geheimnis des Glücks"[23] geschrieben hat, erlebt

---

23 Mihaly Csikszentmihalyi: *Flow – Das Geheimnis des Glücks*. Stuttgart: Klett-Cotta 1992.

jeder Mensch zuweilen diesen „Flow", und damit sind immer ähnliche Zeichen verbunden: Man fühlt sich lebendig und wach, ist sich seines Handelns nicht bewusst, spürt eine tiefe Zufriedenheit mit dem eigenen Tun und dieses Tun wirkt fast mühelos. Man fühlt sich im Fluss, in Glanzform. Sportler und Schauspieler sagen häufig, sie seien „im Flow" gewesen. Schriftsteller und Künstler beschreiben manchmal das Gefühl, ihr Werk sei beinahe mühelos durch sie hindurchgeströmt und sie hätten es gar nicht schnell genug herausfließen lassen können.

Aber dieser Flow lässt sich nicht nur in den Bereichen Sport, Unterhaltung oder Kunst erleben. Sie können auch in den Flow kommen, wenn Ihre Arbeit nicht in diese Kategorien fällt. Die Verkäuferin, die so sehr bei der Sache ist, dass sie die Zeit vergisst und überrascht fragt: „Ist es schon an der Zeit, nach Hause zu gehen?" erlebt diesen Flow. Ebenso erlebt ihn die Lehrerin, die so in ihrer Begeisterung für neue Inhalte aufgeht, dass ihre Schüler vor Enthusiasmus aufblühen und Mathematik plötzlich lieben, obwohl sie es letztes Jahr noch gehasst haben. Die Begeisterung ihrer Lehrerin, ihr Flow, ist ansteckend und inspiriert und motiviert die Schüler.

In unserer Kultur wird es für Frauen (und auch Männer!) immer schwieriger, diesen Flow zu erleben. Wir leben in einem Zeitalter der Unterbrechungen. Wann haben Sie zuletzt etwas ohne Unterbrechung erledigt? Können Sie sich noch daran erinnern? Willkommen im Klub. Ständig werden wir gestört. Wenn Ihr Handy nicht klingelt, weil jemand anruft, geht vielleicht gerade die nächste SMS ein oder irgendein Callcenter ruft auf dem Festnetz an oder Ihre Inbox informiert Sie, dass Sie eine neue E-Mail bekommen haben. Vielleicht handelt es sich dabei nur um Spam, aber Sie wissen jetzt, dass etwas darauf wartet, von Ihnen gelesen zu werden. Aber die Technik ist nicht der einzige Übeltäter. Wenn Sie Kinder haben, vor allem kleine Kinder, und die gerade bei Ihnen sind, wird es für Sie nahezu unmöglich sein, irgendetwas mit voller Konzentration zu erledigen – abgesehen davon, sich um die Kinder zu kümmern. Auch auf der Arbeit wird häufig erwartet, dass wir stets ansprechbar sind für alle, die etwas brauchen, eine Frage haben, um einen Gefallen bitten oder einfach nur ein Schwätzchen halten wollen.

Aber machen wir uns nichts vor. Selbst wenn wir uns einen Augenblick voll der Aufgabe widmen könnten, die vor uns liegt, brauchen wir weder die Technik noch andere Menschen, um uns ablenken zu lassen. Das kriegen wir schon ganz gut alleine hin! Schaffen Sie auch immer dann am meisten, wenn Sie eigentlich etwas ganz anderes tun müssten? Unsere Verzögerungstaktik hält uns am allermeisten davon ab, in Flow zu kommen.

Wer zu viel auf seiner Liste stehen hat, wird nur selten einen Flow erleben. Das ist der Fluch von Überlastung, Überforderung und einem zu hohen Tempo. Selbst wenn wir alles, was auf unserer Agenda steht, selbst geplant haben, können wir es nicht genießen, wenn alles zu viel wird. Das raubt uns jede Lebensfreude. Ich weiß immer, dass dieser Punkt gekommen ist, wenn mich allein schon der Gedanke an eine zweistündige Fahrt nach Hause zu meiner Familie oder der Flug zu einem Vortrag stresst. Beides macht mir eigentlich großen Spaß. Für mich ist das Entspannung. Dann bin ich im Flow, lächle und fühle mich völlig am richtigen Platz. Es sei denn, ich versuche, zu viel in einen Tag oder eine Woche zu packen. Dann bin ich nicht im Flow, lächle kaum und fühle mich nicht am richtigen Platz. Kennen Sie das auch?

WANN VERGEHT BEI IHNEN DIE ZEIT WIE IM FLUGE?

Als Kind bekniete ich meine Mutter immer, mich allein in die Bücherei gehen zu lassen. Ich wollte nicht, dass sie mitkam, denn für mich barg diese Welt der Bücher lauter Abenteuer. Nie wusste man im Voraus, was einen im nächsten Regal erwartete! Ich wollte mich ohne Zeitdruck und Verpflichtungen dort aufhalten und mich in der Welt der Bücher verlieren – einer nie endenden Fülle aus Fakten und Geschichten. Es war mir damals noch nicht bewusst, aber in der Bücherei war ich voll im Flow.

Wer wirklich einen Flow erlebt, erledigt Dinge, die andere seltsam finden oder für die sie sich nicht interessieren. Ein Beispiel: Im Sommer zwischen der dritten und vierten Klasse ermutigten mich die Bibliothekare in der Bücherei der Militärbasis, auf der mein Vater stationiert war, an einem Vielleswettbewerb teilzunehmen. Ich gewann den ersten Preis. Er steht immer noch bei mir zu Hause: ein durchgehend vierfarbiges Lexikon, bei dessen Anblick ich damals nur eins dachte: „Etwas zu lesen – jippie!" Ich hatte nicht knapp gewonnen, sondern fast dreimal so viele Bücher (insgesamt 64) gelesen wie die Zweitplatzierte (23). Und niemand hatte mich dazu gedrängt. Es machte mir einfach Spaß. In dem Sommer begleitete ich Harriet Tubman, die berühmte Sklavenfluchthelferin, durch ihr bewegtes Leben und Cassius Clay bei seiner Wandlung zu Muhammad Ali. Ich erfuhr die Antwort auf die Frage „Bist du da Gott? Ich bin's, Margaret" aus dem amerikanischen Kinderbuchklassiker von Judy Blume und fand Freunde auf dem Bauernhof von *Wilbur und Charlotte.* Jetzt, mehr als drei Jahrzehnte später, erinnere ich mich noch immer, wie viel Spaß mir dieser Vielesewettbewerb damals gemacht hat. Ich war glücklich. Lesen macht mich immer noch glücklich. Setzen Sie mich an einem Tag, an dem ich Zeit habe, in irgendeinem Buchladen ab, und mir wird garantiert nicht langweilig werden. Ich streune einfach von Gang zu Gang, durchforste die neusten humorvollen Romane, Ratgeber, christlichen Bücher und Biografien. Kein Wunder, dass ich Autorin bin. Bücher verschaffen mir einen Flow, egal, ob ich sie lese oder schreibe.

Kürzlich bemerkte eine Freundin, dass bei mir jedes Zimmer mit Büchern geschmückt ist. Sie liegen dekorativ auf dem Tisch, warten darauf, hochgehoben zu werden, und laden neue Leser ein, durch ihre Seiten zu blättern. Das hat sich einfach so ergeben. Ich kann mich nicht an einen bewussten Vorsatz erinnern wie: „Valorie, du solltest in jedes Zimmer Bücher legen." Das war gar nicht nötig, denn ich habe eine Beziehung zu meinen Büchern. Manche haben mir zu ganz neuen Perspektiven verholfen oder mir Hoffnung geschenkt, als ich sie gerade brauchte. Andere haben mich zum Lachen gebracht oder mir am Strand Gesellschaft geleistet und mich unterhalten, während ich in der Sonne lag und Wellen ans Ufer klatschten. Andere haben mich auf eine Reise durch die Geschichte mitgenommen und mich mit faszinierenden Persönlichkeiten zusammengeführt.

Was verhilft Ihnen zum Flow? Wann haben Sie das Gefühl, die Zeit vergeht im Flug?

Sie versetzt vermutlich etwas ganz anderes in einen solchen

Zustand als mich. Denken Sie an eine Situation zurück, in der Sie völlig versunken waren und die Zeit nur so vorüberflog. Wenn Ihnen mehrere Situationen einfallen, umso besser: Schreiben Sie alle auf.

WAS LENKT SIE AB?

Das größte Hindernis, um in den Flow zu kommen, sind Unterbrechungen, die uns von dem ablenken, worauf wir uns eigentlich konzentrieren wollen. Studien zeigen, dass es unsere Zufriedenheit beeinträchtigt, wenn wir unterbrochen werden. Vielleicht, weil das unseren Flow stört und wir nicht mehr das Gefühl haben, die Fäden in der Hand zu halten. Achten Sie einmal auf Störungen und überlegen Sie, was Sie dagegen tun können. Wenn Sie sich bei der Arbeit voll auf ein Projekt konzentrieren wollen, schreiben Sie sich beispielsweise auf, welche Ablenkungen Ihnen beim letzten Mal dazwischenkamen, als Sie sich konzentrieren wollten. Dafür mag einiges an Disziplin nötig sein. Vielleicht müssen Sie beispielsweise eine Weile komplett offline gehen, um nicht dauernd der Versuchung zu erliegen, im Netz zu surfen. Vielleicht müssen Sie Ihr Handy auf den Flugmodus schalten, damit Sie gar nicht erst sehen, wenn jemand anruft, und Sie sich nicht überwinden müssen, den Anruf wegzudrücken – zumal jede Ablenkung, die Sie aktiv ignorieren müssen, eine Unterbrechung ist.

Diszipliniert zu sein, kostet Energie, deshalb sparen Sie sich diesen Kraftaufwand, indem Sie Unterbrechungen schon unterbinden, bevor sie auftreten. Wenn das Telefon klingelt und Sie sehen, wer anruft, fragen Sie sich vermutlich auch dann nach dem Grund, wenn Sie den Anruf ignorieren wollen: „Ach, stimmt ja, ich habe gestern versprochen, ihr den Link zu der Website zu schicken, und das dann völlig vergessen ... Das dauert ja nur einen Moment. Das erledige ich lieber grad schnell." Sie wissen selbst, wie das läuft. Der Weg ist steinig und am besten bleiben Sie strikt bei der Sache. Wenn auch andere Menschen der Grund für häufige Unterbrechungen sind, klären Sie das mit ihnen am besten, *bevor* Sie sich konzentrieren wollen. Dann müssen Sie sich nicht noch rechtfertigen, wenn Sie schon arbeiten. Wenn etwas in Ihrem Umfeld Sie ablenkt – Lärm oder Unordnung zum Beispiel – suchen Sie auch dafür eine Lösung. Wenn ich an meinem Schreibtisch sitze, benutze ich beispielsweise häufig auf meinem Handy eine App namens „SleepStream", die ein sogenanntes „weißes Rauschen" erzeugt. Meist arbeiten und reden Leute draußen in den anderen Büros. Das weiße Rauschen überlagert ihre Gespräche und auch das Ticken der Uhr in meinem Büro. Mir hilft das. Finden Sie heraus, was bei Ihnen funktioniert.

STÜRZEN SIE SICH IN IHRE AUFGABEN

Im Rahmen einer Veranstaltung in Kansas City, bei der ich einen Vortrag hielt, bekam eine High-School-Absolventin ein Stipendium verliehen und beschrieb, warum sie sich nur an einem einzigen College beworben hatte, einer renommierten Kunstakademie in New York: „Man hatte mir geraten, nicht alles auf eine Karte zu setzen", erzählte sie und fügte hinzu: „Aber mir gefiel diese Karte einfach!" Das Publikum lachte. Ich mag den Mut und die Klarheit dieser Aussage.

Heutzutage wird uns meist ein Plan B empfohlen für den Fall, dass unsere Träume zerplatzen. Alles auf eine Karte zu setzen widerstrebt dem Zeitgeist. Aber es besteht die Gefahr, dass wir uns für Plan B verzetteln und uns dann nicht genug Energie für unseren eigentlichen Traum (die eine Karte) bleibt. Überlegen Sie einmal, wie Sie Ihre Energie einsetzen: Geht das meiste in Richtung Ihrer eigentlichen Vision? Oder verzetteln Sie sich meist, weshalb für die Ziele, die Sie ursprünglich umsetzen wollten, zu wenig Kraft übrig bleibt?

Zu viele Karten können unsere Bemühungen versanden lassen und uns davon abhalten, uns ganz an einer Stelle zu engagieren. Häufig ist Angst der Grund dafür, dass wir uns nicht völlig auf die Sache konzentrieren, die wir uns am sehnlichsten wünschen. Egal, ob es um eine Beziehung, eine Stelle oder ein berufliches Projekt geht – all das ist es wert, dass wir unser Bestes geben. Für den Fall, dass Sie alles auf eine Karte setzen, diese Karte aber nicht gewinnt, vertrauen Sie darauf, dass Sie genug Fähigkeiten und Weisheit besitzen, um anschließend wieder aufzustehen und neu anzufangen. Sie sind zäh. Und wenn Sie neu anfangen müssen, schaffen Sie das auch.

Der Begriff Flow ist in diesem Kapitel sehr weit gefasst, aber für die Diskussionen darüber, was Glück für Frauen bedeutet, ist er immens wichtig. Oft tun wir so, als wäre das Leben eine Generalprobe – als glaubten wir, wir könnten eines Tages an diesen Punkt zurückkehren und dann alles so angehen, wie wir es ursprünglich wollten. Aber dem ist nicht so. Stürzen Sie sich mit Haut und Haaren in die Möglichkeiten, die vor Ihnen liegen – wahrscheinlich werden Sie am Ende überrascht sein, wie viele Chancen und wie viel Freude Sie erleben. Es ist schwer, sich ganz in eine Sache zu stürzen, wenn wir gleichzeitig drei weiteren nachgehen. Einer meiner Lieblingssprüche lautet: „Wer zwei Hasen jagt, fängt am Ende keinen."

ANDEREN HELFEN, IN DEN FLOW ZU KOMMEN

Ideen, wie wir diesen Glücklichmacher bei Menschen anwenden können, für die dieser Aspekt besonders wichtig ist:

- Finden Sie heraus, was dem anderen Freude macht. Bei welchen Tätigkeiten schnellt sein Energielevel erkennbar in die Höhe? Überlegen Sie sich passende Aufgaben oder Projekte.
- Die andere Person wird am erfolgreichsten sein, wenn die Herausforderung genau ihren Fähigkeiten entspricht: nicht zu schwierig, sodass sie frustriert aufgibt, und nicht zu

leicht, sodass sie sich langweilt. Wenn Sie der anderen Person gegenüber eine Führungsrolle haben (als Chefin oder Mutter zum Beispiel), sollten Sie sich gut überlegen, welche Aufgabe Sie stellen.

- Achten Sie darauf, dass Sie nicht zu viele einzelne Projekte planen. Richten Sie Zeiten ein, in denen die Person nicht gestört wird.
- Geben Sie der anderen Person Raum, in den Flow zu kommen. Sie müssen etwas fragen? Dann warten Sie damit – es sei denn, es ist ein Notfall!

WECKEN SIE DIESEN GLÜCKLICHMACHER!

- Verzetteln Sie sich nicht so, dass Ihnen am Ende keine Energie mehr für die wirklich wichtigen Dinge bleibt. Arbeiten Sie zielgerichtet. Scheuen Sie sich nicht, sich ganz in die Sache zu stürzen, die Ihnen am Herzen liegt. Setzen Sie alles auf eine Karte!
- Stellen Sie sich die Frage, ob Sie gerade zu viele Dinge gleichzeitig tun. In welches Ziel wollen Sie mehr Zeit, Geld oder Energie stecken? Was müssen Sie aufgeben, um zusätzliche Energien für dieses Ziel frei zu haben?
- Überlegen Sie, welche drei Störenfriede Sie aktuell am häufigsten ablenken. Fragen Sie sich, wie Sie diese ausräumen oder zumindest entscheidend minimieren können.
- Wobei kommen Sie in einen Flow? Können Sie diese Tätigkeit gerade ausüben? Dann los!
- Überlegen Sie, was Sie auf der Arbeit am meisten davon abhält, sich zu konzentrieren und sich Ihren Prioritäten zu widmen. Finden Sie Lösungen, wie Sie diese Ablenkungen ausräumen oder zumindest minimieren können.

- Wenn Sie sich – allein oder mit anderen – zum Essen an den Tisch setzen, legen Sie Ihr Handy weg, lassen Sie das Telefon klingeln, schalten Sie den Fernseher aus und seien Sie ganz bei der Sache.
- Finden Sie heraus, wo Ihre Stärken liegen, und setzen Sie diese beruflich ein. Wenn Sie Ihre Stärken nicht einsetzen können, überlegen Sie, bis wann Sie sich eine Stelle suchen wollen, die zu Ihnen passt. Weigern Sie sich, 1.750 und mehr Stunden im Jahr irgendwo zu arbeiten, wo Sie sich langweilen und Ihre besten Seiten nicht zum Einsatz kommen.
- Schreiben Sie sich auf, bei welchen Tätigkeiten Sie jegliches Zeitgefühl verlieren. Achten Sie darauf, jeden Tag mindestens einmal etwas in dieser Art zu tun. Hier ein paar Anregungen: Arbeit, die Ihnen Spaß macht, mit Ihren Kindern spielen, ein Hobby ausüben, sich im Buchladen in Bücher vertiefen, mit lieben Menschen Zeit verbringen oder: _____.

Weshalb ich die Dinge immer seltener auf die lange Bank schiebe

Wie unser Perfektionismus uns vorgaukelt, wir seien beschäftigter, als wir sind

....

Nachdenkenswertes

- Die modernen Errungenschaften der schnellen Kommunikation (SMS, WhatsApp, E-Mails, Skype) sorgen für häufigere Ablenkungen als je zuvor.
- Perfektionismus ist unser Feind und zeigt sich oft daran, dass wir die Dinge vor uns herschieben. Wir fangen gar nicht erst an, weil wir noch nicht für alles Lösungen gefunden haben. Kommt Ihnen das bekannt vor?
- Dinge auf die lange Bank zu schieben, weckt unnötig Ängste, die uns unsere Zufriedenheit rauben.

....

Gesprächseinstiege

- Wann schieben Sie Dinge besonders gern auf die lange Bank?
- Wodurch kommen Sie weiter?
- Weshalb haben Sie das Gefühl, Sie müssten alles perfekt erledigen? Was würde passieren, wenn Sie das nicht täten?

Ich schreibe diese Zeilen in meinem Hotelzimmer. Anderthalb Kilometer von zu Hause entfernt. Ich weiß, das klingt ziemlich seltsam. Ich habe es schon versucht, einer guten Freundin zu erklären, die angerufen hat.

„Ich bin im Hotel in der Nähe", sagte ich.

„In welcher Stadt?"

„In Atlanta."

„Du meinst, du fliegst morgen zurück nach Atlanta?", fragte sie.

„Nein, ich bin in einem Hotel in Atlanta."

„Ach so", sagte meine Freundin. „Du hältst morgen einen Vortrag in Atlanta und übernachtest schon in dem Hotel, in dem die Veranstaltung ist?"

„Nein", sagte ich. „Ich halte morgen keinen Vortrag. Ich habe einfach beschlossen, in einem Hotel in der Nähe zu übernachten."

Stille.

„Und ...", sagte meine Freundin, „wie viel kostet dich das?"

Also gut. Die Sache ist die: Ich habe mir angesehen, was vor den Feiertagen noch erledigt werden muss, und beschlossen, dass ich als eine, die früher alles auf die lange Bank schob und noch heute rückfallgefährdet ist, dringend eine Lösung finden musste, um mich nicht ablenken zu lassen. Also habe ich ein Hotelzimmer gebucht, um mit meiner ehrgeizigen Agenda ungestört zu sein. Der positive Nebeneffekt: Allein bei der Vorstellung, ich könnte bis zum Auschecken nicht alles erledigt haben, wird mir ganz anders. Dann hätte ich auf jeden Fall das Gefühl, mein Geld zum Fenster hinausgeworfen zu haben. Und so bin ich voller Tatendrang und höchst produktiv.

Wenn ich nicht weiterkomme, hilft mir häufig ein Tapetenwechsel. Wie ergeht es Ihnen? Vielleicht wäre ja ein Tapetenwechsel genau das Richtige, damit Sie produktiv arbeiten oder sich überlegen können, was Sie in der kommenden Woche oder im nächsten Jahr erreichen wollen. Ob das ein Nachmittag in Ihrem Lieblingscafé oder ein Wochenende woanders ist – aus unserer vertrauten Umgebung aufzubrechen, in der wir uns so gemütlich eingerichtet haben, kann uns helfen, auch gedanklich aufzubrechen.

Spiel und Vergnügen

Warum Frauen weniger spielen als Männer und warum Sie jetzt damit anfangen sollten, mehr Spaß zu haben

Entscheidung

„Ich erlaube mir zu spielen, albern zu sein und Spaß zu haben!"

Ich ließ mich gerade zum dritten Mal auf einem Schwimmreifen durch den Pool der Hotelanlage in Orlando treiben, wo ich vor zwei Tagen einen Vortrag gehalten hatte. Es ist einfach großartig, wenn mich meine Vortragstätigkeit an Orte führt, wo es sich anbietet, noch ein paar Tage Urlaub anzuhängen. Ich kann nicht besonders gut schwimmen und so war es genau das Richtige für mich, mich auf dem prall aufgeblasenen blauen Donut durch die Kurven des Strömungskanals und unter den Wasserfällen durchzuschlängeln. Meine Füße hingen im Wasser, ich döste in der Sonne und um mich herum hörte ich Kinderlärm und das Lachen von Erwachsenen. Ich war glücklich und entspannt. Irgendwann in der dritten Runde drängte es mich aber zu größeren Abenteuern.

In dem Moment sah ich, wie die Kinder auf der anderen Seite der Poollandschaft vor Freude kreischten, wenn sie die lange, kurvige Wasserrutsche hinuntersausten und mit einem Riesenklatscher am anderen Ende des Beckens landeten. „Was für ein Spaß", dachte ich und erinnerte mich daran zurück, wie sehr ich mich früher als Schülerin mit meinen Freunden im Spaßbad in Denver amüsiert hatte. Die ganze Rutschpartie über war ich immer schon auf die Landung gespannt gewesen. Ich hatte mich gefragt, wie tief ich ins Wasser eintauchen würde, ob ich die Luft richtig würde anhalten können, damit mir kein Wasser in die Nase lief, und hatte mich einfach auf den großen Platscher am Ende gefreut. Wenn ich zu schnell geworden war, hatte ich manchmal zu bremsen versucht, aber das hatte nicht geklappt. Wenn man einmal rutscht, hat man keine Kontrolle mehr. Also kann man sich genauso gut entspannen und die Rutschpartie genießen!

Als ich aus meiner Kindheitserinnerung wieder auftauchte und merkte, dass ich mich im Pool in Orlando befand, war mir klar: Ich muss rutschen! Es gibt keine Altersbegrenzung, also los! Ich kletterte aus dem Wasserkanal und lief hinüber zum Rutschbecken. Die beiden Mitarbeiter an der Rutsche achteten gar nicht auf mich. Aus irgendeinem Grund hatte meine skeptische innere Stimme, die sich hin und wieder fragt, was die anderen wohl denken, kurz befürchtet, man würde mich nach meinem Personalausweis fragen oder überprüfen, ob ich nicht zu groß bin, wie es in den USA manchmal in den Spielecken der Fast-Food-Restaurants der Fall ist. „Sie dürfen nicht auf die Rutsche!", erwartete ich zu hören. „Sie wissen doch, dass Sie zu groß dafür sind! Die ist nur für Kinder. Sie haben Glück, dass wir Sie auf einem Schwimmreifen im Pool treiben lassen." Aber niemand sagte ein Wort. Ich saß oben auf der Rutsche und schob mich weiter nach vorn an die Kante ... und rutschte schließlich los und kicherte und glückste die ganze Zeit über, bis ich unten ankam.

Ich landete und tauchte unter. Mein Haar wurde komplett nass (das hatte ich beim Treibenlassen noch irgendwie verhindern können). „Dann kann ich auch gleich noch mal rutschen!", dachte ich. Aber dieses Mal war ich schon selbstbewusster. Als ich oben auf der Rutsche nach vorn an die Kante rückte, hob ich meine Hände über den Kopf. Großer Fehler! Ich war genauso aus dem

Häuschen wie beim ersten Mal und landete mit großem Spritzer im Wasser. Als ich wieder auftauchte, schienen die beiden Mitarbeiter zu lachen und sich zu freuen – und auch ein wenig peinlich berührt zu sein? Mit weit aufgerissenen Augen beobachteten sie, wie ich aus dem Pool stieg. Zu meinem Schrecken stellte ich plötzlich fest, dass sich auf dem Weg nach unten ein winziges Problem mit meiner Badekleidung ergeben hatte! Ich sah mich um, ob sonst noch jemand etwas bemerkt hatte. Puh, niemand. Oder zumindest taten alle so, als hätten sie nichts gesehen.

Um weiterer Missgeschicken aus dem Weg zu gehen, sagte ich mir, dass zwei Rutschpartien reichten und machte mich auf den Weg zu meiner Badeliege. „Zurück zu meinem Buch", beschloss ich. Vielleicht war es jetzt an der Zeit für den Glücklichmacher Entspannung. Genug gespielt für heute.

„Spielen zu können, ist ein glückliches Talent."
– *Ralph Waldo Emerson*

Zumindest als Frauen reden wir nicht viel über das Spielen, obwohl das gut wäre. Oder noch besser: Wir sollten es einfach tun. Männer spielen häufiger. Selbst erwachsene Männer spielen Basketball zusammen oder sind im Fußballverein. Sie schwingen den Golfschläger oder spielen sogar Playstation. Und auch beim „Raufen" denkt man typischerweise eher an Jungs und Männer als an Mädchen und Frauen. Aber Studien zeigen, dass Spielen aus verschiedenen Gründen wichtig für unser Wohlbefinden ist – unter anderem auch, um mehr Glück zu erleben. Dr. Alan Krueger von der Princeton University belegte sogar, dass wir bei Freizeitaktivitäten am allerglücklichsten sind.[24] Aber in unserer Gesellschaft ist der Fokus so übermäßig auf Arbeit und Leistung gerichtet, dass Spiel und Vergnügen erst sehr weit unten auf der Prioritätenliste der meisten Frauen steht – wenn überhaupt.

Psychologen stellen seit Langem fest, dass Jungen und Män-

---

24 Alan Krueger: „Are We Having More Fun Yet? Categorizing and Evaluating Changes in Time Allocation", *Brookings Papers on Economic Activity* 2, (2007), http://www.brookings.edu/~/media/projects/bpea/fall%202007/2007b_bpea_krueger.pdf.

ner Beziehungen meist Seite an Seite beim Spielen eingehen. Ob beim Raufen (man sieht nur sehr wenige Mädchen, die das tun!) oder bei einer spontanen Basketballpartie oder Schulter an Schulter vor der Playstation – für Männer ist das die natürliche Art, um in Kontakt kommen. Frauen dagegen knüpfen im direkten Gegenüber Beziehungen. Wir wollen reden, zuhören und uns mitteilen. Je besser wir uns wahrgenommen fühlen, desto leichter fällt es uns, in Kontakt zu kommen. Das heißt aber nicht, dass wir nicht spielen sollten. In unserer Zeit ist das vielleicht sogar wichtiger als je zuvor, weil Spiel und Spaß unseren ständigen Gedanken eine Pause gönnen. Wenn wir voll bei der Sache sind, gehen wir darin auf und vergessen vorübergehend all unsere anderen Verpflichtungen. Man kann nicht spielen und gleichzeitig andere Sachen erledigen.

In unserer heutigen Zeit sind wir fast besessen von dem Zwang zu arbeiten und in allem Ergebnisse zu produzieren. Aber beim Spielen geht es nicht um Ergebnisse. Spielen ist ein Wert in sich. Es geht um das Tun. Zu spielen baut Stress ab und setzt Kreativität frei, wenn wir aus reiner Lust an der Freude dabei sind.

WARUM SPIELEN UNS GLÜCKLICH MACHT

Was wir spielen, sagt vielleicht mehr über unseren Charakter aus, als was wir arbeiten. Wir entscheiden, was wir spielen, aufgrund unserer ureigensten Interessen und Motivationen, während unsere Arbeit nicht immer davon abhängt, was wir in einem bestimmten Augenblick machen wollen. Was Spiel und Spaß bedeuten, mag für Sie ganz anders aussehen als für mich – und umgekehrt. Daher lernt man viel über eine Frau anhand dessen, was sie aus reinem Vergnügen tut. Genauso kann man viel daran ablesen, ob sie *überhaupt* irgendetwas aus reiner Freude tut. Folgendes bewirken Spiel und Spaß:

- Sie gönnen unseren Gedanken eine Pause, indem sie uns aus einer stressigen Welt herausführen, in der es vor allem um Effektivität und Ergebnisse geht, und uns Erlebnisse verschaffen, bei denen es nur um das reine Tun geht.

- Spielen verschafft uns eine Möglichkeit, unserer Persönlichkeit Ausdruck zu verleihen.
- In Gemeinschaft mit anderen fördert das Spiel authentische Beziehungen.
- Sie machen uns frei, den Stress und die Sorgen des Alltags hinter uns zu lassen und uns ganz auf die Aktivität vor uns zu konzentrieren.
- Sie können eine Verbindung zu unserem inneren Kern wiederherstellen – zu unseren Begabungen, Leidenschaften und Talenten.
- Spielen macht Spaß!

VERSCHIEDENE ARTEN DES SPIELENS

Im Institut des Spielforschers Dr. Stuart Brown werden sieben verschiedene „Arten des Spielens" unterschieden.[25] Vielleicht hilft es Ihnen, sie zu kennen, damit Sie mehr Spiel in Ihren Alltag integrieren können.

AUFEINANDER ABGESTIMMTES SPIEL

Darunter versteht man spielerische Interaktionen wie die zwischen Mutter und Säugling. Die Mutter sieht ihrem Baby in die Augen und das Baby reagiert mit einem Lächeln. Die Mutter lächelt zurück und das Baby reagiert mit Babysprache. Es entsteht ein Rhythmus und bildgebende Verfahren würden zeigen, dass sowohl beim Baby als auch bei der Mutter der rechte Teil der Hirnrinde aktiviert ist.

SPIEL MIT OBJEKTEN

Dabei geht es um Spiele, die um Objekte kreisen. Sie erregen typischerweise unsere Neugier. Ein Mädchen spielt mit seiner Puppe

---

25 Stuart Brown: „Play Science – The Patterns of Play", Website des National Institute for Play, www.nifplay.org.

oder Gummitwist mit seinen Freundinnen, Erwachsene spielen Billard oder stellen Schmuck her: Objekte helfen bei der Weiterentwicklung des Gehirns.

SOZIALES SPIELEN

Vom Raufen und Kitzeln bis zum Hin und Her in einer lockeren Unterhaltung: Beim sozialen Spiel geht es um Kommunikation und Zusammengehörigkeit.

FANTASIE- UND ROLLENSPIELE

Kinder sind Meister darin, so zu tun als ob. Sie können sich stundenlang Geschichten mit ihren Spielfiguren ausdenken. Unsere Fantasie spielen zu lassen, ermöglicht es uns, uns Chancen zu erträumen, mit unseren Kindern zu spielen oder uns bei Karaoke die Seele aus dem Leib zu singen und so zu tun, als wären wir Superstars.

NARRATIVES SPIELEN

In der frühen Kindheit lernen wir ganz entscheidend anhand von Geschichten die Welt zu verstehen. Geschichten zu erzählen und unser Leben erzählend in Worte zu fassen, möglichst mit humorvollen Wendungen, ist eine wunderbare Art des Spielens.

KREATIVES SPIELEN

Ich nenne diese Form Freispiel. Egal, ob wir unsere Kreativität durch Musik, Malerei, Fotografie oder Gesellschaftsspiele ausleben – im kreativen Spiel verlassen wir gewohntes Terrain.

SPIELEN LERNEN

Ich wünschte, ich könnte behaupten, Spielen gelänge mir kinderleicht. Ich liebe es, aber ich muss es mir vornehmen. Sonst nimmt meine ernsthafte Seite überhand. Ich habe zudem einen trockenen Humor – manchmal so trocken, dass die Leute es nicht einmal merken, wenn ich einen Witz mache. Ich erinnere mich, dass meine Eltern einmal völlig aus dem Häuschen waren, als ich mit ungefähr sieben Jahren durch ein Hotelzimmer hüpfte. Ich weiß nicht mehr genau, weshalb ich hüpfte – vielleicht freute ich mich einfach, dass wir nach Deutschland gezogen waren. Wir waren gerade angekommen und hatten noch nicht einmal eine Wohnung, deshalb übernachteten wir in dem Hotelzimmer. Als ich spontan durchs Zimmer hüpfte, sahen sie sich überrascht an, als wollten sie sagen: „Sieh an, sie ist doch ein Kind! Sie hüpft! Das ist der Beweis." Sie machten so einen Wirbel darum, dass ich mir schon überlegte, ob ich hin und wieder einfach mal ohne Grund hüpfen sollte, nur um sie zu beruhigen.

Die Überraschung meiner Eltern hatte ihre Gründe. Meine Mutter erzählt gern die Geschichte von einem Ausflug mit Familie und Freunden zu Disney World. Ich war damals fünf und offenbar das einzige Kind, das sich nicht freute, als Micky Maus und seine Freunde vorbeiliefen. Die anderen Kinder hüpften vor Begeisterung herum und schrien: „Mommy, da ist Micky Maus! Und Donald Duck! Guck mal!" Ich dagegen traute dem Braten nicht. „Das ist nicht Micky", sagte ich abgeklärt über Disneys Versuch, mich mit Kostümen von Micky und seinen Freunden hinters Licht zu führen. „Guck dir mal die Beine von Micky an – das sind *Menschenbeine!*", sagte ich zu meiner Mutter. „Das ist nicht der echte Micky!" Ich war noch Kind genug, um zu glauben, dass Micky tatsächlich existierte. Aber diese Disneyfigur da vor mir? *Die war nie und nimmer echt!*

Zu viel denken steht unserer Fähigkeit zu spielen ganz klar im Weg.

Für manche von uns ist das Spielen etwas ganz Natürliches, andere müssen es lernen. Wenn Sie Kinder haben, ermutige ich Sie, Ihre Kinder spielen zu lassen. Feuern Sie sie an. Spielen Sie mit. Seien Sie ein gutes Vorbild und zeigen Sie ihnen, dass Sie Spaß haben und albern sein können. Sehen Sie nicht alles verbissen, sondern machen Sie Quatsch zusammen. Lachen Sie über sich selbst, wenn Sie Fehler machen. Zeigen Sie ihnen

Ihre spielerische Seite. Und überlegen Sie, ob Sie sie bei einem Mannschaftssport oder irgendeiner Form von Gemeinschaftsspiel anmelden, wo sie lernen können, zusammen mit anderen zu spielen.

TUN SIE ETWAS, DAS SIE GLÜCKLICH MACHT (SIE MÜSSEN GAR NICHT GUT DARIN SEIN)

Das Beste am Spielen ist, dass es nicht darum geht, gut zu sein. Es geht um den Spaß. Es geht um das Erlebnis. Also legen Sie los. Fangen Sie an zu malen. Niemand sagt, dass Sie Picasso werden müssen. Malen Sie schlecht. Und haben Sie Spaß dabei!

Sie schaffen es nicht zur Chorprobe im Kirchenchor, singen aber gern? Halten Sie sich nicht zurück. Singen Sie! Singen Sie laut. Genießen Sie es. Haben Sie Spaß.

Sie haben kein Rhythmusgefühl, aber tanzen gern? Völlig in Ordnung. Tanzen Sie sich die Seele aus dem Leib! Lassen Sie Ihre Gefühle raus.

Beim Spielen geht es darum, sich auszudrücken, nicht beurteilt zu werden. Studien zeigen, dass kreativer Ausdruck wie etwa Gesang positive Auswirkungen auf die Gesundheit haben kann. Eine Studie aus dem Jahr 1998 hat belegt, dass Bewohner eines Seniorenheims, die einen Monat an einem Gesangsprojekt teilnahmen, weniger Ängste und Depressionen hatten. Singen kann ähnliche psychologische Auswirkungen haben wie Sport, es kann Endorphine freisetzen und die Durchblutung fördern, was sich wiederum positiv auf unsere Stimmung auswirkt.

Dem britischen Wirtschaftswissenschaftler George MacKerron von der London School of Economics zufolge sind dies die sechs größten Glücksfaktoren:

1. Sex
2. Sport
3. Theater-/Konzertbesuche
4. Singen und Theaterspielen

5. Besuche von Ausstellungen/Museen/Bibliotheken
6. Hobbys/Malen/Basteln/Werken[26]

Für die Studie wurde eine iPhone-App benutzt, die sich zweimal täglich zu zufälligen Zeiten bei den Teilnehmern meldete und sie kurz zu ihrem Gemütszustand und ihrem Müdigkeitsgrad befragte. Die Studie umfasst mehr als drei Millionen Daten von 45.000 Teilnehmern. Wer während oder unmittelbar nach einer Aktivität antwortete, war auffällig glücklicher als diejenigen, die nicht aktiv waren. Ob die Teilnehmer diese Aktivität gut beherrschten, war dabei aber unerheblich. Entscheidend war nur die Tatsache, dass sie aktiv waren.

Ich spiele Tennis. Ich bin eine Niete, aber ich spiele gern. Ich hatte in meinem Leben bisher nur drei Tennispartner – und alle waren genauso schlecht wie ich. Deshalb haben wir einfach Spaß und keiner ist frustriert. Mein erster Partner, Mike, war ein Kommilitone von mir im ersten Jahr an der US Air Force Academy. Nach einem kurzen dreiwöchigen Zwischenspiel als Hooker in der Frauen-Rugby-Mannschaft wurde ich ins Tennisteam gesteckt. Das war wahrscheinlich auch gut so, denn die Rugby-Mannschaft hat in dem Jahr die Collegemeisterschaften gewonnen und irgendwie hege ich die Vermutung, mit einer 1,55 Meter kleinen und 50 Kilo leichten Offiziersanwärterin Burton im Team, die noch nie irgendeine Ballsportart gemacht hatte, wäre das nicht passiert. Ich hatte keinen blassen Schimmer, was ich zu tun hatte, und hasste die Tackles beim Rugby. Aber der Zusammenhalt war großartig.

Wie auch immer, ich orientierte mich um. In der Academy musste man eine Sportart betreiben und Mike und ich wurden dem Tennisteam der Uni zugeteilt. Keiner von uns beiden hatte je Unterricht darin gehabt – und das war auch mühelos erkennbar. Aber wir hatten unseren Spaß. Und wir trieben die anderen Doppelteams, die ein gutes Match spielen wollten, zur Weißglut. Leider haben sie uns nie verstanden.

---

26 George MacKerron/Susana Mourato: „Happiness Is Greater in Natural Environments", *Global Environmental Change* (20. Mai 2013), doi: 10.1016/j. gloenvcha.2013.03.010.

Spulen wir einmal schnell sieben Jahre vor. Ich habe Tennis-
stunden und lerne währenddessen meine Freundin Margaret
kennen. Wir spielen gegeneinander – und nur gegeneinander.
Wir bewahren unsere anderen tennisspielenden Freunde vor unseren Künsten als Neulinge. Margaret arbeitete in der Werbung
– wie ich damals auch. Zwischen den Angaben unterhielten wir
uns großartig – und wir hatten eine gute Ausrede dafür, süße
Tenniskleidung zu tragen (Ich finde es völlig in Ordnung, die
Sportart nach der Kleidung auszusuchen. Schöne Kleidung sorgt
für mehr Spaß. Diese Theorie beruht allerdings auf keiner Studie,
sondern lediglich auf persönlichen Mutmaßungen.)

Jahre später fing ich erneut mit Tennis an und spielte gegen
meine Freundin und Nachbarin Cheryl. Wir spielten meist auf
dem Platz, der nur wenige Gehminuten entfernt lag. Ich wurde
etwas besser, aber ehrlich gesagt habe ich nie Tennis gespielt,
um ein Tennismatch zu gewinnen. Ich erwarte nicht einmal zu
„gewinnen" und es ist mir auch egal. Ich übe nicht, ich spiele
einfach. Es macht mir schlicht Spaß, über den Platz zu rennen
und zu versuchen, diesen Ball zu treffen. Ich habe mir die Erlaubnis gegeben, niemals gut darin zu werden. Und das ist völlig
in Ordnung für mich. Es gibt jede Menge Dinge, in denen es
mir wichtig ist, gut zu sein, aber es ist auch nett, mal nicht den
Druck zu verspüren, gute Ergebnisse zu liefern, zu gewinnen,
gut auszusehen. Das einzige Ziel beim Tennis ist es für mich,
Spaß zu haben.

Wie geht es Ihnen mit diesem Thema? Was würden Sie gern
spielen oder machen, wenn Sie nicht gut darin sein müssten? Das
kann Kunst oder Musik oder Sport sein. Tun Sie es aus reinem
Spaß an der Freude.

WELCHES HOBBY HABEN SIE?

Am leichtesten können wir Spiel und Vergnügen durch ein Hobby in unserem Alltag verankern. Haben Sie eins? Wann haben Sie
es zum letzten Mal ausgeübt? Ich mache Schmuck und schminke
mich gern. Mädchenhobbys, ich weiß. Aber so bin ich halt. Eines
Tages habe ich festgestellt, dass ich mich gerne schminke – vor

allem, wenn ich mir Zeit dafür nehmen kann. Ich besitze tonnenweise Schminke. Ich kaufe mir Bücher von Make-up-Künstlern und bin fasziniert, was sie alles zaubern können. Ich habe als Teenager angefangen, mit Schminke zu experimentieren. Es hat mir damals schon Spaß gemacht und auch wenn ich heute ganz sicher nicht mehr zu den Teenagern zähle, experimentiere ich immer noch gern damit herum. Ich finde, Schminken ist eine Kunstform wie Malen oder Zeichnen. Die Leinwand ist nur eben mein Gesicht.

Wenn ich also Zeit habe, schminke ich mich zum Vergnügen. Ich probiere neue Farben aus, befolge Anleitungen aus meinen Schminkbüchern und wenn ich fertig bin, wasche ich alles wieder ab. Ich schminke mich nur zum Spaß. Ihr Hobby kann eine ganz persönliche Leidenschaft sein. Hauptsache es erregt Ihre Neugier, macht Ihnen Spaß und artet nicht in Arbeit aus.

ARBEIT ALS SPIEL

Angesichts meiner Bemerkung, in unserer Kultur sei das Spielen häufig nicht sehr hoch angesehen, weil nichts dabei „produziert" werde, klingt der Vorschlag, Arbeit als Spielen zu betrachten, natürlich kontraproduktiv. Aber es gibt Menschen, für die ist ihre Arbeit wirklich Vergnügen. Sie lieben so sehr, was sie tun, dass sie es auch tun würden, wenn sie dafür kein Geld bekämen. Ein Freund von mir hat in den 90er-Jahren eine erfolgreiche Modelinie gestartet und bezeichnet seine Arbeit immer als Vergnügen. „Ich arbeite nicht", erzählte er mir. „Ich vergnüge mich." Das heißt nicht, dass es keine Abgabetermine und keinen Stress gibt, aber wenn sich die Kernaufgaben unserer Arbeit wie Vergnügen anfühlen, verändert das unser Leben.

Laut einer Studie des Gallup-Instituts haben Menschen, denen es beruflich gut geht, die täglich ihre Stärken ausleben können, eine doppelt so hohe Wahrscheinlichkeit, dass es ihnen insgesamt im Leben gut geht.[27] Wenn Ihre Arbeit kein Vergnügen ist und Sie weiterhin arbeiten wollen, ermutige ich Sie, darüber nachzuden-

---

27 Tom Rath: *Well Being: The Five Essential Elements.* New York: Gallup Press, 2010.

ken, wie Ihre Arbeit mehr zum Vergnügen werden könnte. Was müssten Sie ändern?

WECKEN SIE DIESEN GLÜCKLICHMACHER!

- Erlauben Sie sich selbst, irgendetwas nur zum Spaß zu machen, ohne dass Sie gut darin sind, einfach weil Sie es gern tun. Singen Sie, tanzen Sie, spielen Sie Gitarre, fangen Sie an, Golf zu spielen! Tun Sie es aus reinem Vergnügen.
- Nehmen Sie sich Zeit zum Spielen. Wertschätzen Sie das Erlebnis zu spielen, ohne den Druck zu verspüren, Ergebnisse produzieren oder effektiv sein zu müssen.
- Entspannen Sie sich und entdecken Sie Ihre spielerische Ader – im Gespräch, in Beziehungen, im Leben.
- Üben Sie Ihr Hobby regelmäßig aus. Wenn Sie keins haben, finden Sie eins.

Sechs Freundinnen, die Sie brauchen

....

Nachdenkenswertes

- Studien zeigen, dass es hilfreich ist, verschiedene Arten von Freunden zu haben und sich nicht darauf zu verlassen, dass ein oder zwei all Ihre Bedürfnisse erfüllen.
- Statistisch gesehen überdauern die Beziehungen zu Ihren Freundinnen Ihre Ehe, die Beziehung zu Ihren Eltern und die zu Ihren Kollegen.
- Wenn weniger als 15 Prozent der Frauen in einer Firma Führungspositionen innehaben, beginnen die Frauen laut einer Studie miteinander zu konkurrieren und hinterhältig zu werden. Befinden sich dagegen mehr als 15 Prozent der Frauen in Entscheidungspositionen, arbeiten sie zusammen.

....

Gesprächseinstiege

- Verlassen Sie sich nur auf eine einzige gute Freundin? Wie könnten Sie ein paar weitere enge Freundschaften pflegen?
- Weshalb wetteifern manche Frauen mit anderen Frauen, aber nicht mit Männern?
- Was können Sie tun, damit Frauen sich öffnen, und wie können Sie in Ihrem Umfeld für tiefere Beziehungen untereinander sorgen?

HABEN SIE DEN RICHTIGEN FREUNDESMIX?

Nicht jede Freundin deckt alle unsere Bedürfnisse ab. Manche decken mehr als eins ab, aber kaum eine kann alle abdecken! Sechs Arten von Freunden, die jede Frau braucht:

Die kluge Freundin. Sie können sich darauf verlassen, dass Sie Ihnen eine Dummheit ausredet, die Sie später bereuen würden, sie Ihnen aus einem Dilemma hilft und Ihnen zu fast allen Themen einen klugen Rat gibt.

Die Freundin, mit der man Spaß haben kann. Wollen Sie sich vergnügen, ein Abenteuer erleben oder lachen, bis die Hütte brennt? In dieser Hinsicht ist auf diese Freundin immer Verlass.

Die Reisefreundin. Sie ist unprätentiös, anpassungsfähig, vielleicht sogar ein wenig abenteuerlustig und will die Welt sehen.

Die Beziehungsberaterin. Sie ist offen, transparent, ehrlich und kann zuhören. Sie hat in Sachen Liebe und Beziehung einiges auf dem Kasten und es ist ihr ein ehrliches Anliegen, Sie in Liebesdingen glücklich zu sehen.

Die Berufskollegin. Sie haben einen ähnlichen Hintergrund, ähnliche berufliche Ziele und spornen sich gegenseitig zu größerem Erfolg in Ihrer Karriere an.

Die Freundin, die Sie zur Verantwortung zieht. Diese Freundin hilft Ihnen, Ihr Potenzial auszuleben und am Ball zu bleiben.

Und jetzt wechseln wir einmal die Seiten. Denken Sie an Ihre vier besten Freundinnen. Welche Art von Freundin sind Sie für diese vier?

Entspannung

Warum Frauen sich mehr Sorgen machen als Männer ... und was Sie dagegen tun können

Entscheidung
„Ich schlafe, mache Pausen und akzeptiere die Umstände."

A m Abend, bevor mein Vater am offenen Herzen operiert wurde, übernachtete ich bei ihm, um ihn früh am nächsten Morgen ins Krankenhaus zu fahren. Bei einer Routineuntersuchung hatte man einige Wochen zuvor Unregelmäßigkeiten im Herzrhythmus entdeckt und ihn zu weiteren Untersuchungen geschickt, bei denen herauskam, dass sich seine Arterien zwar „in hervorragendem Zustand" befanden, eine aber falsch positioniert war. Sie führte an die falsche Stelle! Die Ärzte waren über sein Alter erstaunt und erklärten, dieser seltene Defekt führe in den meisten Fällen schon im Kindesalter zum Tod. Dass er als Kind unbeschadet Sport getrieben und fast ein Vierteljahrhundert bei der Armee gedient hatte, war ein Wunder. Um seine Lebenserwartung zu verlängern, war nun aber ein korrigierender Eingriff nötig.

Man gab uns eine DVD mit einem Film über die bevorstehen-

de Prozedur, die ich mir am Vorabend seiner OP aufmerksam an-
sah. Sie versetzte mich in Panik! Die Ärzte würden das Herz meines Vaters anhalten und mit einer speziellen Säge das Brustbein
durchtrennen. Ich hatte gedacht, es wäre eine gute Idee, mir als
verantwortungsbewusste Tochter den Film anzusehen. In Wahrheit machte ich mir jetzt nur umso größere Sorgen.

Ich verließ mein Zimmer und lief ins Wohnzimmer, um nach-
zusehen, wie mein Vater sich fühlte.

„Hi Dad", sagte ich und versuchte so gelassen wie möglich zu
klingen. „Wie fühlst du dich, wenn du daran denkst, was dir bevorsteht?"

„Wie ich dir schon gesagt habe", erklärte er nüchtern, „glaube
ich nicht, dass Gott mich mit diesem Herzfehler bis hierher gebracht hat, nur um mich genau dann zu sich zu holen, wenn die
Ärzte ihn entdecken und etwas dagegen unternehmen."

„Dir ist aber schon klar, was sie morgen mit dir anstellen werden, oder?", fragte ich und dachte daran, welch schwerwiegender
Eingriff ihm bevorstand, wie ich gerade in dem Film gelernt hatte.

„Ja, ja, doch, das ist mir klar", sagte er.

„Ich habe mir gerade den Film angesehen. Wusstest du, dass
sie dein Herz ruhigstellen und deinen Brustkorb auf-", begann
ich.

„Ja, ich weiß, ich weiß", fiel er mir mitten im Satz ins Wort.
„Darüber muss ich gar nicht alles wissen. Ich weiß nur, dass ich
die Operation gut überstehen werde."

Daraufhin beendete ich meine Fragerei und ging schlafen. Er
war ruhig. Ich nicht. Seit wir drei Wochen zuvor erfahren hatten,
dass er operiert werden musste, malte ich mir die schlimmsten
Szenarien aus. Ich hatte ihm nichts davon erzählt, aber ich hatte
an all die tollen Gespräche gedacht, die ich mit meinem Vater
geführt hatte. Mich befiel der Gedanke, dass es möglicherweise
zu weiteren nicht kommen würde. Ich dachte darüber nach, wie
ich wohl damit umgehen würde, wenn die OP danebenging. Und
ich fragte mich, wie um Himmels willen die Ärzte ein Herz anhalten und wieder zum Schlagen bringen konnten. Ich malte mir
aus, dass die Ärzte einen wichtigen Schritt vergaßen oder einen
Fehler machten.

Sie ahnen ungefähr, was ich durchmachte. Meine Fantasie ging mit mir durch. Ich machte mir Sorgen. Mein Vater nicht.

FRAUEN MACHEN SICH MEHR SORGEN

Studien zeigen, dass wir Frauen uns mehr Sorgen machen als Männer – sogar in ein und derselben Situation.[28] Und Sorgen beeinflussen eindeutig unsere Zufriedenheit.

Ein Mann kann die Dinge voneinander trennen. Wenn er sich morgens streitet, kann er sich tagsüber trotzdem ganz auf seine Arbeit konzentrieren und die Auseinandersetzung dann klären, wenn er nach Hause kommt. Frauen sind da ganz anders. Ein Streit am Morgen belastet sie den ganzen Tag. Gar nicht zu reden davon, wenn ein Ehepaar noch am Abend hitzig debattiert. Der Mann sagt: „Lass uns morgen weitermachen", während die Frau darauf beharrt weiterzureden, bis die Sache geklärt ist. „Wie soll ich schlafen, solange mich das noch beschäftigt?", schleudert sie ihm entgegen. Aber er dreht sich auf die Seite und schläft ein. Sie dagegen liegt hellwach im Bett, grübelt über jedes Wort nach, das in der Diskussion gefallen ist, und wird immer wütender, während er neben ihr lauthals schnarcht.

Angstzustände sind in den USA auf einem Allzeithoch. Laut National Institut of Mental Health leiden 28 Prozent der Amerikaner unter einer Angststörung, wobei die Wahrscheinlichkeit dafür bei Frauen um 60 Prozent höher ist als bei Männern. In Deutschland leiden 25 Prozent aller Menschen mindestens einmal im Leben unter einer Angststörung; auch hierzulande sind Frauen deutlich häufiger betroffen als Männer.[29] Interessanterweise sagen Forscher, dass sich Mädchen und Frauen – vom Kindergarten bis zum Seniorenalter – grundsätzlich mehr und größere Sorgen machen als Jungen und Männer. Frauen neigen auch dazu, sich die Risiken stärker vor Augen zu führen und ängstlicher zu werden als Männer.

---

28 Andrea Thompson: „Why Women Worry So Much", *Live Science*, 28. September 2007, http://www.livescience.com/9535-women-worry.html.

29 http://de.statista.com/statistik/daten/studie/182616/umfrage/ haeufigkeit-von-angststoerungen.

Die Forscher nennen einige Gründe dafür, dass Frauen sich häufiger Sorgen machen. Einer ist, dass Frauen generell eine höhere emotionale Intelligenz haben als Männer. Wir spüren jede Emotion intensiver, egal, ob wir beschwingt sind oder Angst haben. Man vermutet, dass Geschlechtshormone wie Östrogen und Progesteron bei Angstgefühlen eine Rolle spielen, und diese Hormone finden sich in höheren Konzentrationen bei Frauen. Zwei Studien der University of California zeigen, dass Frauen eher dazu neigen anzunehmen, dass Erlebnisse der Vergangenheit für die Zukunft bestimmend sind. Wenn wir eine ähnliche Situation aus der Vergangenheit kennen, die negativ endete, glauben wir eher als Männer, dass sich dasselbe Ergebnis wiederholt.

Folgt man diesem Gedankengang, lässt sich mit einiger Sicherheit sagen, dass die Nachrichten oder Wiederholungen von *Psycho* im Fernsehen mehr Ängste in Frauen wecken als in Männern. In unserer Medienkultur, in der es vor negativen Bildern und Ereignissen nur so wimmelt, ist es wenig verwunderlich, dass Frauen Ängste mit sich herumtragen.

SIND FRAUEN HEUTE ÄNGSTLICHER ALS 1972?

Sehen wir uns noch einmal die erwähnte Studie an, die belegt, dass Frauen heute weniger glücklich sind als Anfang der 1970er-Jahre, während Männer sich zunehmend zufriedener wähnen. In Bezug auf das Sorgenmachen kann man getrost behaupten, dass Frauen heute auch weitaus mehr vorfinden, das sie besorgt stimmen könnte. Vor vierzig Jahren ging nur eine Minderheit der Frauen einer außerhäuslichen Beschäftigung nach. Heute ist das die Mehrheit – und eine Fülle zusätzlicher Pflichten gehört dazu. Frauen sehen sich höheren Erwartungen ausgesetzt, allem gerecht zu werden. Bist du gut genug? Tust du genug? Bist du attraktiv genug? Reich genug? Intelligent genug? Dazu kommen die landes- und weltweiten Sorgen, die die Nachrichten derzeit beherrschen – Kriege, Terrorismus, globale Erwärmung, Naturkatastrophen und wirtschaftliche Unsicherheiten beispielsweise. Selbst wenn man nicht bewusst viel darüber nachdenkt, sind sie Teil der gesellschaftlichen Debatte.

Zudem sind wir Frauen häufig Beziehungsmenschen. Wir fühlen uns verantwortlicher für andere. Frauen haben heutzutage ein größeres Umfeld, um das sie sich Gedanken machen. Wir stehen heute nicht nur mit Familie und Nachbarn in Beziehung, sondern auch mit Kollegen. Sie haben heute aller Wahrscheinlichkeit nach über die sozialen Netzwerke mit weitaus mehr Menschen zu tun als die Frauen vor vierzig Jahren. Und dank all der rund um die Uhr verfügbaren Nachrichten, Internetdienste, Smartphone-Apps und weitaus mehr Fernsehsendern als 1972 wissen wir viel besser Bescheid über alles, was in der Welt passiert.

Gerade kürzlich erst habe ich die App eines renommierten amerikanischen Medienhauses wieder gelöscht, weil sie mir dauernd Eilnachrichten aufs Handy schickte. Diese Eilnachrichten blinkten alle paar Stunden wie eine SMS auf meinem Display auf. Das Problem daran? Es waren selten echte Eilnachrichten. Meist waren sie aber ziemlich niederschmetternd. Es konnte also passieren, dass ich gerade irgendetwas Schönes unternahm und sich genau dann mein Handy mit irgendeiner schlechten Nachricht meldete. Das brauche ich nicht. Und Sie auch nicht.

WENN DAS CHAOS TOBT, ENTSPANNEN SIE SICH

Wir können den Wandel der Zeiten nicht verändern, aber wir können bestimmen, wie wir darauf reagieren. Egal, wie viele Verpflichtungen Sie haben oder wie überlastet oder gestresst Sie sich fühlen, Entspannung kann positive Gefühle und Zufriedenheit wecken. Und sie hat noch einen Zusatzeffekt: eine höhere Produktivität. In einem Artikel in der New York Times wies der Autor unter dem Titel „Relay! You'll be More Productive" (Auf Deutsch etwa: „Entspannen Sie sich! Dann schaffen Sie mehr") darauf hin, dass immer mehr Studien belegen, dass eine „bewusste Erholung" wie etwa ein kurzer Mittagsschlaf, mehr Nachtschlaf, häufigere Urlaube und mehr Freizeit die Produktivität, die berufliche Leistung und das gesundheitliche Wohlbefinden erhöht. Deshalb ist es überaus wichtig, dass wir lernen uns zu entspannen, und Erholungszeiten in unseren Alltag einbauen. Hier ein paar konkrete Ideen:

1. Atmen Sie durch. Tiefes Durchatmen verlangsamt den Puls, senkt den Blutdruck und verleiht uns ein Gefühl der Entspannung.

2. Haben Sie Vertrauen. Einer meiner Lieblingsverse ist Römer 8,28, in dem es heißt: „Das eine aber wissen wir: Wer Gott liebt, dem dient alles, was geschieht, zum Guten. Dies gilt für alle, die Gott nach seinem Plan und Willen zum neuen Leben erwählt hat." An diesen Vers halte ich mich, wenn ich mir Sorgen mache, dass irgendetwas nicht so läuft, wie ich es gern hätte. Ohne Vertrauen können wir nicht entspannen.

3. Legen Sie Ihren Perfektionismus ab. Nur wenige Angewohnheiten können unsere Fähigkeit, uns zu entspannen und das Leben zu genießen, stärker beeinträchtigen als unser Perfektionismus. Für eine Perfektionistin ist nichts jemals so, wie es sein sollte – und sollte das für einen Augenblick doch mal zutreffen, befürchtet sie sofort, dass es nicht so bleiben wird. Erlauben Sie sich und anderen, Mensch zu bleiben. Überwinden Sie Ihren Perfektionismus.

4. Nutzen Sie Nachrichten nicht zur Unterhaltung. Wir könnten Nachrichten auch gleich „schlechte Nachrichten" nennen. Ich will damit nicht sagen, Sie sollten keine Nachrichten mehr sehen. Es ist wichtig zu wissen, was in der Welt so los ist. Vermeiden Sie nur die Überdosis. Was wir Nachrichten nennen, sind heute zum großen Teil in Wahrheit nur Expertenmeinungen und Mutmaßungen und uns daran aufzuhängen, kann unseren Stresspegel gewaltig erhöhen, uns aufwühlen oder verärgern.

5. Gönnen Sie sich Erholung. Es führt kein Weg daran vorbei: Wir brauchen acht Stunden Schlaf. Mindestens sieben. Weniger oder deutlich mehr kann uns auf die Stimmung schlagen, unsere geistige Aufnahmefähigkeit und unser Immunsystem beeinträchtigen und sich auf unser Gewicht auswirken. (Mehr darüber gleich.) Studien zeigen, dass Schlaf quasi unser täglicher Reset-Schalter ist, der den Stress des vorausgegangenen Tages löscht. Er macht reinen Tisch. Aber wir schlafen kontinuierlich immer weniger.

Ist das möglicherweise ein weiterer Faktor, der unsere Zufriedenheit beeinträchtigt? Eine Studie der *National Sleep Foundation* (zu Deutsch etwa: „Nationale Stiftung zur Förderung des Schlafs") belegte, dass Frauen zwischen 30 und 60 Jahren an Werktagen durchschnittlich sechs Stunden und 41 Minuten schlafen. Die Stiftung wies 2005 darauf hin, dass Frauen häufiger unter Schlafstörungen und der in der Schlafforschung sogenannten „Tagesschläfrigkeit" leiden.

6. Planen Sie Pausen ein. Unser Gehirn braucht Erholung. In anderthalbstündigen Intervallen zu arbeiten ist effektiver, als durchzuarbeiten. Planen Sie daher Ihre Pausen in 90-minütigen Abständen ein. Wir sind produktiver und weniger stressanfällig, wenn wir uns kleine Auszeiten gönnen. Immer größere berufliche Ziele zu erreichen, zehrt an den Kraftreserven. Es ist hilfreicher, Pausen einzuplanen, die uns erlauben, unsere inneren Batterien aufzuladen und die in der Psychologie sogenannte „Zieldepression" zu vermeiden.

7. Ab in den Urlaub und nichts tun. In einem Artikel der *New York Times* wurde eine Studie zitiert, die das Wirtschaftsprüfungsunternehmen Ernst & Young unter seinen Angestellten durchgeführt hat. Man fand heraus, dass die Leistung am Jahresende pro zehn Stunden zusätzlichem Urlaub unterm Strich um acht Prozent höher war. Wer häufiger Urlaub machte, verließ zudem seltener das Unternehmen. Ein Tapetenwechsel und Erholung von den alltäglichen Pflichten sind wichtige Zutaten für unsere Zufriedenheit.

8. Machen Sie Urlaub zu Hause. Wann hatten Sie das letzte Mal die Chance zum Nichtstun? Warum nehmen Sie sich nicht einen oder zwei Tage – oder sogar eine ganze Woche! – genau dafür frei? Sie werden mit Vorfreude belohnt und mit der Gelegenheit, sich zu entspannen. Diese einfache Übung kann zur lohnenswerten Gewohnheit werden.

9. Denken Sie über das Positive nach, nicht über das Negative. Sich Sorgen zu machen ist eine Form von Meditation – der Meditation über das, was schiefläuft. Denken Sie stattdes-

sen lieber über das nach, was vielleicht gut läuft und schön ist.

10. Nehmen Sie Hilfe in Anspruch. Vielleicht fragen Sie sich, wie um Himmels willen Sie die Zeit finden sollen, um sich freizunehmen, sich Gedanken zu machen oder sich zu entspannen. Sie haben Kinder oder versuchen ein Unternehmen zu führen. Gute Frage. Die Lösung könnte sein, jemanden um Hilfe zu bitten. Wer kann Ihnen helfen, sich einmal eine Pause zu gönnen? Bitten Sie um Hilfe – und sei es nur für eine Stunde oder einen Nachmittag. Und dann nehmen Sie sich die Zeit, um auszuspannen.

SCHLAFEN SIE GENUG ZUM GLÜCKLICHSEIN?

Wachen Sie morgens schlecht gelaunt auf? Gehören Sie zu denen, die fünfmal die Schlummertaste ihres Weckers drücken? Laut einer Studie der Duke University wachen Frauen weitaus missgelaunter auf als die Herren der Schöpfung. Und Frauen brauchen laut Schlafforschung tatsächlich weitaus mehr Schlaf und leiden körperlich und geistig stärker darunter, wenn sie gezwungen sind, mit weniger auszukommen. Laut amerikanischer Gesundheitsbehörde klagen Frauen 50 Prozent häufiger als Männer über Müdigkeit und Erschöpfung. Interessanterweise sind es bei Ehepaaren vor allem die Männer, die ihrer Partnerin den Schlaf rauben (vor allem durch lautes Schnarchen, richtig?).

Offenbar führt der Schlafmangel bei Frauen auch zu einem höheren Risiko, an Herzerkrankungen, Depression und psychischen Problemen zu leiden. Die Gesundheit der Männer scheint dagegen weitaus weniger von Schlafmangel in Mitleidenschaft gezogen zu werden. Männer mit Schlafstörungen haben kein höheres Risiko, an diesen Krankheiten zu leiden.

Wenn Sie nur fünf oder sechs Stunden pro Nacht schlafen, testen Sie einmal einen „strategischen Mittagsschlaf". Aber achten Sie darauf, wie lange Sie schlafen. Gönnen Sie sich entweder 25 oder 90 Minuten Schlaf. Alles dazwischen macht uns nur müder.

Entspannung passiert im Kopf. Daher gibt es noch ein paar weitere Möglichkeiten, wenn Entspannung nötig ist. Es geht auch um unsere generelle Einstellung zum Leben. Viele Frauen, mit denen ich während der Recherche für dieses Buch gesprochen habe, haben das Gefühl, noch nicht angekommen zu sein. Vielleicht geht es Ihnen auch so. Irgendwie haben Sie den Zug verpasst oder Sie müssen unbedingt noch etwas erledigen oder eine Entscheidung treffen. Sie sind gefangen in der „Ich-bin-erst-glücklich-wenn"-Falle. In den nächsten Abschnitten finden Sie deshalb drei „Ich-bin-glücklich-während"-Strategien:

- Den Ist-Zustand akzeptieren.
- Gelassen werden bei Entscheidungen.
- Im Heute, nicht im Morgen leben.

DEN IST-ZUSTAND AKZEPTIEREN

Was passiert, wenn wir den Ist-Zustand akzeptieren? Wir können jede Menge Energie verschwenden, wenn wir uns gegen unsere gegenwärtige Lage stemmen. Der Ist-Zustand ist Realität. Er ist unausweichlich. Und wenn wir ihn noch so kleinreden oder uns anders wünschen. Wir können uns noch so sehr eine andere Chefin wünschen. Wir können uns noch so sehr wünschen, unser Mann würde seine schlechten Angewohnheiten ablegen oder wir wären beruflich nicht abgestiegen. Der Ist-Zustand ist real. Er ist die Scheidung, die Sie nie wollten, die gesundheitlichen Probleme, die Sie belasten, und das Leben, das nicht so läuft, wie Sie es sich einst vorgestellt hatten.

Wenn Sie sich dagegen auflehnen, wie es nun einmal bei Ihnen aussieht, leugnen Sie Ihre Situation und leben in einem Zustand der Angst. Sie vergeuden Ihre Kraft dabei, Dinge beherrschen zu wollen, die Sie nicht beherrschen können. Unzählige Stunden und Tage beharren Sie darauf, dass die Situation anders aussehen sollte. Frust bricht sich Bahn. Die Wut nimmt überhand. Vielleicht halten Sie die Realität sogar unter Verschluss, um ihr nicht ins Auge blicken zu müssen. Statt anderen Ihre Enttäuschung anzuvertrauen, behalten Sie sie für sich selbst. Vielleicht versuchen Sie sogar zu beweisen, dass Ihre Situation gar nicht so, sondern ganz anders aussieht. Statt sich zu überlegen, wie Sie beruflich wieder auf einen grünen Zweig kommen können, geben Sie vor, alles wäre in Ordnung. Statt das Beste aus Ihrem Leben zu machen, solange Sie noch können, verschwenden Sie alle Energie mit dem Gejammer darüber, dass nichts so ist, wie es sein sollte. Statt einen geliebten Menschen so zu akzeptieren, wie er ist, verplempern Sie Ihre Kräfte dabei, ihn ändern zu wollen. Kurz gesagt: Sie entspannen sich nie. Sie führen Ihr Leben im Warten darauf, dass die Dinge irgendwann endlich so werden, wie Sie es wollen.

Wie wäre es, wenn Sie aufhörten, sich gegen das Unvermeidliche aufzulehnen und auf Ihre Fähigkeit vertrauten, sich der Wirklichkeit zu stellen? Was würden Sie dann anders machen? Wenn Sie Ihren Blick so verändern, wird es sich anfühlen, als würde Ihnen eine schwere Last von den Schultern genommen. Es wird sich real anfühlen. Und lassen Sie es mich deutlich sagen: Es wird auch beängstigend sein. Am Anfang. Aber wenn Sie die Wirklichkeit akzeptieren – und schließlich wirklich akzeptieren, wo Sie gerade stehen – können Sie anfangen, sich zu entspannen. Dann werden Sie den Mut aufbringen, sich Ihren größten Ängsten zu stellen, und Sie können nach vorn blicken und Schritte gehen. Sie können authentisch sein – und müssen nichts mehr leugnen oder befürchten, sondern können akzeptieren und voller Glauben und Liebe leben. Sie werfen Ihre Sorgen auf Gott und vertrauen darauf, dass tatsächlich alle Dinge zum Guten führen.

Wie sieht Ihr Ist-Zustand derzeit aus?

_____

_____

Welche Wahrheit leugnen Sie?

_____

_____

Was würde geschehen, wenn Sie den Ist-Zustand akzeptieren würden?

_____

_____

GELASSEN WERDEN BEI ENTSCHEIDUNGEN

Haben Sie inneren Frieden? Das ist eine ganz simple Frage, aber häufig stellen wir sie uns bei der Entscheidungsfindung nicht. Natürlich sind rationale Überlegungen wichtig, aber unsere Intuition ebenfalls. Ignorieren Sie Ihr Bauchgefühl nicht und betrachten Sie es nicht als zweitrangig. Das Gespür für inneren Frieden ist wie ein persönliches GPS-System, das uns in die richtige Richtung weist. Selbst wenn wir meinen, das Navi würde uns einen Umweg führen, zeigt es uns häufig in Wirklichkeit eine Abkürzung und erspart uns Zeit und Energie, die uns ein Stau aus innerem Chaos, schlechten Entscheidungen oder Schlimmerem sonst kosten würde. Selbst in den stürmischsten Situationen kann Gott uns Frieden schenken über eine Entscheidung, die wir mitten im Getöse treffen müssen. Wir fühlen dann eine innere Ruhe, selbst wenn alles um uns herum auseinanderbricht. Wenn wir innerlich Frieden spüren, können wir den Sturm gelassen überstehen und inmitten aller Schwierigkeiten Freude finden.

Wenn Sie ehrlich sind, haben Sie wahrscheinlich schon erlebt, dass Sie sich gedrängt fühlten, eine Entscheidung zu treffen, obwohl sich der innere Friede noch nicht einstellte. Woher kommt das? Die Gründe dafür haben wahrscheinlich mit Angst zu tun – der Angst, später nicht zu bekommen, was wir wollen, wenn wir jetzt keine Entscheidung treffen. Diese Angst führt dazu, dass wir das Ruder nicht aus der Hand geben. Wir wollen alle Puzzleteile sehen. Denen, die wir nicht sehen, trauen wir nicht.

Vielleicht haben wir auch Angst, dass unsere Intuition uns in die Irre führt. „Du kannst Gott doch gar nicht wirklich reden hören!", sagen unsere Zweifel. „Jetzt sei nicht albern." Statt gelassen auf unser Bauchgefühl zu vertrauen, stiefeln wir mit dem unangenehmen Gefühl voran, dass irgendetwas nicht stimmt. Angst dämpft immer unsere Zufriedenheit. Sprüche 22,3 verspricht: „Der Kluge sieht das Unglück voraus und bringt sich in Sicherheit; ein Unerfahrener läuft hinein und muss die Folgen tragen."

Angst kommt auch auf anderen Wegen ins Spiel, wenn wir vor einer Entscheidung stehen:

UNGEDULD

Haben Sie je eine Entscheidung aus Ungeduld heraus getroffen? Sie waren das Warten leid und haben einfach gehandelt. Egal ob eine alltägliche oder eine lebensverändernde Entscheidung wie Partner- oder Berufswahl ansteht – entspannen Sie sich. Seien Sie geduldig. Entscheiden Sie sich für den inneren Frieden, während Sie sich in Geduld üben. Geduld entscheidet sich nicht daran, *ob* wir warten, sondern *wie* wir warten. Wer glaubt, nur dann glücklich zu werden, wenn er seinen Willen durchsetzt, den bringt die Ungeduld dazu, Dinge unabhängig von Gottes Timing erzwingen zu wollen.

VERTRAUEN

Vertrauen hilft uns, zu entspannen. Ich sitze gerade auf einem Stuhl und bin total entspannt. Ich vertraue darauf, dass dieser Stuhl mich trägt und der Fußboden wiederum den Stuhl. Ich zweifle nicht daran. Würde ich nicht darauf vertrauen, dass der Stuhl mich hält und der Fußboden nicht gleich unter mir einbricht, könnte ich hier nicht entspannt sitzen. Genauso gilt: Wenn wir Gott vertrauen, können wir uns entkrampfen und gelassen bleiben. Wir wissen, dass er uns hält. Wir werden nie ins Bodenlose fallen. Mangelndes Vertrauen auf Gottes Führung zeigt sich dann, wenn wir Entscheidungen treffen, die nicht auf innerem Frieden beruhen. Vertrauen Sie ihm. Dann wird die Ungeduld nicht größer werden als Ihr innerer Friede.

Manche von uns verzetteln sich, weil sie die Dinge bis ins Detail durchdenken wollen. In Sprüche 3,5 lesen wir: „Verlass dich nicht auf deine eigene Urteilskraft, sondern vertraue voll und ganz dem Herrn!" Mit anderen Worten: Hören Sie auf, alles planen, erklären und dank rationaler Überlegungen immer die richtigen Entscheidungen treffen zu wollen. Zu viel Nachdenken ist ein guter Weg, um unglücklich zu werden.

Wenn eine wichtige Entscheidung ansteht, ist es immer richtig hinzuhören, ob ich darüber inneren Frieden finde. Aber dazu gehören auch geistliche Weisheit und Einsicht. Machen Sie sich locker. Werden Sie ruhig. Atmen Sie tief durch. Fragen Sie Gott um Rat. Hören Sie hin. Und dann fragen Sie sich: „Über welchen Möglichkeiten bei dieser Entscheidung spüre ich inneren Frieden?"

IM HEUTE, NICHT IM MORGEN LEBEN

Sie werden mir vermutlich zustimmen, dass es ziemlich absurd wäre, im Juli einen Wollmantel und im Schneesturm Flip-Flops zu tragen. Es sollte uns nicht wundern, wenn in einem solchen Fall jemand unsere geistige Zurechnungsfähigkeit hinterfragt. Aber Ungeduld scheint manchmal seltsame Blüten zu treiben. Gelassen im Heute zu leben, während wir uns auf das Morgen vorbereiten, braucht Vertrauen, Geduld und Weisheit. Wenn es in Ihrer beruflichen Situation gerade darum geht, Ihr Wissen und Ihre Fähigkeiten zu erweitern, um so eine gute Grundlage für die Zukunft zu legen, sollten Sie diese wunderbare Zeit nicht mit Frust darüber vergeuden, dass die Zukunft noch nicht angebrochen ist. Allzu schnell verpassen wir so die wertvollen Lektionen, die es zu lernen gibt – und vielleicht sogar Türen, die uns offenstehen, wenn wir diese Lektionen einmal gelernt haben. Wenn wir diese Zeit nicht richtig nutzen, kann es uns passieren, dass wir völlig unvorbereitet in den nächsten Lebensabschnitt stolpern.

Machen Sie sich klar, in welcher Jahreszeit Sie leben. Kleiden Sie sich angemessen. Nehmen Sie sie an. Das erspart Ihnen möglicherweise viele Ängste und hilft Ihnen, gelassen zu bleiben, statt dauernd frustriert zu warten. Warum wären wir eigentlich so oft am liebsten in einem anderen Lebensabschnitt und setzen alle Hebel in Bewegung, um der aktuellen Situation entkommen und schon die nächste Sache anpacken zu können? Häufig liegt das daran, dass wir dem Timing nicht trauen. Wir denken, Gott habe keine Ahnung von unserem Leben und wir müssten ihn auf die richtige Spur bringen. Wir verstehen nicht, dass „Fort-Schritt" wirklich voranschreiten bedeutet – und zwar nicht immer auf die schnelle, bequeme Art und Weise. Aber wenn wir wirklich darauf vertrauen, dass wir sicher in Gottes Hand geborgen sind, können wir selbst in der stürmischsten Jahreszeit gelassen bleiben. Sie wird vorübergehen. Alle Jahreszeiten gehen vorüber. Manche dauern länger als andere, aber irgendwann ändert sich das Wetter wieder.

Sind Sie für eine andere Jahreszeit angezogen als die, in der Sie gerade sind? Inwiefern? Glauben Sie, es müsste sich etwas ändern, damit Sie glücklich werden? Tragen Sie manchmal einen Wollmantel in der Sommerhitze? Vielleicht geht es in diesem Lebensabschnitt nicht darum, viel Geld auszugeben. Vielleicht geht es mehr darum, zu sparen und diszipliniert zu sein. Vielleicht ist jetzt nicht die Zeit für eine Beziehung. Vielleicht möchte Gott, dass Sie Heilung erleben und ruhig werden in seiner Gegenwart, bevor Sie ein neues Liebesglück wagen. Ich weiß nicht, was das alles für Ihr Leben bedeutet. Aber Sie wissen es. Nehmen Sie diesen Abschnitt Ihres Lebens glücklich an. Jeder hat seinen Sinn. Jeder hat seine eigenen Gründe zum Feiern. Schmähen Sie ihn nicht. Seien Sie einfach bereit, Ihre Lektion zu lernen – und seien Sie glücklich.

In welcher Jahreszeit, in welchem Lebensabschnitt befinden Sie sich gerade?

Inwiefern handeln Sie gerade der Jahreszeit nicht angemessen? Sind Sie ungeduldig oder bekämpfen das Unvermeidliche?

_____

_____

Was müsste passieren, damit Sie gelassen und zufrieden auf den Lebensabschnitt warten können, nach dem Sie sich sehnen?

_____

_____

WECKEN SIE DIESEN GLÜCKLICHMACHER!

- Planen Sie alle 90 Minuten eine Pause ein.
- Atmen Sie tief durch.
- Stellen Sie Nachrichten, Lärm und alles andere ab, das Sie unruhig macht.
- Planen Sie Urlaub zu Hause und frönen Sie dem reinen Nichtstun!
- Machen Sie sich um Entscheidungen keine Sorgen und achten Sie darauf, wann Sie inneren Frieden verspüren.
- Akzeptieren Sie, was ist, statt das Unvermeidliche zu bekämpfen.
- Beschließen Sie, glücklich zu sein, solange Sie auf den nächsten Lebensabschnitt warten – statt auf Ihr Glück zu warten, bis der nächste Abschnitt kommt.

Werden Sie locker! Sie müssen Ihr Leben nicht in Ordnung bringen

Warum Sie ruhig aufhören können, Ihr Leben zu regeln, und es lieber akzeptieren sollten, wie es ist

....

Nachdenkenswertes

- Gott zu vertrauen bedeutet nicht, darauf zu vertrauen, dass er tut, worum wir ihn bitten. Sondern ihm zu vertrauen – egal, was er tut.
- Wenn wir nicht lernen, glücklich zu sein, ohne dass alle Wünsche in Erfüllung gehen, werden wir auch nicht glücklich sein, wenn sie es am Ende tun. Denn dank „hedonistischer Adaption" glauben wir schnell, irgendetwas zu unserem Glück zu brauchen.

....

Gesprächseinstiege

- In welchen Bereichen haben Sie schon versucht, Ihr Leben auf die Reihe zu kriegen?
- Haben Sie in irgendeinem Bereich das Gefühl, „den Zug verpasst" zu haben und die verlorene Zeit wieder aufholen zu müssen?

- Wie würde es sich für Sie anfühlen, Ihre Wünsche und Sehnsüchte Gottes Willen zu unterstellen?

Laut zu beten, wenn ich allein bin, war lange Zeit nicht meine Gewohnheit. Aber eines Morgens, wenige Monate vor meinem 40. Geburtstag, fragte ich mich plötzlich: Weshalb bin ich eigentlich immer still? Außer Gott und mir ist doch niemand hier. An dem Tag war ich gerade spät dran und deshalb beschloss ich, beim Bettenmachen laut zu beten.

Ich spulte eine Litanei aus Anliegen ab, die mir Angst machten, und das klang dann ungefähr so:

„Herr, ich würde so gerne wieder heiraten. Du weißt, dass ich mir Kinder wünsche, aber, na ja, *ich werde bald 40!* Mir läuft die Zeit davon. Und nur für den Fall, dass ich bisher irgendwie nicht richtig gebetet habe, nenne ich dir jetzt einfach mal meine Herzenswünsche. In deinem Wort steht doch, wenn ich mich über dich freue, gibst du mir alles, was ‚mein Herz sich wünscht' – und ich glaube ja an dich. Ich will damit nur sagen: *Könntest du dich nicht ein bisschen beeilen und alles in Ordnung bringen?*"

In dem Moment hörte ich innerlich einen schlichten, tiefen Satz. Ich glaube, Gott wollte mir damit etwas sagen. Ich hörte: „Es gibt nichts in Ordnung zu bringen."

Ich blieb am Fußende meines Bettes stehen. Frieden umfing mich und eine schwere Last fiel mir von den Schultern. Ich war sofort völlig verändert. Ich dachte noch mehrmals darüber nach. *Es gibt nichts in Ordnung zu bringen.*

Zufriedenheit hat etwas zutiefst Befreiendes. Es geht darum, anzunehmen, wo wir gerade im Leben stehen. Ich will damit nicht sagen, dass wir keine Wünsche oder Ambitionen mehr für Neues haben sollten, sondern dass wir auch dann Frieden verspüren können, wenn wir nichts nachjagen. Ich finde den Gedanken sehr tröstlich, dass es „nichts in Ordnung zu bringen" gibt.

Meiner Ansicht nach sind wir Frauen heute auch deshalb weniger glücklich als vor ein paar Jahrzehnten, weil wir mit Erwartungen befrachtet werden, wie unser Leben auszusehen hat. Singles wird das Gefühl vermittelt, sie müssten dieses Problem lösen und heiraten. Und wer verheiratet ist, kann das genauso unangenehme Gefühl bekommen, seinen Partner oder seine Ehe verändern zu müssen. Eltern müssen ihre Erziehungsmethoden oder ihre Kinder auf Vordermann bringen. Wer keine Kinder hat, muss natürlich dagegen etwas tun. Frauen, die arbeiten, müssen sich gegen die Erwartung wehren, beruflich noch viel erfolgreicher zu werden. Frauen, die mit ihren Kindern zu Hause sind, fühlen sich schlecht, weil sie außerhalb der Familie nicht engagierter sind. Egal, in welcher Lebenssituation wir stehen: Wenn wir uns die Fülle an Erwartungen zu Herzen nehmen, werden wir nie das Gefühl loswerden, irgendetwas in Ordnung bringen zu müssen. Das schlaucht. Es nimmt nie ein Ende. Und es raubt uns unsere Zufriedenheit.

Wo verspüren Sie den Druck, etwas „in Ordnung bringen" zu müssen? Wie könnten Sie daran etwas ändern? An jenem Tag am Fußende meines Bettes ließ ich diesen Druck zum ersten Mal los. Ich kapitulierte. Ich machte mich frei davon, was passieren würde, und beschloss, mein Glück nicht länger davon abhängig zu machen, ob mein Leben aus meiner Sicht in Ordnung kam. Zum ersten Mal hatte ich das Gefühl: Alles wird gut. Ich beschloss, Gott zu vertrauen, egal, was passiert. Und als ich so weit war, passierte etwas sehr Schönes.

Statt mein Leben *in Ordnung bringen zu wollen*, nahm ich mir vor, mein Leben zu *gestalten*. Ich begann davon zu träumen, wie mein Leben aussehen könnte – in der Situation, in der ich war. Mit anderen Worten: Wenn die Umstände, die ich nicht beeinflussen konnte, sich nicht änderten, wie wollte ich dann mein Leben gestalten? Statt die Luft anzuhalten und auf den richtigen Ehemann und Kinder zu warten, fragte ich mich: „Valorie, was willst du aus dem Leben machen, das vor dir liegt?"

Ich will nach Italien fahren. Ich will jeden Kontinent besuchen. Ich will mehr mit meiner Familie zusammen sein. Ich will, dass meine Patentochter und meine kleinen Cousins ihre Tante Val in den Frühjahrs- und Sommerferien besuchen. Ich will großzügiger sein und Menschen finden, denen ich helfen kann. Ich will den Kredit für mein Haus abbezahlen. Ich will meine journalistische Ader ausleben und anfangen, Interviews zu führen. Ich will eine Fernsehsendung moderieren. Ich will mir eine ehrenamtliche Aufgabe suchen, die mich erfüllt und die Menschen dient, die es nötig haben. Allein das alles aufzuschreiben, machte mich glücklich und zufrieden.

Als ich mich von der klaren Vorstellung löste, wie mein Leben eigentlich aussehen sollte, war ich frei, aus meinem Leben das zu machen, was *in diesem Moment* möglich war. Alles, was ich aufschrieb, konnte ich aktiv angehen. Und ich habe das Gefühl, wenn ich mit dieser Leidenschaft und Freude ein erfülltes Leben führe, werde ich ein Leben finden, das weitaus mehr ist, als ich je erbitten, erträumen oder mir vorstellen könnte.

Wie sieht das bei Ihnen aus? In welchen Bereichen ist es an der Zeit aufzuhören, Dinge in Ordnung bringen zu wollen, und lieber gelassener zu werden?

Positive Worte

*Warum Pessimisten es schwer haben, glücklich zu sein, und wie
jeder lernen kann, optimistischer zu werden*

Entscheidung
„Ich sage jeden Tag Worte der Hoffnung,
des Friedens und der Liebe."

Wir haben es schon oft gehört: Unsere Gedanken bestimmen, wer wir sind. Aber Gedanken werden häufig erst einmal zu Worten, bevor sie zu Taten werden. Daher lässt sich mit einiger Gewissheit behaupten: Auch unsere Worte bestimmen, wer wir sind. Neurowissenschaftler haben herausgefunden, dass allein das Aussprechen „starker" Wörter uns stärker macht. Wer beispielsweise ein Gewicht hebt und dabei ein Wort wie etwa „stark" laut ausspricht, erhöht damit die eigene Kraft, mit der er das Gewicht anhebt. Erstaunlich, oder? In Sprüche 18,21 steht: „Die Zunge kann töten oder Leben spenden." Das stimmt buchstäblich und ist wissenschaftlich bewiesen: Die Zunge entscheidet über Leben oder Tod.

Ich habe es gerade gestern erst wieder erlebt, als ich mit einem Fitnessvideo Sport gemacht habe. Der Trainer sah in einem fort in die Kamera und forderte mich auf, sämtliche Kräfte aufzubieten. Schweißgebadet und außer Atem wie ich war, hätte ich ihn am liebsten angeschnauzt, er solle die Klappe halten. Aber er wiederholte sich immer wieder und ermutigte mich ... woraufhin ich tatsächlich alle mir zur Verfügung stehenden Kräfte aufbot. Und wissen Sie was? Es hat funktioniert. Egal ob da jemand ist, der uns ermutigt, oder wir uns selbst zu etwas auffordern – Worte haben Kraft.

Eine positive Sprache ist in der Tat ein Glücklichmacher. Positive Worte wecken positive Emotionen und Stoffe im Gehirn, durch die wir uns glücklicher und stärker fühlen. Es gibt unterschiedliche Möglichkeiten, wie wir unserem Glück mithilfe von Worten einen Schub verleihen können. Ich liste sie hier einmal auf und erläutere sie weiter unten noch ein wenig ausführlicher:

1. Finden Sie positive Formulierungen.
2. Umgeben Sie sich mit positiven Worten.
3. Jammern Sie kürzer.
4. Beschreiben Sie die bestmögliche Version Ihrer selbst – und zwar in Gegenwartsform.
5. Lassen Sie sich von positiven Worten prägen.
6. Nutzen Sie Worte, um sich nicht unterkriegen zu lassen.

Ein Mensch erreicht mit seinen Worten viel Gutes (Sprüche 12,14).

Finden Sie positive Formulierungen

Sprechen Sie die folgenden Aussagen einmal bewusst und laut aus:

- Ich kann es schaffen.
- Mein Traum ist erreichbar.
- Ich freue mich über ___.
- Gott liebt mich.
- Ich bin geliebt und liebenswert.
- Ich bin gesegnet.
- Ich bin dankbar für ___.

- Ich habe Begabungen und Talente, die die Welt besser machen.
- Ich mag die Frau, zu der ich mich entwickle.

Was spüren Sie, nachdem Sie diese Worte ausgesprochen haben? Sind positive Emotionen mitgeschwungen? Es erscheint einem vielleicht ein bisschen albern, positive Aussagen laut auszusprechen, aber die meisten Frauen fühlen sich nach solchen Sätzen beschwingter, stärker, glücklicher und optimistischer.

In Frankreich haben Wissenschaftler herausgefunden, dass positive Satzstrukturen Botschaften an unser Hirn senden, die positive Ergebnisse hervorbringen. Wenn wir beispielsweise einen Gegenstand anheben und dabei sagen: „Ja, ich schaffe das!", liegt mehr Kraft in unserer Bewegung. Sagen wir dagegen: „Ich werde es nicht vermasseln", erzielen wir nicht denselben Effekt. Um etwas positiv zu formulieren, müssen wir das erwünschte Ziel im Blick haben, nicht etwas, das wir vermeiden wollen. Statt: „Ich will nicht traurig sein" kann ich auch sagen: „Ich will glücklich sein." Statt auszudrücken, *wogegen* wir uns richten, sollten wir lieber sagen, *wofür* wir sind. Es geht darum, sich bewusst auf das Positive zu konzentrieren – darauf, wovon wir in unserem Leben und in unseren Beziehungen gern mehr erleben möchten. Dieser andere Umgang mit Worten ist einfach, aber er weckt eine ganz andere Energie als der Fokus auf das Negative.

Wer Dinge negativ formuliert, denkt an das Negative. Was kommt Ihnen in den Sinn, wenn Sie den Satz lesen: „Ich bin es leid, mit meinen Kindern zu streiten"? Vermutlich haben Sie genau das vor Augen, worum es in der Aussage geht: jemanden, der mit seinen Kindern streitet. Aber woran denken Sie, wenn Sie hören: „Ich möchte, dass unser Haus ein friedlicher Ort ist"? Vermutlich sehen Sie gerade eine friedfertige Familie vor Ihrem inneren Auge. Wählen Sie Worte, die positive Bilder hervorrufen von dem, was Ihnen wichtig ist. Formulieren Sie positiv.

Welche Worte sehen Sie jeden Tag in Ihrem Umfeld? Auf Ihrem Monitor? Auf Bildern an Ihren Wänden? Auf der Collage in Ihrem Arbeitszimmer? Wenn es in Ihrem unmittelbaren Umfeld Wörter zu lesen gibt, sollten sie ermutigend sein.

Studien haben erwiesen, dass in unserem Gehirn Glückshormone freigesetzt werden, wenn wir ein positives Wort wie *Ja* oder *Liebe* sehen, und stressfördernde Hormone bei negativen Wörtern wie *Nein* oder *Hass*. Wörter bewirken etwas. Wörter können unsere Stimmung beeinflussen – sofort. Sehen Sie sich die Wörter in der Liste unten an. Lesen Sie zuerst die negativen Wörter und dann die positiven. Achten Sie darauf, welche unterschiedlichen Gefühle bei Ihnen hervorgerufen werden.

Ja!	Nein!
Liebe	Hass
Fülle	Armut
Segen	Krieg
schön	Streit
stark	Ekel
glücklich	dumm
begeistert	deprimiert
gut gelaunt	hässlich
Lachen	böse

Welche positiven Wörter hätten Sie gern jeden Tag vor Augen?
Woran möchten Sie gern erinnert werden?

JAMMERN SIE KÜRZER

Wir gefährden unser Glück, wenn wir zu viel über die negativen
Ereignisse in unserem Leben reden. Anfangs ist es normal und
sogar notwendig, über schwierige Situationen zu sprechen und
sie damit auch zu verarbeiten. Aber dann ist es an der Zeit, nach
vorn zu blicken. Wer negative Ereignisse in aller Ausführlichkeit
erörtert, wird schnell auch wieder in die sie begleitenden Emotionen hineingezogen. Das ist Ihnen vermutlich auch schon passiert, oder? Immer dann, wenn jemand an einem wunderschönen
Tag plötzlich die Sprache auf dieses Thema lenkt, bei dem Sie immer an die Decke gehen. Schlucken Sie den Köder nicht. Wenn
Sie ein Erlebnis oder Problem verarbeitet haben, wärmen Sie es
nicht wieder auf. Kürzen Sie Ihre Jammergeschichten auf 30 bis
60 Sekunden.

BESCHREIBEN SIE DIE BESTMÖGLICHE VERSION IHRER
SELBST – UND ZWAR IN GEGENWARTSFORM

In meinem Buch *Erfolgreiche Frauen denken anders* empfehle ich
eine Übung namens „Die bestmögliche Version Ihrer selbst". Die
Psychologin Dr. Laura King fand heraus, dass es sich positiv auf
unsere Gesundheit auswirkt, wenn wir in der Gegenwartsform
aufschreiben, wie die bestmögliche Version unserer selbst aussieht. Die Studienteilnehmer, die genau das taten, hatten ein stärkeres Immunsystem und waren weniger anfällig für Erkältungen.
Je nachdem, wie Sie sich Sie selbst in Bestform vorstellen, könnten Sie zum Beispiel etwas in dieser Art schreiben:
Ich bin gesund und glücklich. Ich bewege mich jeden Tag und

esse viel Obst und Gemüse. Ich liebe gesunde, selbst gekochte Gerichte! Mein Mann ist mein bester Freund und unsere Ehe ist gut. Wir leben unseren Kindern vor, wie man eine gesunde Beziehung führt. In meinem Beruf bin ich gut, aber nicht zu sehr gestresst. Ich bin gern mit meinen Kollegen zusammen und werde für meine Leistung respektiert. Wir haben keine Schulden, haben für Notfälle etwas zurückgelegt und sparen aktiv, um mit 50 in Rente gehen zu können. Wir planen in den nächsten beiden Monaten einen Strandurlaub und ich freue mich, dass ich mir regelmäßig Zeit nehmen kann, um mich auszuruhen und zu entspannen!

Verstehen Sie das Prinzip? Probieren Sie es aus. Schreiben Sie in der Gegenwartsform auf, wie Sie heute in einem Jahr sein wollen.

Lassen Sie sich von positiven Worten prägen

Gedanken werden oft zu Worten, bevor sie zu Taten werden. Aber es geschieht auch umgekehrt. Worte werden zu Gedanken und diesen Gedanken folgen dann Taten. Das trifft vor allem auf die Worte anderer zu. Sie haben nicht in der Hand, was andere von sich geben – egal, ob das eine Freundin, ein Familienangehöriger oder jemand im Fernsehen ist. Deshalb ist es so wichtig, bewusst zu entscheiden, wen und was wir in unser Leben lassen. Wenn wir die meiste Zeit mit pessimistischen Menschen verbringen, können wir davon ausgehen, dass wir am Ende selbst schwärzer sehen. Wenn wir uns im Fernsehen vor allem Sendungen voll Trübsal und Verderben ansehen, dürfen wir nicht überrascht sein, wenn wir uns anschließend emotional ausgelaugt vom Sofa hochquälen. Wenn wir verbitterte Liebeslieder in Endlosschleife hören, brauchen wir uns nicht zu wundern, wenn unsere Hoffnung dahinfährt. Schützen Sie Ihre Gedanken, indem Sie die Menge der negativen Worte begrenzen, denen Sie sich aussetzen.

Ich witzle gern darüber, dass mein Schreibtalent sich auf die

Aussagen von Miss Johnson gründet, meiner Lehrerin aus der zweiten Klasse. Sie sagte zu mir, ich könne gut schreiben. Und ich glaubte ihr! Immerhin war sie die Expertin, oder? Sie musste es schließlich wissen. Ich schrieb damals Gedichte – kurze Reime wie diesen:

Ich laufe und raufe und mache eine Schlaufe,
renne und bade und esse Schokolade.

Das war's. Kurz und niedlich. Daraus schloss sie, dass ich Talent hatte. Sie schickte meine Gedichte an eine Kinderzeitschrift – und eins wurde sogar abgedruckt! Bis zum Ende meiner Schulzeit tat ich so, als hätte ich Talent. Wenn es ums Schreiben ging, war ich selbstbewusst. Immer hatte ich ihr ermutigendes Lob im Ohr: „Du kannst gut schreiben."

Um von den positiven Worten anderer zu profitieren, müssen wir sie annehmen. Fassen Sie den Entschluss, die positiven Worte, die andere in Ihr Leben sprechen, von nun an nicht mehr abzuwimmeln. Machen Sie sich aber auch bewusst, dass die Meinungen anderer genau das sind: Meinungen – keine Tatsachen. Haben Sie deshalb keine Angst, Ihre Ansichten mithilfe von Worten zu verteidigen und setzen Sie, wenn nötig, Grenzen. Nehmen Sie das Positive an und vergessen Sie das Negative. Wenn Sie darüber hinaus darauf achten, was Sie sich ansehen, bewusst entscheiden, was Sie sich anhören, und Ihre Lektüre sorgfältig wählen, werden die positiven Worte in Ihrem Umfeld Ihre Stimmung merklich heben.

NUTZEN SIE WORTE, UM SICH NICHT UNTERKRIEGEN ZU LASSEN

Am meisten beeinflusst uns das, was wir uns selbst sagen. Jemand hat einmal angemerkt, dass wir unseren eigenen Worten mehr Glauben schenken als denen anderer. Was sagen Sie sich selbst? Über sich als Person? Über Ihr Potenzial? Über Ihr Leben?

Wenn ich über Resilienz, die psychische Widerstandskraft von Menschen, spreche, nenne ich häufig eine einfache Formel, die auf Untersuchungen von Dr. Aaron Beck zurückgeht, dem Vater der kognitiven Verhaltenstherapie. Sie beruht auf der Feststellung, dass unser Schicksal und unser psychisches Wohlbefinden nicht einfach Folgen unserer Kindheitserfahrungen sind. Demnach können wir auch nicht einfach alles in Ordnung bringen, indem wir uns zurückerinnern und versuchen herauszufinden, warum wir handeln, wie wir handeln. Unser Verhalten ändert sich dann, wenn wir unsere Gedanken verändern – also das, was wir innerlich sagen. Uns gefällt die Vorstellung, dass unsere Gefühle und unser Verhalten bloß eine Folge dessen sind, was wir erleben – ein Resultat unserer Umstände. Aber in Wirklichkeit hängen unsere Gefühle davon ab, wie wir innerlich auf die Umstände reagieren. Unsere eigenen Worte haben große Auswirkungen, vor allem die Worte, die wir denken.

Merken Sie sich deshalb diese kleine Formel. Ich nenne sie AGR: Auslöser, Gedanken, Reaktionen. Ein Auslöser kann ein Ereignis, ein Gespräch, ein Stressfaktor oder auch ein Unglück sein, das uns zustößt. Die Gedanken sind das, was wir innerlich über den Auslöser sagen. Und die Reaktionen sind Gefühle und Verhaltensweisen, die darauf folgen. Wie glücklich wir sind (also wie wir uns fühlen und was wir Tag für Tag tun) hängt nicht von den Auslösern ab, die uns begegnen, sondern von den Gedanken über diese Auslöser. Wenn wir innerlich anders darüber denken und reden, ändern sich auch unsere Gefühle. Glückliche Frauen reden anders über ihre Situation als unglückliche Frauen. Das ist der Grund, weshalb manchmal zwei Frauen, die etwas ganz Ähnliches erlebt haben, trotzdem eine völlig unterschiedliche Sicht auf ihr Leben haben.

Sie haben es in der Hand, Ihrem Glück einen Schub zu verleihen, indem Sie anfangen, innerlich anders zu reden. Unglückliche Frauen sagen in schwierigen Situationen Dinge wie:

- Immer stößt mir so etwas zu.
- Ich bin so ein Pechvogel.
- Ich habe mein Leben gelebt. Meine besten Tage sind vorbei.
- Ich schaffe das nicht.
- Ich bin nicht gut / intelligent / attraktiv / reich genug.
- Es gibt keinerlei Hoffnung.
- Ich kann einfach nichts richtig machen!

- Ich habe Angst und deshalb schaffe ich es nicht. Ich komme nicht vorwärts.
- Ich gebe auf.

Glückliche Frauen dagegen benutzen in genau denselben Situationen positive Worte, um sich aus den schwierigen Umständen zu lösen:

- Ich hatte Pech, aber so ist das Leben und ich gebe nicht auf.
- Ich bin die Sache falsch angegangen, aber ich lerne daraus, und am Ende werde ich Erfolg haben.
- Ich bringe alles Nötige mit, um das zu tun, wozu ich berufen bin.
- Ich wurde enttäuscht, aber ich gebe die Hoffnung nicht auf!
- Ich habe einen Fehler gemacht, aber ich bereinige ihn.
- Das Beste steht mir noch bevor.

Wählen Sie Ihre Worte mit Bedacht. Wählen Sie Worte, die Hoffnung wecken, die Sie inspirieren und ermutigen. Es liegt an Ihnen.

WECKEN SIE DIESEN GLÜCKLICHMACHER!

- Sorgen Sie für positive Worte und inspirierende Zitate in Ihrer Umgebung. Platzieren Sie auf Ihrem Schreibtisch im Büro, zu Hause oder auf Ihrem Bildschirm Worte, die Hoffnung verbreiten.
- Statt darüber zu reden, was Sie alles *nicht* wollen, drücken Sie Ihre Anliegen lieber positiv aus, sodass klar wird, *was* Sie wollen.

- Nehmen Sie sich ein paar Minuten Zeit und beschreiben Sie die bestmögliche Version Ihrer selbst – in der Gegenwartsform.
- Lassen Sie sich nicht in negative Gespräche hineinziehen und stochern Sie nicht unnötig in alten Wunden und negativen Emotionen. Jammern Sie kürzer.
- Verbringen Sie Zeit mit einer Freundin, die gut und gern ermutigt.
- Ermutigen Sie andere. Sie erweisen ihnen damit einen großen Dienst.

Anregungen zum Gespräch

Reden Sie schon positiv oder jammern Sie noch?

Die Entscheidung, das Glas als halb voll zu betrachten

....

Nachdenkenswertes

- Optimistische Menschen erreichen ihre Ziele leichter, können andere besser anleiten und sind glücklicher – vor allem bei Rückschlägen.
- Entscheiden Sie sich, das Glas immer als halb voll zu betrachten, aber nehmen Sie gleichzeitig wahr, wenn Sie enttäuscht sind. Seien Sie ehrlich, aber verbreiten Sie Hoffnung.
- Ein realistischer Optimist erkennt die Wirklichkeit an und blickt voller Hoffnung und Vision in die Zukunft.

....

Gesprächseinstiege

- Haben Sie schon einmal so getan, als wäre alles in Ordnung, obwohl Ihnen innerlich ganz anders zumute war? In welcher Situation? Warum? Was war die Folge? Was würden Sie heute anders machen, wenn Sie die Chance dazu bekämen?
- Neigen Sie in einer schwierigen Situation, die Ihnen zu schaffen macht, eher zu positiven oder zu polemischen Worten?

In meinen vielen Gesprächen mit Frauen fiel mir auf, dass die Einstellung einer Frau zu ihren Beziehungen – und ihrem Beziehungsstatus (also ob sie alleinstehend oder verheiratet war) – einen ganz entscheidenden Anteil daran hatte, ob eine Frau glücklich war oder nicht. Anfangs dachte ich noch, die Beziehungen an sich wären der entscheidende Faktor. Viele Frauen, mit denen ich sprach, waren alleinstehend – manche waren geschieden, andere hatten noch keinen Mann gefunden. Fast alle dieser Frauen hätten gern geheiratet. Die meisten – wenn auch nicht alle – kinderlosen Frauen wünschten sich Kinder. Aber während manche stark darunter litten, keinen Mann oder keine Kinder zu haben, und mutlos in die Zukunft blickten, akzeptierten andere ihre Situation und hofften gleichzeitig weiterhin auf Ehe und Familie. Folgender Facebook-Kommentar stammt von Allie, einer Frau, die für eine Hochzeit und Kinder sehr offen wäre:

In einem Monat werde ich 40. Ich habe keine Kinder, war noch nie verheiratet und führe ein tolles Leben. Wir sollten uns mit guten Leuten umgeben und auf die Miesepeter, die uns einreden wollen, wir könnten doch gar nicht glücklich sein, verzichten. Ich bin eine super Tante, so viel ist mal sicher!

Vergleichen Sie diesen Kommentar mit den Sätzen einer anderen Frau namens Melissa, die frisch geschieden und Mutter eines großartigen Kindes ist:

Ich weine jeden Tag. Bald werde ich 40 und mein Leben läuft ganz und gar nicht so wie erhofft. Ich fühle mich völlig nutzlos.

Und dann wäre da noch der Kommentar von Angela:

Ich bin seit zwölf Jahren verheiratet, kann jedoch nicht gerade behaupten, eine glückliche Ehe zu führen. Aber ich versuche, das Beste daraus zu machen. Scheidung käme für uns beide nicht infrage.

Die drei Frauen sind, was ihre Beziehungen angeht, jeweils in einer ganz unterschiedlichen Situation und denken völlig verschieden darüber. Manche würden sagen, Allie mache sich etwas vor und sei nicht ganz ehrlich mit sich. Wird sie wirklich auf Dauer als Tante glücklich sein, obwohl sie sich eigene Kinder wünscht? Frauen wie Allie würden sagen: „Aber ich habe nun einmal keine Kinder. Ich habe zurzeit nicht einmal einen Mann. Weshalb soll ich mich also daran festbeißen? Inwiefern sollte mir das helfen? Warum soll ich nicht das Beste aus meiner Situation machen und gleichzeitig hoffen, dass die Dinge sich irgendwann ändern?" Ihre Einstellung wirkt sich eindeutig positiv auf ihre Zufriedenheit aus. Sie ist ein gutes Beispiel dafür, welche Auswirkungen unsere Gedanken auf uns haben. Sie sind der Schlüssel für unsere innere Widerstandskraft.

WAS SAGEN SIE ÜBER IHRE EIGENE SITUATION?

Wie Sie mit Ihrem Beziehungsstatus umgehen, hängt letztendlich von Ihren ureigensten Gedanken ab. Was sagen Sie sich, wenn Sie an Ihre Situation denken? Sind Ihre Gedanken hilfreich oder hinderlich? Das sind zwei ganz einfache, aber weitreichende Fragen. Nehmen wir beispielsweise Allie. Sie sagt: „Mein Leben ist klasse. Ich komme gut ohne Mann und Kinder zurecht. Und sollte ich einmal heiraten und Kinder kriegen, kann das genauso klasse sein. Ich entscheide mich, die Ehe nicht als Allheilmittel gegen Unzufriedenheit zu betrachten."

Melissa sagt das genaue Gegenteil: „Ich fühle mich wertlos. Mein Leben verläuft anders als geplant und darum geht es mir schlecht. Die 40 lauert schon am Horizont und ich habe versagt, wenn mein Leben in diesem Alter nicht eine bestimmte Richtung eingeschlagen hat." Ihre Gedanken schaden ihr eindeutig. Das heißt nicht, dass es nicht auch beklagenswerte Situationen gäbe. Wenn eine Ehe zu Ende geht, ist das extrem leidvoll. Ich würde das nie herunterspielen. Aber wenn wir eine solche Enttäuschung und einen solchen Verlust erleben, ist es umso wichtiger, auf unsere Gedanken zu dieser Situation zu achten. Wir können die Zeit auch unnötig verlängern, bis wir wieder auf die Beine kommen, wenn wir den Verlust überbewerten. Wenn wir den Ereignissen eine Bedeutung beimessen, die uns emotional und gedanklich schadet, behindern wir unseren Genesungsprozess und am Ende auch unser eigenes Glück. Wir müssen unsere eigenen Gedanken mit Gottes liebevollen Gedanken über uns und über unsere Situation in Einklang bringen.

Sehen wir uns noch einmal Angelas Gedanken an. Sie hat sich mit ihrer unglücklichen Ehe arrangiert. Sie geht nicht zur Eheberatung. Aber sie hält an ihrem Mann fest und das ist sehr positiv. Wenn sie allerdings an ihrer Unzufriedenheit nicht festhalten will, muss sie sich ein paar Fragen stellen: Gibt es Ziele, die sie und ihr Mann nach und nach angehen sollten? Welche Schritte könnten sie gehen, um ihre Ehe zu verbessern? Wie soll ihre Ehe in einem Jahr oder in zehn Jahren aussehen? Wenn sie anfangen, sich eine Vision von der Zukunft vor Augen zu malen, wird deutlicher werden, in welche Richtung sie sich als Nächstes aufmachen sollten.

Erkennen Sie den Unterschied zwischen einer positiven Einstellung und einer positiven Darstellung? Eine positive Einstellung zu haben bedeutet, an die Möglichkeiten der Zukunft zu glauben. Eine positive Darstellung heißt, einer unglücklichen Lage eine Maske überzustülpen. Das ist nicht authentisch. Und vielleicht sogar eine Lüge. Positive Worte steigern unsere innere Zufriedenheit aber nur, wenn wir ehrlich zu uns selbst und unsere Worte authentisch sind.

Bewegung

Warum Sport wie ein Antidepressivum wirkt und wie wir ihn in unseren Alltag integrieren können

Entscheidung
„Ich bewege mich jeden Tag 30 Minuten.“

Ich bin gerade vom „Wogging" zurückgekommen – so nenne ich mein Power-Walking mit einer kleinen Joggingstrecke zwischendurch. Ich weiß immer schon, dass ich mich anschließend erfrischt und energiegeladen fühlen werde. Mein Kopf ist dann klar und selbst wenn ich hinterher sitze und nicht mehr laufe, geht mein Atem noch tiefer. Meine Lungenflügel fühlen sich weiter an, fast, als könnte ich jetzt eine Ballade von Whitney Houston schmettern (mir ist bewusst, dass ich nicht so klingen würde wie sie, aber es fühlt sich so an!). Ich „wogge" nicht, um abzunehmen. Der Hauptgrund ist, dass ich mich danach gut fühle. Der zweite Grund ist meine Gesundheit, aber sie ist keine unmittelbare Folge eines Power-Walks. Mich gut zu fühlen schon.

Um mich klar auszudrücken: Heute fiel es mir leicht, das Haus zu verlassen, aber es gibt auch Tage, an denen ich meine Sportsachen mit der Absicht anziehe, mich zu bewegen, und wenn es abends Zeit ist, schlafen zu gehen, trage ich sie immer noch. Kennen Sie solche Tage? Man will ja, aber dann lässt man sich ablenken, reißt sich nicht am Riemen und am Ende sind alle guten Absichten dahin. Das passiert wohl allen gelegentlich. Allerdings scheint Sport zu den Vorhaben zu gehören, die häufiger aufgeschoben werden als andere. Einer der Gründe dafür mag sein, dass die erhofften Resultate beim Sport nicht sofort sichtbar sind. Mit anderen Worten: Wir gehen mit einer falschen Einstellung an die Sache heran. Vielleicht dürfen wir unsere Hoffnung nicht so sehr auf die höhere Lebenserwartung, ein leistungsfähigeres Herz und eine passablere Kleidergröße setzen, sondern auf die unmittelbare Auswirkung von Sport: die Glücksgefühle.

Vielleicht ist Ihnen der Zusammenhang zwischen Bewegung und Glücksgefühlen bereits bekannt. Vielleicht noch nicht. Dann ist jetzt der optimale Zeitpunkt, Ihre Perspektive zu verändern.

GLÜCKSGEFÜHLE SIND MOTIVIERENDER ALS EINE SPÄTERE BELOHNUNG

Bewegung macht zufrieden. Egal, ob wir einen Spinning-Kurs belegen oder durch den Park spazieren oder Salsa tanzen oder Hampelmänner springen – wenn wir uns bewegen, steigern wir damit unser Wohlbefinden. Ich nenne diesen Glücklichmacher nicht „Sport", weil ich anders an die Sache herangehe. Außerdem haben zu viele Frauen (und vielleicht gehören Sie dazu) negative Erfahrungen mit Sport gemacht. Für viele ist Sport nur eine Pflicht, die sie über sich ergehen lassen müssen, um irgendwann später davon zu profitieren – indem sie abnehmen, Herzkrankheiten vorbeugen oder ihren Cholesterinspiegel senken. Pflichtgefühle und Disziplin motivieren jedoch die wenigsten von uns. Glücksgefühle hingegen motivieren durchaus. Glücksgefühle wünschen wir uns um ihrer selbst willen. Alles andere im Leben verfolgen wir, weil wir glauben, dass es uns am Ende glücklicher macht – ob das die Beziehung oder der Einsatz im Beruf oder das neue Haus oder auch die Beziehung zu Gott ist. Ich bin weitaus glücklicher und habe einen größeren inneren Frieden, wenn Gott Teil meines Alltags ist.

Wie wäre es also, wenn Sie sich mehr bewegen, weil es Sie glücklicher macht? Nicht, weil Sie dadurch abnehmen. Nicht, weil der Arzt es Ihnen empfohlen hat. Sondern weil der Blutkreislauf und die Sauerstoffversorgung angeregt, Endorphine freigesetzt werden, der Kopf frei wird und Sie sich *glücklicher* fühlen, wenn Sie sich mehr bewegen. Glückliche Frauen bewegen sich. Und weil sie sich bewegen, fühlen sie sich besser – *sofort*. Sie wünschen sich gerade bessere Laune? Bewegen Sie sich! Ich verspreche Ihnen, wenn Sie sich in diesem Moment ein paar Minuten Zeit nehmen und sich bewegen, werden Sie anschließend bessere Laune haben. Einer Studie des Gallup-Instituts zufolge verspürten Teilnehmer, die 20 Minuten lang sportlich aktiv waren, noch zwölf Stunden später ein Hochgefühl. Ganz anders als diejenigen, die sich körperlich nicht betätigt hatten.[30] Ich weiß nicht, wie das bei Ihnen ist, aber die meisten verschwenden schnell mal 20 Minuten am Tag für irgendetwas. Wie wäre es, wenn Sie in dieser Zeit Ihrer Psyche etwas Gutes tun und sich bewegen?

Zahlreiche Studien, die zum Teil schon älter als dreißig Jahre sind, belegen, dass regelmäßiger Sport für Patienten mit einer leichten bis mittelschweren Depression so wirkungsvoll sein kann wie Antidepressiva. Diejenigen, die sich am strengsten an ihren Trainingsplan hielten, waren am seltensten von Rückfällen betroffen. Bei einer Studie, die 1999 in den *Archives of Internal Medicine* veröffentlicht wurde, wurden die Studienteilnehmer in drei Gruppen eingeteilt: Die erste Gruppe machte Aerobic, die zweite bekam das Antidepressivum Zoloft und der dritten Gruppe wurde beides verordnet. Nach vier Monaten konnten über 60 Prozent der Teilnehmer nicht mehr als depressiv eingestuft werden.[31]

Auch wenn Sie nicht unter Depressionen leiden, verhilft Sport zu größerer Lebensfreude. Wenn Sie schon glücklich sind, füh-

30 N. Hellmich, N: „Good Mood Can Run a Long Time After Workout", *USA Today*, June 2, 2009, http://usatoday30.usatoday.com/news/health/weightloss/2009-06-02-exercise-mood_N .htm?csp=34.

31 „Exercise and Depression", Harvard Medical School, Zugriff am 7. Juli 2013, http://www.health.harvard.edu/newsweek/Exercise-and-Depression-report-excerpt.htm.

len Sie sich anschließend noch besser. Wenn Sie weder glücklich noch unglücklich sind, kann Ihnen die bessere Sauerstoffversorgung und Blutzirkulation und das Freisetzen körpereigener Stoffe ein Hochgefühl verschaffen.

NICHTSTUN MACHT MÜDE

Es mag widersprüchlich klingen, aber Nichtstun führt zu Erschöpfung. Wir sind für Bewegung geschaffen. Bewegen wir uns nicht, raubt uns der Bewegungsmangel jegliche Energie. Jeder Sport ist besser als kein Sport. Tun Sie *irgendetwas*. Legen Sie sich ein paar leichte Gewichte neben Ihren Schreibtisch oder in die Nähe des Sofas und trainieren Sie damit, wenn Sie eine Pause einlegen oder Ihre Lieblingsserie im Fernsehen schauen. Häufig hat Kräftemangel mehr damit zu tun, dass wir uns nicht bewegen, als mit dem Alter. Wenn wir müde oder niedergeschlagen sind, ist genau das der wichtigste Zeitpunkt, um Sport zu treiben. Er verleiht uns neue Energie – im wahrsten Sinne des Wortes. Jeden Tag. Wenn Sie dauerhaft glücklich und gesund sein wollen, ist Sport keine Option, sondern muss zum nicht verhandelbaren Bestandteil Ihres Alltags werden. Die Frage ist, wie das gehen kann. Welche Art von Bewegung, die als Sport durchgehen kann, wären Sie bereit, regelmäßig auszuüben? Das klingt vielleicht nach einer lustigen Frage, aber es ist mir todernst damit. Sie müssen etwas finden. Sonst wird Sport zum ständigen Kampf und endlosen Hin und Her. Zwei Monate machen Sie Sport, zwei Monate nicht. Das ist nicht das, was Sie wollen oder brauchen.

KEINE AUSREDE! ACHT ÜBUNGEN, MIT DENEN SIE SOFORT IN BEWEGUNG KOMMEN

1. Machen Sie Hampelmänner. Auf der Stelle zu hüpfen und dabei die Arme nach oben und unten zu schwingen, ist eine gute Art, sich zu bewegen und funktioniert hier und jetzt. Es sind keinerlei Materialien notwendig. Tun Sie so, als wären

Sie im Sportunterricht der ersten Klasse. Sie können Ihre Hampelmänner neben dem Bett, vor dem Sofa oder im Garten machen – oder wo immer Sie gerade Lust dazu haben.

2. Dehnen Sie sich zwischendurch. Wenn Sie lange Zeit gesessen haben, sind Dehnübungen eine gute Möglichkeit, Energie zu tanken. Vor allem nach dem Aufstehen oder wenn Sie lange gesessen und gearbeitet haben oder während einer langen Autofahrt bieten sich Dehnübungen an.

3. Spielen Sie mit Ihren Kindern Verstecken oder Konsolenspiele, die Sie in Bewegung bringen. Kinder bringen einen auf Trab! Spielen Sie mit ihnen. Das bringt nicht nur Sie selbst in Bewegung, sondern auch Ihre Kinder. Bei all den übergewichtigen Kindern und den zunehmenden Diabetesfällen können Sie Ihren Kindern nur wenig Besseres angedeihen lassen, wenn Sie sie dazu bringen, sich regelmäßig zu bewegen.

4. Treten Sie einem Sportverein bei oder gründen Sie Ihre eigene Sportgruppe – für Tennis, Golf, Fußball, Basketball oder was immer Sie mögen! Männer sind darin viel besser, weil sie so Kontakt zu anderen Männern knüpfen. Wir Frauen können davon noch lernen. Beim Sport kommen wir mit anderen in Kontakt, bewegen uns und haben Spaß!

5. Belegen Sie einen Tanzkurs. Das ist nicht nur etwas für Paare – wobei ein Tanzkurs mit dem Liebsten natürlich eine großartige Möglichkeit ist, sich zu bewegen und gleichzeitig eine schöne Zeit miteinander zu verbringen. Aber Sie brauchen keinen Partner, um einen Kurs zu belegen. Erkundigen Sie sich in Ihrer Stadt nach Erwachsenenkursen für Hip-Hop, Jazz, Swing oder Stepptanz. Egal, ob im Fitnessstudio, in der Volkshochschule oder im Tanzstudio, melden Sie sich an und fangen Sie an zu tanzen! Ich habe als Erwachsene einen Kurs in Stepptanz belegt. Er war kreativ und hat großen Spaß gemacht.

6. Machen Sie dreimal am Tag zehn Minuten Sport. Denken Sie, Sie hätten für Sport nicht genug Zeit? Dann teilen Sie die Zeit in kürzere Abschnitte. Es gibt keine Regel, nach der man 30 Minuten Sport am Stück treiben muss. Zehn Minu-

ten am Morgen, Mittag und Abend – wann immer Sie Zeit dafür finden – sind genauso effektiv.

7. Gehen Sie flotten Schrittes spazieren. Viele Ärzte sagen, Spazierengehen sei besser als Laufen, weil es den Körper nicht so sehr beansprucht, vor allem nicht die Gelenke. Spazierengehen ist leicht. Finden Sie die Zeit und gehen Sie los. Falls Sie noch eine kleine Motivationsspritze brauchen: Meine Mutter, die wegen ihrer Behinderungen einen Rollator hat, geht an vier Tagen in der Woche jeweils dreieinhalb Kilometer spazieren. Und wenn sie das schafft, schaffen Sie das auch!

8. Drehen Sie Ihre Lieblingsmusik auf und tanzen Sie durchs Wohnzimmer. Meine früheste Erinnerung ans Tanzen stammt von dort. Mit meiner Mom und einem Kindergartenfreund, Tyrone, tanzte ich zum Album *Off the Wall* von Michael Jackson. Ich war ungefähr fünf Jahre alt und wollte wissen, wie man „rockt" – also zeigte meine Mom es uns. Jedes Mal, wenn ich daran zurückdenke, muss ich grinsen. Es sollte also niemanden überraschen, dass ich bis heute im Wohnzimmer tanze! Ich liebe es zu tanzen. Ein großartiger Sport. Je nach Lust und Laune mache ich mir die Musik von meiner Lieblings-Gospel-, Rock- oder Pop-Sängerin an und tanze los! Probieren Sie es aus. Tanzen bringt das Herz auf leichte, spaßbringende Weise in Schwung. Kein Kurs, zu dem man fahren, keine DVDs, die man sich kaufen muss. Einfach ein großes Vergnügen.

DER RICHTIGE TREIBSTOFF FÜR DIE BEWEGUNG

Damit wir leichter in Schwung kommen, brauchen wir den richtigen Treibstoff. Es gibt Lebensmittel, die unsere Laune heben, und solche, die auf unsere Stimmung schlagen.

Meine Klientin Shirley war frustriert, wie müde sie sich nachmittags immer fühlte. Ihr Energiehaushalt ging typischerweise zwischen zwei und drei Uhr in den Keller. Weil sie pausenlos Sitzungen hatte, dachte sie, es läge daran, dass sie ständig konzentriert sein musste. Sie machte zwei Wochen Urlaub, um neue

Energie zu tanken. Sie schlief lange, hatte weder Sitzungen noch Projekte und fühlte sich überraschenderweise nachmittags gegen halb drei trotzdem regelmäßig müde und erschöpft.

Weil sie keine Erklärung dafür hatte, beschloss sie, zum Arzt zu gehen. Die Ärztin stellte ihr viele Fragen, darunter einige zu ihrer Ernährung. Shirley hat zwar eine normale Figur, aber diese verdankt sie eher ihren guten Genen und einem hohen Stoffwechsel als ihrer gesunden Ernährungsweise. Meist kauft sie sich zum Frühstück einen Kaffee und zwei Donuts und isst mittags und abends Fast Food. Sie wisse, dass ihr das nicht guttue, aber es gehe eben schnell und sie möge den Geschmack, sagt sie. „Ich bin schon fast davon abhängig", gibt sie zu. „Ich habe drei oder vier Lieblings-Fast-Food-Gerichte und gehe in der Woche einfach in verschiedene Restaurants. Das ist billig und schnell und passt zu meinem Lebensstil, weil ich ziemlich viel um die Ohren habe." Es stellte sich heraus, dass zum einen Shirleys Ernährungsgewohnheiten und zum anderen Trauer, über die sie selten sprach, die Gründe für ihre Erschöpfung waren. Der regelmäßige Konsum von Pizza, Hamburgern, Hotdogs und industriell verarbeiteten Lebensmitteln wird mit Depressionen und Teilnahmslosigkeit in Verbindung gebracht. Achten Sie darauf, dass Sie Ihrem Körper die Nährstoffe geben, die er braucht, damit Sie sich gut fühlen.

ESSEN SIE SICH GLÜCKLICH: LEBENSMITTEL, DIE UNSERE LAUNE HEBEN

- Bananen: Der Zucker und die Ballaststoffe darin machen sie zu einem hervorragenden Energielieferanten. Wenn Sie noch Erdnüsse dazu essen und somit Proteine aufnehmen, ist eine Banane eine gesunde Zwischenmahlzeit.
- Naturreis: Er ist reich an Mangan, einem Spurenelement, das Kohlehydrate und Proteine in Energie umwandelt.
- Mandeln: In einer kleinen Tüte in der Handtasche oder am Schreibtisch aufbewahrt sind sie ein großartiger Snack, weil sie voller Proteine, Mangan und Riboflavin stecken.
- Lachs: Er enthält Proteine, Vitamin B6, Niacin und Ribofla-

vin, die allesamt helfen, Lebensmittel in Energie umzuwandeln.

- Spargel: Er steckt voller Tryptophan, der im Körper zu Serotonin umgewandelt wird – das man auch als „Glückshormon" bezeichnet.
- Süßkartoffeln: Dieses Superlebensmittel ist reich an Vitamin A und C und kann Mittagsmüdigkeit vertreiben. Probieren Sie einmal gestampfte Süßkartoffeln oder braten Sie sie in Streifen und machen so Pommes daraus.
- Honig: Eine natürliches Süßungsmittel, das Energie liefert. Geben Sie nachmittags etwas Honig in Ihren Kräutertee und holen Sie sich einen Energiekick.
- Spinat: Er enthält Phenyletylamine, der Stoffe im Körper abwehrt, die Depressionen begünstigen. Essen Sie frischen Spinat als Salat, braten Sie ihn kurz als Beilage an oder mischen Sie ihn in Ihr Rührei.
- Fleisch aus Grasfütterung: Fleisch von Tieren aus Weidehaltung und Grasfütterung enthält mehr konjungierte Linolsäure, ein „Glücksfett", das Stresshormone hemmt und Hirnzellen schützt.
- Avocados: Sie enthalten viel Vitamin B3, das am Serotoninaufbau beteiligt ist, und Omega-3-Fettsäuren, die wichtig sind für die Funktion unseres Gehirns und die Stimmung heben können.
- Eier: In ihnen steckt L-Tryptophan, das für die Produktion stimmungsaufhellender Hormone verantwortlich ist. ·
- Äpfel: Sie sind reich an Ballaststoffen, und weil unser Körper länger braucht, um sie zu verdauen, hält der Energieschub länger an.

WECKEN SIE DIESEN GLÜCKLICHMACHER!

- Lassen Sie in diesem Moment alles fallen und machen Sie 20 Hampelmänner oder zwei Minuten lang Dehnübungen.
- Lassen Sie ein Lied laufen, das Ihnen Energie verleiht, und tanzen Sie das ganze Lied lang.
- Gönnen Sie Ihrem Körper statt einem Snack aus dem Automaten lieber einen Energieschub aus Äpfeln oder Bananen und einer Handvoll Nüssen.
- Planen Sie an vier Tagen in der Woche eine halbe Stunde Sport ein.
- Machen Sie Ihren Sport zu einem kommunikativen Unterfangen: Melden Sie sich zu einem Tanzkurs an, nehmen Sie Schwimm-, Tennis- oder Golfstunden oder treten Sie der Frauenfußballmannschaft eines Vereins bei.

Mögen Sie Ihr Aussehen?

....

Nachdenkenswertes

- Studien belegen, dass Frauen aller Altersklassen glücklicher sind, wenn sie sich schön fühlen.
- Wenn Männer graue Haare und Falten bekommen, wirken sie auf uns „seriös" und „distinguiert", Frauen dagegen wird empfohlen, ihre Haare zu färben und Antifaltencremes zu benutzen.
- Menschen von Zeitschriftencovern sehen nie auch in Wirklichkeit so aus. Das ist Ihnen schon klar, oder? Die Fotos wurden so lange mit Photoshop bearbeitet, dass sie kaum noch Ähnlichkeit mit dem Originalfoto haben.
- Für Frauen ist die eigene Körperwahrnehmung wesentlich wichtiger als für Männer.

....

Gesprächseinstiege

- Sind Sie glücklich mit Ihrem Aussehen? Wenn nicht, was würden Sie gern verändern und warum?
- Warum vergleichen sich manche Frauen gerade im Bereich Aussehen so sehr mit anderen?
- Werden Sie einen neuen Standard für Ihre Schönheit finden, wenn Ihre Jugend einmal verblasst ist?

Lange Jahre mochte ich meine Haare nicht. Ich tat alles, um sie zu glätten, zu verlängern oder zu flechten. Meine Entscheidung im Jahr 2008, sie ganz natürlich zu belassen, war die Folge eines Gesprächs mit einem britischen Freund Jahre zuvor. Er hatte mich gefragt, ob ich meine Haare auch so tragen könnte wie die Sängerin Macy Gray. Sie war damals neu in der Szene, und als ich ihre Website besuchte und ihren natürlichen Afro sah, fing ich hysterisch an zu lachen, dass er tatsächlich geglaubt hatte, meine Haare könnten *so* aussehen.

„Nein", erklärte ich ihm. „Mein Haar ist gebändigt."

Er hatte keinen blassen Schimmer, was das bedeutete, und erkundigte sich weiter: „Gebändigt?", fragte er neugierig. „Heißt das, sonst sind deine Haare außer Rand und Band?"

Ich fiel fast vom Stuhl. „So kann man es auch sagen", sagte ich kichernd. „Ich glätte es chemisch."

Er schien fasziniert. „Machen das alle schwarzen Frauen oder nur du?"

„Die meisten schwarzen Frauen mit glatten Haaren haben sie irgendwie geglättet", erklärte ich ihm. Dann stellte er eine Frage, die mir jahrelang nachging: „Und warum trägst du sie nicht einfach so, wie sie dir aus dem Kopf wachsen?"

Diese eine ehrliche Frage schickte mich auf eine innere Entdeckungsreise. Ich stellte mir immer häufiger die Frage, wie mein Haar natürlicherweise aussah. Es wurde geglättet, seit ich sechs war. Wenn man an der Küste lebt, muss man irgendwie einen Weg finden, mit der Luftfeuchtigkeit klarzukommen.

Als ich mich schließlich entschloss, mein Haar so zu tragen, wie es mir aus dem Kopf wächst, fühlte es sich gut an. Ich war glücklicher, wenn ich mich im Spiegel sah. Zum ersten Mal in meinem Erwachsenenleben mochte ich mein Haar sogar.

Egal, ob Haare, Oberschenkel, Nase oder Kleidergröße – Frauen sind mit ihrem Aussehen viel kritischer als Männer. Aber das liegt an unserer Kultur. In den USA sieht man nirgendwo Nachrichtensprecherinnen jenseits der 50, ihre männlichen Kollegen aber schon. Ältere Schauspielerinnen werden seltener für Hauptrollen gecastet als Schauspieler. Frauen in Führungspositionen müssen sich regelmäßig Kritik an ihrer Frisur, ihrem Gewicht und ihrer Garderobe gefallen lassen. Bei Männern ist das viel seltener der Fall. Dass Männer im Alter immer glücklicher werden, Frauen hingegen unglücklicher werden, wenn sie altern, haben wir schon thematisiert. Ich kann mir nicht helfen, aber ich frage mich, ob ein Grund dafür auch der Erwartungsdruck ist, dass wir perfekt aussehen müssen. Was glauben Sie?

Genießen

Wer den Moment genießen lernt, lernt wahrhaft zu leben

Entscheidung

„Ich werde täglich einen Augenblick finden, der es wert ist, ausgekostet zu werden."

Im vergangenen Frühjahr wollte meine Patentochter in den Ferien ein paar Tage vorbeikommen. Ich bin auch deshalb nach Atlanta gezogen, um in der Nähe der Menschen zu sein, die mir am wichtigsten sind – meine Familie. Deshalb habe ich mich sehr über Destinys Wunsch gefreut, ihre Patentante / Cousine / Namensvetterin (wir haben den gleichen Zweitnamen) zu besuchen. Nachdem wir bei mir zu Hause angekommen waren und gegessen hatten, wollte sie Disney Channel gucken. Perfekt. Ich gestehe, dass ich manchmal zur Entspannung selbst den Disney Channel einschalte – auch wenn keine Kinder in der Nähe sind. Das klingt vielleicht schräg, aber ehrlich gesagt kommt heutzutage nicht viel Sehenswertes im Fernsehen, und manchmal sind mir all die Expertenmeinungen und Mutmaßungen zu anstrengend.

Destiny und ich legten uns an die gegenüberliegenden Enden des Sofas und sahen uns *Dog with a Blog* an. Bald konnte ich nur noch mit Mühe meine Augen offen halten. Deshalb versuchte Destiny, mich mit der spannenden Information wachzuhalten, dass als Nächstes *Das große Krabbeln* käme. Sie kam zu meinem Ende des Sofas gekrochen und kuschelte sich neben mich, um den Film mit mir gemeinsam zu sehen. Keine von uns beiden schaffte es, wach zu bleiben. Als ich nach Mitternacht aufwachte, schlief Destiny tief und fest. Ihr Kopf lag unter meinem Arm, während sie friedlich träumte. Ich lächelte dankbar, dass wir gemeinsam Zeit verbringen konnten. Bald wird sie sich mit ihrer über 40-jährigen Patentante keine Animationsfilme mehr ansehen wollen. Aber jetzt schon. Welch ein Segen.

Besondere Augenblicke genießen zu können, ist wichtig für unser Wohlbefinden. In unserer hektischen, ruhelosen Welt entgehen einem diese Momente jedoch schnell. Wenn Sie glücklich sein wollen, dürfen Sie diese Zeiten nicht verpassen. Es sind Augenblicke voll Frieden und Freude und Beziehung. Manchmal übersehen wir, worum es im Leben wirklich geht, weil wir nie richtig in der Gegenwart leben. Wir denken immer schon an den nächsten Moment oder die nächste Woche. Und wenn wir nicht an die Zukunft denken, grübeln wir über das nach, was in der Vergangenheit geschehen ist. Es ist eine Sache, sich gern an Vergangenes zu erinnern, um sich bewusst zu machen, wie viel Grund zur Dankbarkeit man hat, oder sich auf kommende Ereignisse zu freuen. Aber die Gegenwart zu verpassen, weil wir uns nie Zeit nehmen, sie zu genießen, ist etwas völlig anderes.

WIE GENIESSEN SIE?

Wenn Sie ständig viel um die Ohren haben, das Leben an Ihnen vorüberfliegt und Sie alles nur noch im Vorbeigehen erledigen können, braucht Genießen ein wenig Übung. Unsere Zeit ist so schnelllebig und so darauf bedacht, uns möglichst viele Erlebnisse zu ermöglichen, dass wir allzu leicht gar nichts mehr wirklich erleben. Genuss beginnt damit, einen Gang zurückzuschalten. Mir fällt das am leichtesten, wenn ich mich auf meinen Atem konzentriere.

Während Sie diese Zeilen lesen, achten Sie einmal darauf, ob

Sie oberflächlich atmen. Wenn ja, holen Sie tief Luft. Achten Sie auf den Lufthauch, der durch Ihre Nasenlöcher strömt. Spüren Sie Ihren Atem ganz leicht auf Ihrer Haut? Fühlen Sie, wie die Luft in Ihre Lunge strömt und Ihren Brustkorb weitet und dehnt? Atmen Sie jetzt noch tiefer nach unten. Statt in Ihren Brustkorb atmen Sie tief in Ihren Bauch. Spüren Sie, wie Ihr Bauchraum sich weitet beim Einatmen. Öffnen Sie beim Ausatmen Ihren Mund und lauschen Sie Ihrer Stimme, während die Luft flüstert: „Ahhhh." Sie sollten spüren, wie der Sauerstoff in Ihr Gehirn strömt. Vielleicht ist sogar Ihr Blutdruck jetzt ein wenig niedriger. Und Sie fühlen sich ruhiger und entspannter. Sie haben Ihren Atem genossen – Gottes elementarstes Geschenk für uns. Jedes Mal, wenn Sie bewusst atmen, erinnern Sie sich daran, dass Sie dabei das Leben selbst spüren.

Genießen bedeutet, bewusst im Einklang mit dem Guten zu leben, das in diesem gegenwärtigen Moment verborgen ist. Für die meisten von uns erfordert das ein wenig Übung. Meine Gedanken wandern so leicht in die Zukunft, dass Genießen fast immer eine bewusste Entscheidung ist. Das erinnert mich an den Bibelvers aus Matthäus 6,34: „Deshalb sorgt euch nicht um morgen, denn jeder Tag bringt seine eigenen Belastungen." Leben Sie im Heute. Hier ein paar ganz konkrete Ideen, um bewusst zu genießen:

1. Atmen Sie tief und langsam ein und aus. Atmen kann uns helfen, den Augenblick selbst zu genießen und verlangsamt zudem unser Denken, senkt unseren Stresspegel und führt uns in den gegenwärtigen Augenblick.
2. Stellen Sie Ihre Füße auf den Boden. Wenn es Ihnen geht wie mir, dann müssen Sie dafür auf Ihrem Stuhl nach vorn rutschen, weil Ihre Füße sonst typischerweise herabhängen. Aber wenn Sie normal groß oder größer sind, wird es Ihnen leichtfallen. Spüren Sie Ihre Füße auf dem Boden. Das erdet und verleiht uns ein Bewusstsein für unseren Körper.
3. Essen Sie langsam. Ich liebe gutes Essen, Sie auch? Meistens essen wir aber viel zu schnell. Wir machen alles Mögliche nebenher – wir telefonieren, beantworten SMS oder lesen. Nichts davon ist an sich schlecht, aber Multitasking beim

Essen bedeutet meistens, dass wir das Essen nicht wirklich würdigen. Machen Sie Ihre Mahlzeiten zu einem echten Ereignis. Benutzen Sie das gute Geschirr. Schlucken Sie nicht sofort, wenn Sie einen Bissen im Mund haben, sondern genießen Sie ihn einen Augenblick lang. Achten Sie auf den Geschmack. Und dann schlucken Sie ihn hinunter. Das führt nicht nur dazu, bewusster zu essen, sondern auch dazu, weniger zu essen und besser zu verdauen. Wenn der Magen dem Gehirn signalisiert, dass er voll ist, haben wir den Punkt, an dem wir hätten aufhören sollen, meist schon weit hinter uns gelassen!

4. Schützen Sie Ihre Gespräche vor Störungen von außen. Haben Sie sich schon einmal mit jemandem unterhalten, der auf jede äußere Ablenkung eingeht, während er mit Ihnen spricht? Sie sind in einem Telefonat mitten im Satz, da fängt er plötzlich an, mit jemandem zu reden, der gerade vorbeiläuft. Sie essen mit jemandem zu Abend und er antwortet ständig auf SMS, WhatsApp-Nachrichten und Anrufe. Das ist nervtötend und sendet dem anderen die Botschaft, dass alles andere gerade wichtiger ist als er. Führen Sie Ihre Gespräche bewusst. Das kann manchmal auch bedeuten, nur kürzer mit jemandem zu sprechen, weil gerade mehrere Dinge gleichzeitig anstehen, aber die Gespräche werden dafür gehaltvoller sein.

5. Schützen Sie Ihre Aktivitäten vor Unterbrechungen, egal ob es sich um wichtige Tätigkeiten oder schöne Momente handelt. Denken Sie daran: Studien zufolge beeinträchtigen Unterbrechungen unser Wohlbefinden. Es ist schwierig, einen Moment zu genießen, wenn man ständig von etwas ganz anderem gestört wird.

6. Nehmen Sie Ihre Gefühle wahr. Wenn wir einen Moment nicht würdigen, gehen auch die dazugehörigen Gefühle verloren. Als ich die Besonderheit jenes Augenblicks auf dem Sofa mit meinem Patenkind bemerkte, nahm ich mehrere Emotionen gleichzeitig wahr: Freude, Friede, Dankbarkeit und Liebe. Weil ich damals offen dafür war, diese Emotionen wahrzunehmen, kann ich mich jetzt noch in diesen Moment

zurückversetzen und darüber schreiben. Ich erinnere mich noch sehr gut daran. Ich bin dabei gewesen! Ich war in dem Moment vollkommen präsent. Und genau deshalb war dieser Augenblick so schön und bedeutend für mich, obwohl er doch eigentlich so schlicht und nebensächlich war. Wenn wir unsere Emotionen nicht bewusst wahrnehmen, kann es passieren, dass wir uns sogar an ein großes, langersehntes Ereignis anschließend kaum mehr erinnern. Warum? Weil wir nicht wirklich anwesend waren. Körperlich schon, aber nicht emotional, geistlich oder gedanklich.

DIE ALLTÄGLICHEN MOMENTE WERTSCHÄTZEN

Wir können unserem Glück auf die Sprünge helfen, wenn wir uns der alltäglichen Schönheit um uns herum bewusst werden. Ich bin beispielsweise gerade von meiner Terrasse hereingekommen. Heute ist es sonnig und warm und ich wollte mir ein paar Sonnenstrahlen gönnen. Statt im Haus zu sitzen und mein tägliches Andachtsbuch von Sarah Young und die Autobiografie von Anna Quindlen zu lesen, beschloss ich, diese Aktivität nach draußen zu verlagern. Nach einer Viertelstunde fühlten sich sonnig und warm allerdings mehr nach heiß und drückend an, deshalb sitze ich jetzt an meinem Esszimmertisch. Die Tür zur Terrasse steht auf und ich kann den unglaublich melodischen Gesang der Vögel hören. Ich schreibe für Sie und das macht mir Freude. Ich genieße diesen Augenblick. Und wenn Sie diese Zeilen in irgendeinem Moment lesen, der jetzt, während ich sie schreibe, noch nicht stattgefunden hat, hoffe ich, dass Sie diesen Augenblick genauso genießen.

Die alltäglichen Momente zu genießen ist am wichtigsten, weil es die häufigsten sind. Wenn Sie nur die allerschönsten Momente Ihres Lebens genießen, werden Sie die meiste Zeit damit verbringen zu warten. Wenn Sie jedoch offen sind für die Wunder und Schönheiten jedes Augenblicks, wird Ihnen das Glück alle Tage Ihres Lebens folgen.

Natürlich sollen Sie auch die großen Momente genießen! Aber noch wichtiger ist es, dass Sie die kleinen Momente wertschätzen, weil sie jeden Tag vorkommen. Ich empfehle Ihnen als kleine Übung, sich all die alltäglichen Momente aufzuschreiben, die Sie normalerweise übergehen oder im Autopilotmodus erleben. Das sind die Momente, die Sie – ab heute – bewusst lernen können zu genießen. Schließen Sie einen Augenblick die Augen und denken Sie an die vielen Alltagssituationen, die Sie an einem normalen Tag erleben und die Sie gern mehr genießen würden. Ich fange mit ein paar Punkten an und Sie setzen die Liste dann fort:

1. Mahlzeiten. Genießen Sie es, die verschiedensten Geschmäcker Ihrer Mahlzeit wahrzunehmen und Ihrem Körper die Nährstoffe zu geben, die er braucht. Vielleicht führt das sogar dazu, dass Sie sich gesünder ernähren, weil der Genuss dann noch mehr Freude macht.

2. Der Weg zur Arbeit. Ich weiß, wer einen anstrengenden Arbeitsweg hat, findet diesen Vorschlag albern. Aber das ist er gar nicht. Je anstrengender Ihr Weg zur Arbeit ist, desto wichtiger ist es, ihn irgendwie genießen zu können. Gehen Sie gedanklich anders an die Sache heran. Vielleicht können Sie den Weg als Übergangszeit betrachten. Hören Sie auf dem Hinweg beschwingte Musik, die Ihnen Energie für Ihre Arbeit verleiht und auf dem Rückweg beruhigende Klänge, die Ihnen beim Abschalten helfen. Vielleicht wollen Sie auch anregende Sendungen hören – oder nichts von alledem. Vielleicht haben Sie auch einfach gern währenddessen Ihre Ruhe – auf der Arbeit und zu Hause ein seltenes Gut.

3. Kinder ins Bett bringen. Nach einem langen Tag, wenn man nur noch abschalten will, ist das Ins-Bett-Bringen der Kinder häufig die letzte Aufgabe, die ansteht, bevor man Zeit für sich selbst oder den Ehepartner hat. Aber machen Sie sich bewusst, dass Sie dieses kleine Ritual am Abend nicht ewig erleben werden. Genießen Sie es. Machen Sie es zu einer besonderen und schönen Zeit. Schicken Sie Ihre Kinder friedlich ins Land der Träume und richten Sie die Zeit so ein, dass Sie sich beide darauf freuen.

4. Bücher und Zeitschriften lesen. Buchstaben auf einer Seite

können uns in andere Welten versetzen. Tauchen Sie völlig ein in diese Welt, indem Sie sich ganz auf den Moment einlassen. Suchen Sie sich einen bequemen Platz. Setzen Sie sich in Ihren Lieblingssessel oder kuscheln Sie sich ins Bett und versinken Sie in den Worten. Egal, ob Sie einen Roman oder ein Sachbuch lesen, genießen Sie es.

5. Gespräche mit Freunden. Wie oft haben Sie sich schon mit jemandem unterhalten und der andere hat nebenher fünf andere Dinge getan? Egal, ob es die Chefin ist, die gleichzeitig Anrufe entgegennimmt oder E-Mails beantwortet, während Sie versuchen, ihr Informationen zu entlocken, die Sie dringend für ein Projekt brauchen, oder die Schwester, die Ihnen nur mit halbem Ohr zuhört, weil sie gleichzeitig fernsieht – niemand hat gern das Gefühl, dass der andere nur halb bei der Sache ist. Wertschätzen Sie Gespräche mit anderen. Fangen Sie damit an, indem Sie Leute zu sich nach Hause oder irgendwohin zum Kaffee einladen – ohne ein anderes Ziel, als sich zu unterhalten. Und dann genießen Sie das Gespräch – ganz ohne Unterbrechungen.

6. Sport treiben. Auch wenn Sie nicht gerne Sport machen, werden Sie sich gut dabei fühlen! Allein schon das befriedigende Gefühl, die Disziplin aufgebracht zu haben, sich zu bewegen, stärkt das Selbstvertrauen. Genießen Sie voller Dankbarkeit, dass Sie sportlich aktiv sein können. Nicht jeder ist gesund genug dafür.

7. Kochen. Ich liebe es, zu kochen, wenn ich genug Zeit habe. Wenn ich in Eile bin, koche ich dagegen nicht sonderlich gern. Dann wird es zur lästigen Pflicht, die erledigt werden muss. Kochen lässt sich mehr genießen, wenn wir es nicht als lästig betrachten, sondern als Chance, kreativ zu werden und unserem Körper und / oder unserer Familie etwas Gutes zu tun. Entscheidend ist, mit welcher Einstellung wir an das Kochen herangehen.

8. Gartenarbeit. Genießen Sie es, Blumen zu pflanzen, Rasen zu mähen und Unkraut zu jäten! Ich weiß, dass Sie jetzt wahrscheinlich denken: „Jetzt treibt sie es aber wirklich zu weit!" Doch das stimmt nicht. Draußen zu sein, weckt po-

sitive Gefühle in uns, weil wir mit der Natur in Berührung kommen – und dazu gibt Gartenarbeit uns die Gelegenheit. Ich sage nicht, man muss Gartenarbeit lieben (obwohl ich zugeben muss, dass ich gern Unkraut jäte – vielleicht hat das irgendeine psychologische Ursache?), aber man kann sich dabei ganz dem Moment hingeben. Und das wird noch einfacher, wenn Sie Ihre ganze Familie mit einbeziehen – das ist eine große Chance, als Team zusammenzuarbeiten.

9. Nichtstun. Man könnte denken, dass wir Momente, in denen wir nichts zu tun haben, automatisch genießen. Aber Frauen fällt in solchen Augenblicken alles Mögliche ein, was sie tun könnten – nur nicht genießen! Stattdessen fragen wir uns, was noch auf unserer To-do-Liste steht oder aber wir haben ein schlechtes Gewissen, weil wir gerade nichts tun. Wenn Sie in Ihren Auszeiten nur darüber nachdenken, was Sie erledigen sollten, ist das keine Auszeit. Würdigen Sie nicht nur das „Tun", sondern genauso das „Sein". Freuen Sie sich darüber, einfach mal still sein zu dürfen. Das ist das Beste, was Sie tun können, damit Sie umso produktiver sind, wenn es wieder an der Zeit ist, etwas zu tun! Genießen Sie es.

10. _____

11. _____

12. _____

13. _____

14. _____

15. _____

16. _____

17. _____

18. _____

19. _____

20. _____

GENUSS UND SELBSTBEWUSSTSEIN

Es gibt einen interessanten Zusammenhang: Unsere Genussfähigkeit kann entscheidend von unserem Selbstwertgefühl beeinflusst sein. Manche Menschen wehren sich gegen die positiven Emotionen, wenn sie etwas Schönes erleben. Einige wollen nicht den Anschein erwecken, sie würden sich mit etwas brüsten, andere haben Angst, große Hoffnungen darauf zu setzen, dass ihnen weiterhin viel Gutes widerfährt. Lieber schön cool bleiben, bevor sich das Blatt wieder wendet. Die Wissenschaftlerin Dr. Brené Brown nennt das „bange Freude"[32] und meint damit die Befürchtung, dass momentan zwar alles großartig aussieht, es aber wahrscheinlich nicht so bleiben wird. Deshalb freuen manche Menschen sich lieber nicht zu sehr.

Aber es gibt noch einen weiteren Grund, warum Frauen sich manchmal gegen positive Gefühle wehren. Für Menschen, die sich selbst mögen und schätzen – diejenigen mit einem guten Selbstwertgefühl – ist Glück ein Zustand, der ihre eigene Selbstwahrnehmung widerspiegelt. Eine Frau, der es so geht, würde beispielsweise sagen: „Ich bin wertvoll, Gott liebt und segnet mich." Umgekehrt betrachtet eine, die sich selbst nicht mag oder wertvoll findet, ihr Unglück als Zustand, den sie verdient. Positiven Gefühlen entzieht sie sich, indem sie diese herunterspielt. Sie ist tatsächlich begründet unglücklich, weil das mit dem übereinstimmt, was sie über sich selbst denkt.

Wenn dieser Hang zum Unglücklichsein auf Sie nicht zutrifft, umso besser! Wenn doch, dann nehmen Sie den Impuls mit, dass ein höheres Selbstwertgefühl ein wichtiger Baustein ist, um das Gute, das Ihnen widerfährt, auch genießen zu können. Und das wiederum fördert Ihr Talent zum Glücklichsein.

WIE REDEN SIE INNERLICH?

Um alltägliche Momente genießen zu können, ist entscheidend, wie wir innerlich darüber reden, vor allem über die kleinen Erlebnisse. Wenn wir uns einreden, diese Momente seien unwichtig und es nicht wert, ausgekostet zu werden, wenn sie für uns nur Aufgaben sind, die wir schaffen müssen, um irgendwie den Tag

---

32 Brené Brown: *Verletzlichkeit macht stark – Wie wir unsere Schutzmechanismen aufgeben und innerlich reich werden.* München: Kailash 2013.

zu überstehen, dann wird dieser Tag nicht viele positive Emotionen mit sich bringen. All die kleinen alltäglichen Augenblicke machen unser Leben aus und wie wir mit ihnen umgehen, entscheidet über unsere Lebensqualität. Tappen Sie nicht in die Falle zu meinen, Ihr Glück käme plötzlich über Sie, wenn Sie Ihre Ziele erreichen oder den Jackpot gewinnen oder heiraten oder die neue Stelle antreten. Nein. Ein glückliches Leben führen wir immer zwischen den großen Ereignissen. Behalten Sie das im Hinterkopf und betrachten Sie Ihre alltäglichen Momente entsprechend.

Im Buch Prediger warnt König Salomo immer wieder vor dieser Falle. Als ich das Buch Prediger zum ersten Mal las, fand ich es etwas ernüchternd – oder sogar trostlos. Aber nun, da ich im Glauben etwas reifer bin, sehe ich die Sache anders. Seine Warnungen vor dem „Haschen nach Wind" sollen uns davon abhalten, durchs Leben zu hetzen und Zeug anzuhäufen, das am Ende wertlos sein wird. Salomo lehrt uns: „Die Momente, in denen wir essen und trinken und arbeiten – diese Momente sind unser Leben! Genießt sie. Bringt die Prioritäten nicht durcheinander. Familie ist wichtig. Gemeinsame Mahlzeiten sind wichtig. Anderen Gutes tun ist wichtig!" Sehen Sie sich diese Abschnitte an:

„Das Beste, was ein Mensch da tun kann, ist: essen und trinken und die Früchte seiner Arbeit genießen. Doch das kann nur Gott ihm schenken!" (Prediger 2,24).

„So kam ich zu dem Schluss, dass es für den Menschen nichts Besseres gibt, als sich zu freuen und das Leben zu genießen. Wenn er zu essen und zu trinken hat und sich über die Früchte seiner Arbeit freuen kann, ist das allein Gottes Geschenk" (Prediger 3,12-13).

VERGRÖSSERN SIE DIE GROSSEN MOMENTE DES LEBENS

Wir haben über die alltäglichen Momente nachgedacht und wie wichtig es ist, sie zu genießen. Aber das heißt nicht, dass die großen Momente nicht genauso wichtig wären. Die alltäglichen Momente sind unsere Reise. Die großen Momente sind das Ziel. Mit ihnen überqueren wir die Ziellinie. Es geht zwar mehr um den Weg als um das Ziel, aber es wäre traurig, so zu tun, als wäre die Ziellinie keine große Sache! Viele Frauen tun das leider, vor allem solche, die in die „Leistungsfalle" getappt sind.

Wer ständig auf das nächste große Ziel zusteuert, übergeht leicht, wenn er das vorige Ziel erreicht hat. Glückliche Frauen feiern, wenn sie Meilensteine und Ziele erreichen. Ihnen ist bewusst, welche Charakterstärke notwendig ist, um dranzubleiben, und sie wertschätzen die Beziehungen, die es ihnen ermöglichen, solche Erfolge zu erzielen.

Ich nenne das „die großen Momente des Lebens vergrößern". Und dafür müssen wir erst einmal anerkennen, dass es sich tatsächlich um wichtige Momente handelt. Sie haben eine neue Stelle angetreten? Ein großer Moment. Sie haben ein Jubiläum gefeiert? Ein großer Moment. Ein Jubiläum kann die Silberne Hochzeit, ein Freundschaftsjubiläum (der Jahrestag, wann sie Ihre beste Freundin kennengelernt haben zum Beispiel!) oder ein Dienstjubiläum sein (Sie haben drei Runden von Entlassungen überstanden? Dann feiern Sie!). Sie haben endlich ein Ziel gefunden, für das Sie sich engagieren wollen? Ein großer Moment. Sie leben noch, nachdem Sie erfolgreich Ihren Brustkrebs besiegt haben? Ein großer Moment. Sie haben endlich ein Eigenheim gekauft? Ein großer Moment. Um solche Momente zu vergrößern, empfehle ich Folgendes:

1. Haben Sie gerade einen Moment erlebt oder steht einer bevor, in dem ein wichtiger Abschnitt Ihres Lebens seinen Höhepunkt erreicht? Egal, ob Sie kürzlich ein Projekt beendet oder ein Ziel erreicht haben, würdigen Sie diesen Moment als wichtigen Meilenstein.

2. Was war notwendig, um dieses Ziel erreichen zu können? Schreiben Sie sehr detailliert auf, von welchen Ihrer Charakterzüge Sie profitiert haben, welche Freunde, Freundinnen oder auch Fremde Ihnen geholfen haben. Beschreiben Sie die Rückschläge, von denen Sie sich berappeln mussten und

die hoffnungsvollen Momente, die Sie angespornt haben. Das ist eine großartige Übung für das Auskosten.

3. Was fühlen Sie in dem Moment? Notieren Sie bewusst die Gefühle, die dieser Moment mit sich bringt. Fühlen Sie sich leicht, als wäre Ihnen eine Last von den Schultern genommen worden? Begeistert? Dankbar? Enthusiastisch? Befriedigt? Kosten Sie Ihre Gefühle aus.

4. Wie wollen Sie feiern? Feiern Sie Ihren großen Moment auf eine Weise, die Ihnen wirklich etwas bedeutet. Sei es mit einer Party, zu der Sie Familie und Freunde einladen oder mit einer Auszeit, in der Sie in Ihrem Erfolg baden oder indem Sie sich selbst oder diejenigen, die Ihnen geholfen haben, zu einem besonderen Ereignis einladen. Vergessen Sie nicht zu feiern!

WECKEN SIE DIESEN GLÜCKLICHMACHER!

- Lassen Sie sich in einen Moment fallen, indem Sie tief ein- und ausatmen, spüren Sie, wie der Atem durch Ihre Nasenflügel fließt und Ihre Lungenflügel und Ihren Bauchraum füllt. Stellen Sie Ihre Füße auf den Boden. Spüren Sie Ihren Körper und Ihre Präsenz, wo auch immer Sie sind.
- Schirmen Sie Ihre Gespräche und Ihre Arbeit vor Störungen von außen ab. Das kann bedeuten, dass Sie Ihr Handy ausschalten, auf Nachrichten und E-Mails erst anschließend reagieren und der Versuchung widerstehen, mehrere Sachen gleichzeitig zu erledigen.
- Achten Sie auf Ihre Gefühle. Genießen Sie den Moment, indem Sie bewusst Ihre positiven Gefühle wahrnehmen.

Anregungen zum Gespräch

Wenn Sie in zehn Jahren zurückblicken, was werden Sie wohl bereuen, nicht getan zu haben?

....

Nachdenkenswertes

- Uns vorzustellen, wie wir in Zukunft zurückblicken auf eine Entscheidung, die wir gerade zu treffen haben, kann eine hilfreiche Perspektive sein.
- Genuss weckt positive Emotionen.
- Treffen Sie wichtige Entscheidungen nie aus einer schlechter Laune heraus. Negative Gefühle schränken unsere Fähigkeit, klar zu denken ein.

....

Gesprächseinstiege

- Wenn Sie in einem Jahrzehnt zurückblicken, was werden Sie bedauern, nicht getan zu haben?
- Welche Tätigkeiten erledigen Sie immer in Eile, würden sie aber gern mehr genießen?
- Was hält Sie davon ab, das zu tun, was Sie eines Tages bereuen werden, nicht getan zu haben?

Ich schreibe diese Seiten in Miami Beach. Dieser Ort, an dem ich sitze, fühlt sich gerade wie eine tropische Oase an. Der Old Latin Jazz und das Vogelgezwitscher im Hintergrund sind so konstant, dass ich sie fast nicht bemerke. Blühende Tollkirschen ranken sich um die Säulen und die typischen Floridapalmen rahmen die Terrasse ein. Die Umgebung ist herrlich.

Es gibt einen Grund dafür, warum mir dieser Ort so wichtig ist. Seit Jahren sage ich schon, dass ich das sonnige Südflorida liebe und hier gern mehr Zeit verbringen würde. In Meeresnähe umgibt mich immer eine zutiefst wehmütige und friedliche Ruhe. Ich glaube, das liegt daran, wie ich aufgewachsen bin. Auf einem meiner Lieblingsfotos aus meiner Kindheit bin ich zehn Monate alt und sitze in hellblauer Schwimmkleidung friedlich im Golf von Mexiko. Das war kein Urlaubsfoto. Wir fuhren damals nicht in den Urlaub. Ich saß hinter unserem Haus – oder besser gesagt, hinter unserem Wohnwagen – am Strand. Und seither hat Wasser eine beruhigende und erfrischende Wirkung auf meine Seele. Als mir klar wurde, dass es hilfreich sein könnte, zum Schreiben woanders hinzufahren, fiel mir der Strand ein. Und die Kosten. Aber dann wanderten meine Gedanken zu dem Zitat von Mark Twain weiter unten. Wir bereuen nicht das am meisten, was wir *getan* haben, sondern typischerweise das, was wir *unterlassen* haben.

„In 20 Jahren wirst du enttäuschter sein über das, was du nicht getan hast, als über das, was du getan hast. Also mach die Leinen los. Verlasse den sicheren Hafen. Fang den Wind in deinen Segeln. Erforsche. Träume. Entdecke."

Vor ein paar Monaten habe ich deshalb beschlossen, mehr zu *leben*. Dinge zu tun, ohne sie zu kritisch zu analysieren. Mehr Träume wahr zu machen. Dazu gehört auch der Traum, mehr Zeit an meinem Lieblingsort zu verbringen – dem Strand. Erstaunlicherweise war ich während meiner Studienzeit in Tallahassee (was eine Dreiviertelstunde vom Meer entfernt liegt) nur ein einziges Mal am Strand. Ich bin mit atemberaubenden Wintern in Colorado aufgewachsen – und war nur wenige Male Skifahren. Während meiner Zeit in Monterey in Kalifornien habe ich die grandiose Küste nur vom Fahrersitz meines Autos aus bewundert, wenn ich die Küstenstraße 101 entlangfuhr, aber nie für einen Strandspaziergang angehalten.

Warum erwähne ich das alles? Weil ich im Rückblick meine Umgebung viel stärker wahrnehmen würde. Heute würde ich dort viel mehr erleben und viel stärker in dem Reichtum und der unglaublichen Schönheit, die mich umgeben hat, leben wollen. Ich habe sie zwar gesehen und bestaunt, aber viel zu oft nur von Weitem.

WAS WERDEN SIE BEREUEN, NICHT GETAN ZU HABEN?

Mein Liebe gilt Landschaften und Orten, die mich erfreuen. Wie ist es bei Ihnen? Was macht Ihnen Freude? Was werden Sie bereuen, nicht getan zu haben? Denken Sie an die fünf wichtigsten Bereiche Ihres Lebens: Beziehungen, Finanzen, Arbeit, Gesundheit und Glaube. Spulen Sie gedanklich zehn Jahre vor. Dann schließen Sie die Augen und stellen sich vor, wie Ihr Leben in 20 Jahren aussieht. Was werden Sie sich dann wohl wünschen, getan zu haben? Wenn es Ihnen so geht wie den meisten Frauen, die ich in den letzten Jahren gecoacht habe, wird Ihre Liste ungefähr so aussehen:

Ich wünschte, ich hätte
- einen Glaubensschritt gewagt
- mehr gelebt und mich weniger gesorgt
- mich gesünder ernährt
- Sport getrieben – und seien es nur 20 Minuten täglich!
- meinen Traum nicht immer zurückgestellt
- eine Reise zu einem exotischen Ort unternommen
- mehr Zeit mit meiner Familie verbracht.

Natürlich stünden auf Ihrer Liste auch noch ein paar andere Träume. Schreiben Sie sich deshalb Ihre eigenen Punkte auf. Sich vorzustellen, was man in Zukunft denken würde, kann Klarheit schaffen. Es hilft dabei, das Wichtige vom Unwichtigen zu unterscheiden. Ich frage mich, warum wir oft so tun, als wäre unser Leben nur der Testlauf – irgendeine Art von Kostümprobe. Glauben wir denn, wir hätten irgendwann die Chance, alles noch einmal richtig anzugehen? *Das hier ist das wahre Leben!* Heute. Sie werden diesen Tag nicht noch einmal erleben. Kosten Sie ihn aus.

Berufung

Warum es unglücklich macht, sich zu sehr auf das eigene Glück zu konzentrieren

Entscheidung
„Glücklich zu sein ist nicht der einzige Sinn meines Lebens."

Ich würde Ihnen gern erzählen können, dass es die reine Freude war, dieses Buch über Glück und Zufriedenheit zu beginnen. Aber leider stimmt das nicht. Am Anfang musste ich mich fast dazu zwingen. Und das war leider nichts Neues für mich. Ich schiebe Dinge schon auf die lange Bank, seit im siebten Schuljahr mein erstes Referat fällig war. Aber diesmal lag die Sache noch einmal anders. Immerhin lautet das Thema dieses Buches Glück und es wäre doch seltsam, wenn ich beim Schreiben unglücklich wäre!

Nach ein paar frustrierenden Monaten hinterfragte ich mich sehr selbstkritisch und kam wieder an den Punkt zurück, an dem ich mein erstes Buch begonnen hatte – neun Veröffentlichungen vorher. Ich erinnerte mich an etwas, das mir eigentlich klar war, das ich aber unter dem Vorhaben begraben hatte, das perfekte Buch über Frauen und Glück zu schreiben: meine Berufung. Im

Kern lautet meine Berufung auf dieser Erde: kommunizieren. Schreiben. Ich weiß ganz sicher, dass ich glücklich bin, wenn ich schreibe. Und wenn wir unsere Berufung finden, finden wir auch unsere Lebensfreude. Na gut, wahrscheinlich sollte ich das noch etwas genauer formulieren: Wer seine Bestimmung findet *und es auf die Reihe kriegt, sie umzusetzen,* findet seine Lebensfreude.

Ihre Berufung ist die Sache, für die Gott Sie geschaffen hat. Sie ist ein Fundament, ein Zentrum, sie verschafft uns Energie und einen inneren Frieden, innerhalb dessen wir handeln können. In den Augenblicken, in denen wir ganz unsere Berufung leben, haben wir das Gefühl, exakt das zu tun, was Gott von uns will. Und vor allem: Die Welt wird auf eine Weise ein wenig heller dadurch.

WESHALB SIND SIE HIER?

Weshalb sind Sie hier? Warum sind Sie genau zu diesem Zeitpunkt auf dieser Erde? In der Familie, in die Sie hineingeboren wurden? Mit genau Ihren einzigartigen Begabungen und Talenten, mit Ihren Erfahrungen? Es gibt tatsächlich einen Grund, weshalb Sie hier sind. Das ist Ihre Berufung. Manche nennen es ihren Auftrag. Wir alle haben einen. Sie sind am Zug, herauszufinden, was das ist, und danach zu handeln. Wollen Sie am Ende Ihres Lebens nicht auch sagen können: „Auftrag erledigt"?

Wir sind in einer traurigen Lage, wenn wir unseren Auftrag nur verschwommen erkennen. Wir fühlen uns dabei irgendwie verloren, selbst wenn der Rest der Welt denkt, wir wüssten genau, wohin die Reise geht. Ich erinnere mich, wie ich in meiner vorigen Karrierelaufbahn Auszeichnungen und Preise gewann und trotzdem mit meiner Arbeit zutiefst unzufrieden war. Weil ich erfolgreich war in meinem Beruf, dachten die Leute, ich wäre genau am richtigen Platz. Aber tief in mir drin wusste ich, dass etwas nicht stimmte.

Man kann alle erdenkliche Anerkennung für den eigenen Erfolg bekommen, aber wenn man für das, was man erreicht, keine Berufung hat, spürt man innerlich ein Schwarzes Loch – einen leeren Fleck in der Seele, der sich nach wahrer Erfüllung sehnt.

Diese wahre Erfüllung gründet sich darauf, zu wissen, dass man die eigene Berufung lebt.

Als ich einer Klientin half, der es schwerfiel, ihre Lebensaufgabe zu formulieren, rutschte mir eines Tages die Frage heraus: *Wodurch wird das Leben eines anderen Menschen besser, wenn Sie sich begegnen?* Sofort begann sie, ihren Auftrag zu beschreiben: „Ich bin eine Brückenbauerin, ich bringe Menschen, Gedanken und Ressourcen zusammen. Das Leben eines Menschen wird dadurch besser, dass ich ihn mit etwas zusammenbringe, das er braucht." Einfach so. Klar und deutlich. Das war ihre Berufung.

Im Laufe der Jahre hat diese wichtige Frage vielen geholfen, ihre Berufung zu finden. Beantworten Sie diese Frage ohne große Innenschau oder Nachdenken aus dem Bauch heraus: *Wodurch wird das Leben eines anderen Menschen besser, wenn Sie sich begegnen?*

Wir sind alle aus einem bestimmten Grund hier und machen die Welt auf irgendeine Weise zu einem besseren Ort, als sie es ohne uns gewesen wäre. Das Schöne ist, dass wir diesen Auftrag mit unseren ganz persönlichen Begabungen, Stärken, Leidenschaften und Erfahrungen erledigen. Sie sind wahrscheinlich nicht der einzige Mensch auf der Erde mit Ihrem konkreten Auftrag, aber Sie sind der einzige, der ihn auf Ihre individuelle Art erfüllen kann. Gott hat Ihnen für bestimmte Menschen ganz spezielle Fähigkeiten geschenkt, damit Sie ihnen weiterhelfen können. Diese Menschen sind mit Ihnen in Kontakt. Sie sind irgendwo in Ihrem Umfeld. Sie werden von Ihnen beeinflusst. Ich bin nicht die einzige Autorin, deren Auftrag es ist, Frauen dahingehend zu inspirieren, ein erfülltes Leben zu führen. Aber aus irgendeinem Grund stehen Sie und ich jetzt gerade in Beziehung zueinander. Mit Ihnen lebe ich in diesem Moment also meine Berufung.

Mit wem werden Sie heute Kontakt haben und Ihre Berufung leben? Meine Herausforderung an Sie lautet: Formulieren Sie Ihre Berufung in einem einfachen Satz.

WAS HÄLT SIE DAVON AB, IHRE BERUFUNG ZU LEBEN?

Wenn ich schreibe, verspüre ich ein Gefühl der Begeisterung. Das Schlüsselwort in diesem Satz lautet, *wenn* ich schreibe. Wenn ich zum reinen Spaß und Vergnügen schreibe, fließen mir die Sätze förmlich aus der Hand. Wenn ich für andere schreibe, überfällt mich die Angst. Selbstkritik. Befürchtungen. Sorgen. Nichts davon pflastert den Weg zum Glück. All das ist das genaue Gegenteil dessen, was Gott uns wünscht. Wenn wir unsere Berufung leben, finden wir Gnade, Friede und Freude. Was hält uns also von unserer Berufung ab?

1. Die Angst, nicht zu genügen.
2. Die Angst vor Ablehnung.
3. Die Angst zu versagen.
4. Die Angst vor Erfolg.
5. Dass wir eine zu große Sache daraus machen.
6. Perfektionismus.
7. Wir glauben, es ginge nur um uns.

Einer der Gründe, weshalb wir uns an unsere Begabungen klammern, ist die Lüge, unsere Begabungen seien nur für uns selbst gedacht. Das stimmt aber nicht. Ihre gottgegebenen Talente sollen anderen zum Segen dienen. Je mehr Sie Ihre Begabungen für andere einsetzen, desto wertvoller werden sie.

ZUR BERUFUNG GEHÖRT AUCH SCHWIERIGES

Ich hatte gerade meinen 29. Geburtstag gefeiert. Ich erinnere mich allerdings kaum noch daran, weil ich mit den Gedanken in dieser Zeit bei wesentlich unerfreulicheren und wichtigeren Dingen war – zum Beispiel der Tatsache, dass meine Mutter seit fünf Wochen im Krankenhaus lag. Sie konnte weder laufen noch essen noch ohne medizinische Hilfe zur Toilette gehen. Sie konnte zudem nicht richtig sehen und nur undeutlich sprechen. Ich war das einzige erwachsene Familienmitglied, das in derselben Stadt wohnte. Verwandte kamen zu Besuch und halfen, waren aber nicht auf Dauer da. Sie musste damals noch mindestens ein paar Wochen im Krankenhaus bleiben.

Die Ärzte und Reha-Pfleger luden mich zu einem Gespräch ein. Mir war nicht bewusst, dass es dabei so sehr zur Sache gehen würde. Sie hatten eine ganze Liste mit Fragen. „Wie wollen Sie Ihre Mutter anschließend pflegen?", fragte mich der leitende Arzt. „Wer bringt sie jeden Tag zur Therapie? Wie sieht Ihr Zeitplan aus? Wollen Sie zu ihr ziehen oder nehmen Sie sie zu sich? Wir müssen Ihnen dann zeigen, wie sie richtig über die Magensonde ernährt wird und wie Sie den Blasenkatheter wechseln."

Wissen Sie, glücklich zu sein kann nicht das einzige Ziel unseres Lebens sein. Glück ist ein Nebenprodukt von einem gut geführten Leben. Die letzte Aussage der Ärzte ignorierte ich. Bis zwei Tage vor Ende des zweimonatigen Krankenhausaufenthaltes meiner Mutter. Jeden Tag, wenn eine Krankenschwester ins Zimmer kam, um den Katheter zu wechseln, bot sie mir an, mir die Handgriffe zu zeigen. „Ach, ich bin mir sicher, dass ihre Blase bei ihrer Entlassung wieder normal funktioniert", winkte ich ab. „Ist nicht nötig, mir das alles beizubringen, wenn ich es gar nicht brauche." Offenbar machte sich das Personal zunehmend Sorgen. Genau wie die Schwester meiner Mutter, Tante Billie.

In ihrer liebevollen, aber direkten Art brachte sie das Thema sachlich zur Sprache, als wir eines Tages beim Drive-in-Schalter eines Fast-Food-Restaurants standen und darauf warteten, dass wir bezahlen konnten. „Du weißt, dass du lernen musst, wie der Katheter funktioniert", sagte sie behutsam. Ich spürte sofort, wie mir die Tränen in die Augen stiegen. Sie hatte recht. Ich musste es lernen.

„Aber ich will nicht, Tante Billie", sagte ich traurig. Ich spürte, wie sich mir die Kehle zuschnürte.

„Ich weiß, meine Liebe", sagte sie einfühlsam. „Aber du musst."

Ich blieb reglos sitzen. Ich wusste, dass sie recht hatte. Und ich wollte es trotzdem nicht. Ich hatte Angst, etwas falsch zu machen. Ich hatte Angst, ich würde vergessen, was zu tun war, sobald ich mit meiner Mom aus dem Krankenhaus nach Hause kam. Und vor allem fiel es mir schwer, die Realität dieser neuen Herausforderung anzuerkennen. Meine Mutter war 49 und vor zwei

Monaten noch völlig gesund gewesen. Jetzt beherrschte sie nicht einmal mehr die grundlegendsten Körperfunktionen, die für die meisten von uns selbstverständlich sind. Ich war traurig, hatte Angst, war wütend und durcheinander. Das Gehirnaneurysma und die Notoperation waren so schnell vonstattengegangen, dass ich weder Zeit gehabt hatte, alles zu verarbeiten, noch den Verlust der Gesundheit meiner Mutter zu betrauern.

Tante Billie und ich saßen schweigend da, als ich zur Kasse fuhr und dem freundlichen Mitarbeiter das Geld reichte. „Ich weiß", sagte ich. „Es macht mich nur alles so traurig."

„Alles wird gut", versicherte sie mir. „Manchmal müssen wir im Leben Dinge tun, die wir eigentlich nicht wollen."

Ich glaube, Tante Billies Worte gelten uns allen. *Manchmal müssen wir im Leben Dinge tun, die wir eigentlich nicht wollen.* Manchmal wünschten wir, nicht in dieser Lage zu sein. Und sind es trotzdem. In diesen Momenten ist es unsere Aufgabe, aufzustehen und unserem Auftrag gerecht zu werden. Was ist Gottes Aufforderung an Sie in den Bereichen Ihres Lebens, die Sie sich anders wünschen würden? Häufig können bestimmte Aufträge sehr konkret werden – und beispielsweise eine Aufgabe sein, die Gott Ihnen in diesem Lebensabschnitt stellt. Ignorieren Sie sie nicht. Sonst verpassen Sie das Eigentliche.

Wir erfüllen damit den Auftrag, für den wir geschaffen wurden. Jede von uns wurde mit demselben Ziel geschaffen: zu lieben und zu dienen. Zu lieben und zu dienen sieht aber für jede von uns anders aus, weil die Art, wie wir lieben und dienen, von unseren persönlichen Stärken, Vorlieben und Erfahrungen abhängt. Aber unterm Strich leben Sie Ihre Berufung, wenn Sie andere lieben und ihnen dienen, wie nur Sie es können. Das ist der Punkt, an dem Sie Ihr größtes Glück finden werden. Wenn Sie außerhalb Ihrer Berufung leben, erleben Sie sicher auch Glücksmomente und schöne Gefühle, aber das tiefere Glück, das Freude und Befriedigung bedeuten, wird Ihnen fehlen. Freude und Befriedigung sind die Begleiter eines Lebens, das Tag für Tag auf eine gute Art gelebt wird – eines Lebens, das aus guten Entscheidungen besteht.

In Ihrem Leben wird es Zeiten geben, in denen Sie das Gefühl haben, alles laufe perfekt. Aber in anderen Zeiten werden Sie in manchen Lebensbereichen auch Prüfungen erleben, kleine wie große. Sie werden auf die Probe gestellt werden. Sie werden die Chance haben, sich von Gott gebrauchen und herausfordern zu lassen und reifer zu werden. Wenn Sie diese Gelegenheiten ungenutzt verstreichen lassen und nur das tun, was Sie offensichtlich „glücklich" macht – mit anderen Worten: nur tun, was einfacher ist –, untergraben Sie damit Ihr Glück. Ein oberflächliches Leben, das nur aus Lust und Vergnügen besteht, bleibt ohne innere Erfüllung. Wahres Glück besteht aus einer tiefen Freude und Zufriedenheit, die aus dem Wissen erwächst, die guten Zeiten genossen und sich in den schlechten Zeiten den Aufgaben gestellt zu haben.

Glücklich zu sein kann nicht das einzige Ziel Ihres Lebens sein. Glück ist das Nebenprodukt von einem gut geführten Leben.

Ich kann mir nicht helfen, ich muss immer an einen Vers in meinem Lieblingsbuch der Bibel denken: Jakobus. Das ist ein sehr kurzes Buch voller Weisheit und Kraft. In Jakobus 1,2-3 lesen wir: „Liebe Brüder und Schwestern! Betrachtet es als Grund zur Freude, wenn euer Glaube immer wieder hart auf die Probe gestellt wird. Denn durch solche Bewährungsproben wird euer Glaube fest und unerschütterlich." Es ist schwer sich vorzustellen, dass Prüfungen uns Freude bringen, aber so ist es. Haben Sie je die tiefe Befriedigung gespürt, wenn Sie Schwierigkeiten durchgestanden haben? Prüfungen sind eine Gelegenheit, um herauszufinden, wer wir wirklich sind und welche Stärken Gott in uns hineingelegt hat. Es gibt keine andere Möglichkeit, diese Stärken zu entdecken, als durch Schwierigkeiten zu gehen. Meist sind Menschen, die nie Schwieriges erlebt haben, sogar weniger belastbar. Und ohne innere Belastbarkeit kann man nur schwer glücklich werden. Denn das Leben bringt nun einmal manche Rückschläge und Enttäuschungen mit sich.

Erinnern Sie sich an eine Situation, die Sie sich anders gewünscht hätten, der Sie sich aber gestellt und währenddessen innere Befriedigung empfunden haben? Sie haben Ihre „göttliche Mission" erfüllt. Haben Sie eine konkrete Situation im Kopf? Dann stellen Sie sich einen Moment lang vor, Sie hätten sich der Sache nicht gestellt, sondern die Aufgabe abgelehnt. Sie hätten sich für den leichteren Weg entschieden, statt sich einem längerfristigen Ziel unterzuordnen. Wie würden Sie sich jetzt bei dem Gedanken daran fühlen? Was würden Sie möglicherweise bedauern? Wäre vielleicht eine Beziehung dadurch beeinträchtigt worden? Inwiefern? Wären Sie jetzt glücklicher oder von sich enttäuscht?

GLÜCK BRAUCHT RESILIENZ, RESILIENZ BRAUCHT GEGENWIND

Unser allgemeines Wohlbefinden ist höher, wenn wir wissen, dass wir mit allem fertigwerden, was uns begegnet. Mit Gott sind tatsächlich alle Dinge möglich. Zu meinen Lieblingsversen gehört auch folgender: „Meine Gnade ist alles, was du brauchst! Denn gerade wenn du schwach bist, wirkt meine Kraft ganz besonders an dir" (2. Kor 12,9). Wir brauchen nicht sämtliche Antworten oder viel Kraft, sondern wenn wir Gott die Situation anvertrauen und ihm erlauben, uns die Gnade zum Durchhalten zu schenken, werden wir jeden Gegenwind überleben oder sogar darin aufblühen.

Wahres Glück besteht aus einer tiefen Freude und Zufriedenheit, die aus dem Wissen erwächst, die guten Zeiten genossen und sich in den schlechten Zeiten den Aufgaben gestellt zu haben.

An dem Tag im Auto mit Tante Billie war ich traurig. Ich hatte Angst. Aber als ich mich erst einmal der Realität gestellt hatte, durchschritt ich diesen Lebensabschnitt mit einem klaren Bewusstsein für meine Berufung. In jener Zeit war es nicht mein vorderster Auftrag, Frauen zu inspirieren, ein erfülltes Leben zu führen. Sondern es ging darum, eine einzelne Frau zu inspirieren und für sie zu sorgen: meine Mutter. Es fällt mir schwer, mir vorzustellen, ich hätte eine andere Entscheidung getroffen. Wenn mir das aus irgendeinem verrückten Grund doch passiert wäre, weiß ich nicht, wie ich mir heute in die Augen sehen sollte. War ich glücklich, diese Entscheidung treffen zu müssen? Nein. Fand ich es gerecht? Nein. Wünschte ich, sie hätte diese Einschränkungen nicht erlebt? Natürlich! Aber ich lernte, mit unserem neuen Alltag umzugehen. Und inmitten dieser Prüfung erlebten wir viele schöne Augenblicke zusammen. Lustige Situationen waren zum Beispiel, wenn meine Mutter im Supermarkt versuchte, einen Einkaufswagen zu lenken, in den sie sich hineinsetzen konnte, und dabei gegen alle Regale rumste. Wir erlebten Momente voller Hoffnung, als sie es eines Tages schaffte, allein langsam die Einfahrt hinunter zum Briefkasten zu gehen – ein Novum, das sich erst nach mehreren Monaten einstellte. Und wir feierten Erfolgsmomente wie den, als die Ärztin schließlich bestätigte, dass meine Mutter wieder so gut schlucken konnte, dass die Magensonde entfernt werden konnte – ein Wunder angesichts der ärztlichen Aussage, es bestehe eine 90-prozentige Wahrscheinlichkeit, dass sie nie wieder würde schlucken können. All das gemeinsam durchzustehen, brachte uns näher zusammen, und aus einer solchen Vertrautheit erwächst Freude.

Meine Mutter bleibt weiterhin auf einem Weg, für den viel Ausdauer notwendig ist. Aber sie sagt, sie sei glücklicher als vor ihrem Aneurysma. Sie lebt heute in ihrem Heimatort, in der Nähe ihrer Geschwister, Nichten und Neffen und sogar Urgroßnichten und -neffen – was ihr eine große Freude ist. Interessanterweise belegen Studien, dass uns ohnehin nicht die Umstände glücklich machen. Sondern es ist wissenschaftlich erwiesen, dass Menschen, die einen Schicksalsschlag wie etwa eine Krankheit oder einen Unfall erleben, sich typischerweise nach zwei Jahren wieder auf einem ähnlichen Glücksniveau wie vorher bewegen. Das nennt man seelische Belastbarkeit – oder Resilienz. Ohne sie werden wir nicht glücklich werden.

VORSICHT: NICHT JEDE ENTSCHEIDUNG KANN SICH DANACH RICHTEN, WAS SIE DERZEIT GLÜCKLICH MACHT

In unserer heutigen Kultur gibt es zahllose Beispiele für Menschen, die ihre Entscheidungen allein aufgrund dessen treffen, was sie „jetzt sofort" glücklich macht. Und solche Entscheidungen führen auf lange Sicht häufig zu Unzufriedenheit. Angesichts der ständigen Entscheidungen, die wir zu treffen haben – im Hinblick auf Beziehungen, Gesundheit, Geld und Beruf – möchte ich Sie vor eine Herausforderung stellen: **Denken Sie ein Jahr oder auch zehn Jahre in die Zukunft und fragen Sie sich, wie Sie sich dann wünschen werden, sich entschieden zu haben.** *Und entscheiden Sie sich für diese Option.* Egal, ob Sie kurz davor stehen, Kreditkartenschulden zu machen für etwas, das Sie sich sonst nicht leisten könnten, oder ob Sie aus „unüberbrückbaren Differenzen" eine Scheidung anstreben, denken Sie daran, dass dauerhafte Zufriedenheit es manchmal erfordert, unsere Interessen eine Weile zurückzustellen. Sprich: eine kurzzeitige Frustration in Kauf zu nehmen, um mit langfristigem Wohlergehen belohnt zu werden. Wenn wir unser Glück zum einzigen Ziel unseres Daseins machen, lassen wir uns vom reinen Vergnügen leiten statt von unserer Berufung. Das führt zu einem glücklosen Leben. Aber wenn Gottes Berufung Ihre Entscheidungen bestimmt, ist Ihnen wahre Zufriedenheit gewiss!

WECKEN SIE DIESEN GLÜCKLICHMACHER!

- Formulieren Sie Ihre Berufung in einem einfachen Satz. Er sollte die Frage beantworten: „Wodurch wird das Leben eines anderen Menschen besser, wenn Sie sich begegnen?"

- Wenn Sie mit unerwarteten Situationen konfrontiert werden, fragen Sie sich: „Wozu bin ich in dieser Lebenslage berufen?"
- Widerstehen Sie bei schwierigen Entscheidungen der Versuchung, sich automatisch für die Option zu entscheiden, die Sie sofort glücklich macht. Denken Sie zehn Jahre in die Zukunft und fragen Sie sich: „Wie werde ich mir dann wünschen, mich entschieden zu haben?"

Fazit

Seien Sie jetzt glücklich und warten Sie damit nicht, bis sich etwas ändert

Ich konnte ihn damals nicht so benennen, aber mein erster Depressionsschub traf mich mit 15. Meine Eltern hatten sich getrennt. Wir verloren unser Haus. Wir lebten 2400 Kilometer von unseren Verwandten entfernt. Ich war tieftraurig. Und ich schämte mich. Deshalb erzählte ich meinen Freundinnen nicht, dass wir unser Haus verloren hatten, und redete nicht viel über die bevorstehende Scheidung meiner Eltern. Ich kannte Eltern, die ihren Kindern verboten hatten, sich mit Kindern aus zerbrochenen Familien zu verabreden, und hatte Angst vor Ablehnung. Wenn ich abends zu Bett ging und keine Ablenkung mehr da war, überwältigte mich die Trauer. Ich versuchte einzuschlafen, aber die Gedanken an glücklichere Zeiten mit meinen Eltern hielten mich wach. Früher hatten wir jeden Abend beim Essen zusammen gesessen und wenn ich jetzt abends die Augen schloss, sah ich uns immer gemeinsam um den Esstisch sitzen. Ich lag im Bett und es brannte in meinem Hals, wenn ich versuchte, die Tränen zurückzuhalten, was mir nicht gelang. Sie kullerten auf mein Kopfkissen, bis ich mich schließlich in den Schlaf geweint hatte. Ich vermied es, laut zu schluchzen. Ich wollte nicht, dass meine Mutter wusste, wie traurig ich war. Ich wollte, dass meine Familie wieder zusammenkam. Ich wollte unser Haus und unsere Umgebung zurück. Aber das alles entzog sich meinem Einfluss und deshalb konzentrierte ich mich auf das, was ich in der Hand hatte: Schule und Freizeit. Ich glaube, meine besten Freunde, meine Gemeinde, meine außerschulischen Aktivitäten und der Sport haben mich damals gerettet. Ich fühlte mich als Teil von etwas, das größer war als ich selbst. Das löschte zwar Wut und Enttäuschung nicht völlig aus, ließ mich aber genug Licht erkennen, um nicht in ein tiefes dunkles Loch zu fallen.

Wenn Sie schon einmal mit Depression zu tun hatten, wissen Sie, dass sie immer wiederkehren kann. Ich bildete da keine Ausnahme. Mit Mitte 20 litt ich erneut unter Depressionen. Nach außen wirkte ich erfolgreich und sogar glücklich. Ich führte ein erfolgreiches Unternehmen, besaß ein eigenes Haus und hatte eine Familie, die mich liebte. Ich war gesund, liebenswert ... und traurig. Als mich die Depression diesmal traf, wusste ich, was es war. Ich suchte mir eine Therapeutin, durchleuchtete mich selbst gründlich und stellte Fragen. *Wer bin ich? Warum bin ich hier? Auf welche Weise möchte ich die Welt verändern?* Ich betete um Antworten. Sie kamen zu ihrer Zeit. Und ohne zu wissen, wie ich sie nennen sollte, begann ich, meine Glücklichmacher zu wecken. Ich entdeckte meine Berufung und Leidenschaft und bin ihr seither gefolgt. Ich habe Wege gefunden, meinem Umfeld zu dienen. Ich habe gleichgesinnte Freunde gefunden und Freundschaften gepflegt. Ich habe begonnen zu reisen und Urlaub zu machen. Mit jedem neuen Schritt fühlte ich mich stärker und meine Stimmung begann sich zu heben.

Mit Mitte 30 erlebte ich die schmerzlichste Zeit meines Lebens und meine größte Angst wurde wahr – meine eigene Scheidung. Ich musste mein Leben von vorn beginnen. Als erneut Depressionen einsetzten, war ich für den Kampf gerüstet! Diesmal war mein Glaube stärker als vorher und zudem hatte ich gerade mein Studium in angewandter Positiver Psychologie an der University of Pennsylvania abgeschlossen. Ich hatte Hunderte von Stunden bei den besten Wissenschaftlern ihres Fachs über Zufriedenheit und Resilienz geforscht. Jetzt musste ich mein Wissen auf mein eigenes Leben übertragen. Würde es mir gelingen? Es gab nur einen Weg, das herauszufinden. Ich wandte jeden Glücklichmacher aus diesem Buch an und überlebte den depressiven Schub nicht nur, *sondern blühte darin auf.* Wenn die Angst mir ins Ohr flüsterte: „Du hast versagt. Du hast kein Recht mehr, Bücher zu schreiben oder Vorträge zu halten oder andere zu beraten!", dann entgegnete ich ihr: „Meine Berufung ist nicht hinfällig, nur weil mein Leben nicht optimal verläuft. Ich werde meine eigenen Schwierigkeiten in den Dienst meiner Berufung stellen und dadurch einfühlsamere und bessere Bücher schreiben." Wenn die Unsicherheit mir entgegenbrüllte: „Deine besten Jahre liegen hinter dir", vergewisserte mir meine Zuversicht: „Dein Leben hat gerade erst angefangen! Nach diesem Wendepunkt werden neue und glücklichere Zeiten anbrechen."

Ich entschied mich für den seelischen Widerstand. Das können Sie auch. Ein berühmtes Zitat von Abraham Lincoln lautet: „Die meisten Menschen sind so glücklich, wie sie es sich selbst vorgenommen haben." Haben Sie den festen Glauben, dass Glück möglich ist, komme, was wolle. Sie können sich sicher sein: Herausforderungen werden sich einstellen. Vielleicht werden Sie nicht immer glücklich sein über das, was passiert, aber Sie können trotz allem, was passiert, glücklich sein. Das habe ich vom Apostel Paulus gelernt, der schrieb: „Ob ich nun wenig oder viel habe, beides ist mir durchaus vertraut, und so kann ich mit beidem fertigwerden: Ich kann satt sein und hungern; ich kann Mangel leiden und Überfluss haben. Alles kann ich durch Christus, der mir Kraft und Stärke gibt." Ich glaube, es war Gott in seiner Gnade, der mir die Kraft gegeben hat, angesichts schwieriger Zeiten auf ihn zu vertrauen, den Kopf nicht in den Sand zu stecken und mich aktiv um mein Glück zu bemühen. Ich weiß aus eigener Erfahrung, dass Glücklichmacher funktionieren – nicht, weil Studien das belegen, sondern weil ich es am eigenen Leib erlebt habe. Und ich vertraue darauf, dass sie auch bei Ihnen und auf Ihrem Weg ihre Wirkung zeigen.

Ich bin glücklicher als je zuvor – nicht weil ich alles habe, was ich mir wünsche, sondern weil **ich gelernt habe, dass ich – auch wenn meine Wünsche sich erfüllen – nicht glücklich sein werde, solange ich nicht gelernt habe, schon im Hier und Jetzt glücklich zu sein.** Es sind nur kurze Momente, in denen wir unsere Ziele erreichen. Die längste Zeit befinden wir uns auf dem Weg dahin. Lernen Sie glücklich zu sein auf Ihrer Reise durch Schwierigkeiten und Erfolge, dann werden Sie das Geheimnis eines zufriedenen Lebens entdecken.

Alles Liebe

Anhang

Zehn Themen, über die Sie mit Mädchen und jungen Frauen reden können

Nun, da Sie die Werkzeugkiste in der Hand haben, wie Sie zufriedener und glücklicher werden können, geben Sie sie weiter! Ich habe zehn Gedanken formuliert, mit denen Sie ganz leicht mit jungen Frauen in Ihrem Umfeld ins Gespräch darüber kommen können, wie wir in der heutigen Zeit glücklich werden. Sie können die Punkte verwenden, um in eine Diskussion einzusteigen und Frauen über ihr eigenes Glück ins Nachdenken zu bringen. Jedes Thema beinhaltet eine Frage sowie Gedanken, mit denen Sie ein solches Gespräch eröffnen können. Wer sind die jungen Frauen in Ihrem Umfeld, denen Sie weiterhelfen möchten?

1. Plane nicht nur deinen Berufsweg, sondern auch dein Privatleben.
Wie soll dein Privatleben in zehn Jahren aussehen?
Setze dir berufliche Ziele, aber überlege dir auch, was du dir persönlich wünschst. Wenn dein Ziel ist zu heiraten, dann gehe nur mit jemandem eine Beziehung ein, von dem du dir auch vorstellen kannst, ihn zu heiraten – also jemandem, der dieselben familiären und geistlichen Ziele und dieselbe Vision für das Leben hat wie du. Suche dir Freundinnen, deren Werte du teilst. Sei für sie da und suche dir Freunde, die genauso für dich da sind.

2. Kein Model sieht in Wirklichkeit so aus wie auf dem Zeitschriftencover.

Mit wem vergleichst du dich? Hör auf, dich nach oben zu vergleichen, mit Frauen, die es gar nicht gibt. *Jedes* Foto in einer Zeitschrift ist bearbeitet, damit die Models tadellos aussehen. Im wirklichen Leben haben auch sie ihre Makel! Freue dich über deine eigene unverwechselbare Schönheit.

3. Du hast eine Berufung. Deine Aufgabe ist, sie zu finden und zu leben.

Wodurch wird das Leben eines anderen Menschen besser, wenn sich eure Wege kreuzen? Tue jeden Tag etwas, um das Leben eines anderen zu erhellen. Es gibt einen Grund, weshalb du geschaffen wurdest. Du hast Begabungen, Talente, Leidenschaften und Erfahrungen, die diese Welt besser machen können. Das Ziel ist nicht, sie nur für dich einzusetzen, sondern durch sie Positives zu bewirken.

4. Fehler sind in Ordnung. Schade ist, wenn du etwas gar nicht erst versuchst.

Probierst du etwas gar nicht erst, weil du Angst hast zu versagen? Es ist nicht in Ordnung, wenn du dich von deiner Angst abhalten lässt, es zu wagen. Wenn es nicht klappt, lerne daraus. Setze dein Wissen beim nächsten Mal ein. Die glücklichsten Frauen bedauern nichts. Sie sind mutig genug, das anzugehen, was sie sich wünschen. Sie wissen: Das Geheimnis des Erfolges liegt darin, etwas so lange zu probieren, bis es klappt.

5. „Kein Mann ist eine gute Partie, wenn er dich nicht wie verrückt liebt." Pearl Cleage

Behandelt er dich wie die erstklassige Frau, die du bist? Nicht sein Erfolg oder Aussehen machen einen Mann zu einer guten Partie – sondern wie er dich behandelt, sein Charakter, sein Glaube und wie stabil er innerlich ist. Lege dich nicht vorschnell fest und jage keinem Mann hinterher. Der Mann, der für dich bestimmt ist, wird dich finden und ihm wird klar sein, dass er etwas Wertvolles gefunden hat. Das wirst du daran erkennen, wie er dich behandelt. Er wird das Risiko nicht eingehen, dich zu verlieren.

6. Sprich positiv über dich selbst.
Sagst du manchmal negative Dinge über dich selbst, die du im tiefsten Inneren gar nicht so meinst oder von denen du zumindest hoffst, dass sie nicht wahr sind? Deine Worte haben Wirkung. Sprich niemals Worte aus, von denen du nicht willst, dass sie in Erfüllung gehen: „Ich kann das nicht." „Ich bin blöd." „Keiner liebt mich." Sprich nur aus, was deine Träume beflügelt: „Ich bringe alles Nötige mit." „Ich kann das schaffen." „Ich bin gut genug." Optimismus führt zum Glück!

7. Gib dein Geld für Erlebnisse aus, nicht für Besitztümer.
Gibt es etwas, für das du gern das nötige Geld hättest? Glückliche Frauen schöpfen ihren finanziellen Rahmen nicht aus und versuchen keinerlei Schulden zu haben. Denn während deine Freundinnen jeden Cent umdrehen müssen, um ihre Schulden abzuzahlen, bist du frei zu sparen, zu spenden und dir Erlebnisse zu gönnen, die dich wirklich glücklich machen – Kneipenabende mit Freunden, eine spannende Reise, Tanzstunden, Fotoworkshops oder andere Kurse, in denen du Neues lernst.

8. Sprich mit deiner Familie häufiger persönlich als per E-Mail oder SMS.
Wie intensiv ist der Kontakt zu deiner Familie? Wie lebt ihr Beziehung? E-Mails und SMS sind super, um in Kontakt zu bleiben und Neuigkeiten auszutauschen. Aber mache es dir zur Gewohnheit, persönlich mit den Menschen zu sprechen, die dir am Herzen liegen. Glückliche Frauen suchen den direkten Kontakt, um die anderen berühren, sehen und wirklich mit ihnen zusammen sein zu können. Eine gute Beziehung lässt sich nicht in 160 Zeichen oder weniger pflegen.

9. Höre auf die kleine, leise Stimme.

Hast du schon einmal erlebt, dass deine innere Stimme dir etwas gesagt, du es aber ignoriert hast? Wann war das? Gott spricht oft durch ein Flüstern, durch ein leises Drängen in deinen Gedanken, das dich in die richtige Richtung lenkt. Überhöre diese kleine, leise Stimme nicht. Vertraue deiner Fähigkeit, Gottes Reden wahrzunehmen. Er schenkt dir dein „Bauchgefühl", deine „Intuition". Das ist heiliges Wissen. Bemühe dich darum, es nicht geringzuschätzen oder zu überhören. Es ist deine geheime Waffe! Und wenn du Angst hast, dich zu irren, dann vertraue darauf, dass Gott dir auch das zeigen und deine Schritte lenken wird.

10. Vergnüge dich!

Was tust du aus reinem Spaß an der Freude? Dein Leben ist ein Geschenk. Genieße es! Es dreht sich nicht alles um Leistung und Ziele. Manchmal müssen wir innehalten und uns vergnügen! Halte immer dein „inneres Kind" lebendig.

FÜR KINDERLOSE SINGLES

- Idealisieren Sie die Ehe nicht!
- Schreiben Sie zehn Gründe auf, weshalb es schön ist, allein zu leben – das wird Ihre Singledasein-Dankesliste!
- Richten Sie ein Treffen aus, zu dem Sie Freunde einladen, die Sie lange nicht gesehen haben, und Leute, die Sie gern besser kennenlernen würden.
- Verreisen Sie. Wohin wollten Sie schon seit Längerem einmal fahren?
- Sorgen Sie dafür, dass Sie mit anderen zusammen sind. Suchen Sie sich eine Mitbewohnerin, wenn Sie nicht gern allein leben. Wenn Sie allein von zu Hause aus arbeiten, gehen Sie zum Mittagessen aus, nehmen Sie an Treffen von Berufsverbänden teil und engagieren Sie sich ehrenamtlich.
- Warten Sie nicht auf den Ritter in strahlender Rüstung, der Ihnen finanziell weiterhilft.
- Kaufen Sie sich ein Haus oder eine Wohnung. Das kann auch vor einer Ehe eine gute Investition sein. Behalten Sie die Immobilie nach der Hochzeit – vermieten Sie sie und tilgen Sie mit den Mieteinnahmen den Kredit.

FÜR ALLEINERZIEHENDE MÜTTER

- Ziehen Sie in die Nähe Ihrer Familie oder enger Freunde. Legen Sie viel Wert auf Ihr Unterstützernetzwerk. Das heißt auch, im Zweifel nicht irgendwohin zu ziehen, wo Sie keine Hilfe zu erwarten haben.

- Akzeptieren Sie die Wahrheit und vermitteln Sie diese auch Ihren Kindern. Machen Sie Ihren Ex-Mann nicht schlecht, aber erfinden Sie auch keine Ausreden für ihn, wenn er sich nicht kümmert. Sagen Sie Ihren Kindern liebevoll die Wahrheit und helfen Sie ihnen, damit umzugehen.
- Geben Sie Ihr Bestes, aber akzeptieren Sie auch, dass Sie nur Mama sein können, nicht Mama und Papa. Suchen Sie sich vertrauenswürdige männliche Freunde als väterliche Vorbildfiguren für Ihre Kinder, falls der Vater kein Interesse zeigt.
- Gönnen Sie sich regelmäßig Pausen. Wenn Sie sich einen Babysitter leisten können, nutzen Sie das und gönnen Sie sich eine wöchentliche Auszeit. Oder wechseln Sie sich mit einer anderen Mutter oder einem Familienmitglied ab.
- Wenn andere Ihnen Hilfe anbieten, nehmen Sie dieses Angebot an! Und wenn Ihnen niemand die Hilfe anbietet, die Sie brauchen, dann bitten Sie darum.
- Richten Sie einmal in der Woche eine „Spielzeit" mit Ihren Kindern ein, in der sie aussuchen dürfen, was sie machen wollen. Entspannen und lachen Sie zusammen und genießen Sie die Zeit!
- Wenn Sie Ihre Kinder ins Bett bringen, wecken Sie Dankbarkeit: Was waren heute die drei besten Dinge des Tages?

FÜR ELTERN, DEREN KINDER FLÜGGE WERDEN

- Was schieben Sie schon lange vor sich her? Gehen Sie es an! Machen Sie sich einen Plan. Setzen Sie Termine fest. Freuen Sie sich darüber!
- Suchen Sie sich ein neues Hobby.
- Stimulieren Sie Ihre Sinne und lernen Sie Neues. Belegen Sie einen Italienischkurs, nehmen Sie Klavierstunden oder malen oder schreiben Sie zum ersten Mal in Ihrem Leben.
- Verreisen Sie mit Ihren erwachsenen Kindern.
- Unternehmen Sie mit Ihren Freundinnen eine schöne Reise. Machen Sie daraus eine jährliche Aktion, wenn Sie wollen, oder schließen Sie sich einer Reisegruppe an.

- Wenn Sie verheiratet sind, frischen Sie Ihre Liebe wieder auf. Fahren Sie zum zweiten Mal auf Hochzeitsreise, um den Beginn dieser neuen gemeinsamen Zeit zu feiern.
- Fragen Sie sich: „Worauf freue ich mich in den nächsten drei, fünf und zehn Jahren?"

FÜR VERHEIRATETE, BERUFSTÄTIGE MÜTTER

- Geben Sie Ihrer Ehe oberste Priorität. Verabreden Sie sich mit Ihrem Mann einmal am Tag (und sei es nur für eine halbe Stunde) und einmal in der Woche.
- Vereinbaren Sie, dass der andere zu Hause einspringt, wenn einer beruflich viel zu tun hat. Reden Sie jetzt darüber statt inmitten einer turbulenten Woche.
- Lassen Sie die Kinder „Spaßzeiten" für die ganze Familie planen. Das kann ein Abend zu Hause mit Pizza und Gesellschaftsspielen sein, eine Runde Fußball oder ein Ausflug in den Freizeitpark. Räumen Sie Spiel und Spaß einen festen Platz in Ihrer gesamten Familie ein (inklusive Mama und Papa!).
- Schlafen Sie heute mit Ihrem Ehemann – und vergessen Sie dabei das Geschirr! Es ist gut für Sie und Ihre Ehe und schweißt Sie zusammen. Ich weiß, dass Sie viel um die Ohren haben, aber wenn es mit dem Sex läuft, klappt auch die Ehe.
- Nehmen Sie sich eine Auszeit. Reden Sie mit Ihrem Mann über eine wöchentliche Auszeit, in der Sie entspannen und durchatmen können – und sei es nur für ein paar Stunden. Wann wäre der beste Tag und die beste Zeit in der Woche dafür?
- Wenn Sie Ihre Kinder ins Bett bringen, wecken Sie Dankbarkeit: Was waren heute die drei besten Dinge des Tages?

FÜR MÜTTER, DIE BEI IHREN KINDERN ZU HAUSE SIND

- Schreiben Sie auf, was für Sie persönlich Glück bedeutet. Wie definieren Sie „als Frau alles erreichen"?
- Treffen Sie sich mit anderen Frauen. Laden Sie andere Mütter ein und lassen Sie die Kinder spielen, planen Sie einen monatlichen Frauenstammtisch und melden Sie sich regelmäßig bei Freundinnen und alten Kolleginnen. Verlieren Sie nicht den Bezug zur Außenwelt!
- Genießen Sie die Zeit mit Ihren Kindern. Machen Sie Fotos. Basteln Sie Scrapbooks zusammen. An welche gemeinsamen Aktivitäten mit Ihren Kindern wollen Sie sich in zehn Jahren erinnern?
- Legen Sie Ihren Perfektionismus ab, um gemeinsam Zeit zu verbringen: Das Haus muss nicht perfekt aufgeräumt sein, bevor Sie mit Ihren Kindern spielen. *Freuen Sie sich über sie.* Diese Zeit ist kostbar.
- Wenn die Kinder im entsprechenden Alter dafür sind, suchen Sie sich ein ehrenamtliches Projekt, bei dem Sie sich gemeinsam engagieren können. Lassen Sie am besten die Kinder eins auswählen, das ihnen gefällt.
- Wenn Ihre Kinder vom Kindergarten oder der Schule nach Hause kommen, fragen Sie: „Was war das Beste heute im Kindergarten / in der Schule?"

FÜR KINDERLOSE DOPPELVERDIENER

- Legen Sie Wert auf eine gute Beziehung zu Ihrem Mann. Lassen Sie nicht zu, dass Ihre Abende und Wochenenden von Arbeit beherrscht werden. Geben Sie dem anderen oberste Priorität, wenn Sie zu Hause sind.
- Treiben Sie gemeinsam Sport. Was mögen Sie beide gern? Sport hilft, gemeinsam etwas zu unternehmen, Endorphine freizusetzen und gesund zu bleiben.
- Beten Sie zusammen. Ein gemeinsames geistliches Leben führt zu einer tieferen, erfüllteren Ehe.

- Planen Sie abends eine technikfreie Zeit ein und sei es nur für eine halbe Stunde. Legen Sie das Smartphone weg, die E-Mails und SMS können warten. Erzählen Sie sich, was Sie erlebt haben. Sehen Sie sich in die Augen. Schaffen Sie Verbindung.
- Versuchen Sie, mit einem Einkommen zurechtzukommen. In zu vielen Haushalten ist ein doppeltes Einkommen notwendig geworden – aber häufig nur deshalb, weil Paare einen Lebensstil führen, der zwei Einkommen *erfordert*. Wenn Sie sich ein finanzielles Polster anlegen, Ihre Ausgaben verringern und ein Segen für andere sein wollen, versuchen Sie, mit einem Gehalt auszukommen. Verwenden Sie das zweite für Rücklagen und um sich etwas Besonderes zu gönnen, etwa einen Urlaub.
- Schreiben Sie auf, was Sie noch alles erleben wollen, bevor Sie Kinder kriegen (wenn Sie das planen). Kosten Sie diese Zeit in Ihrer Ehe aus. Machen Sie das, was nicht möglich ist, solange die Kinder klein sind. Genießen Sie es!

Glücklichmacher-Test

Anleitung

Alle 13 Glücklichmacher können Ihre Zufriedenheit merklich steigern, aber manche werden Ihnen leichter fallen als andere. Für diesen Test werden Sie etwa fünf bis zehn Minuten benötigen und er wird Ihnen Ihre drei meistgenutzten und Ihre drei am wenigsten genutzten Glücklichmacher zeigen. Bitte wählen Sie für jede Aussage die Option aus, die Sie am besten beschreibt, und kreuzen Sie sie an. Natürlich hätten Sie gern, dass jeder Satz voll und ganz auf Sie zutrifft, aber bitte antworten Sie trotzdem so ehrlich wie möglich. Wenn Sie nicht ehrlich sind, bekommen Sie kein aussagekräftiges Ergebnis. Sie können Ihre persönlichen Glücklichmacher übrigens nur ermitteln, wenn Sie alle Fragen beantwortet haben. Los geht's!

1. Ich plane meine Urlaube immer weit im Voraus.
☐ trifft immer auf mich zu (5 Punkte)
☐ trifft ein bisschen auf mich zu (4 Punkte)
☐ neutral (3 Punkte)
☐ trifft nicht immer auf mich zu (2 Punkte)
☐ trifft nie auf mich zu (1 Punkte)

2. Ich bin schon immer dafür bekannt gewesen, dass ich schnell und oft lache.

☐ trifft immer auf mich zu   (5 Punkte)
☐ trifft ein bisschen auf mich zu   (4 Punkte)
☐ neutral   (3 Punkte)
☐ trifft nicht immer auf mich zu   (2 Punkte)
☐ trifft nie auf mich zu   (1 Punkte)

3. Ich bin nie zu beschäftigt, um anderen zu helfen.

☐ trifft immer auf mich zu   (5 Punkte)
☐ trifft ein bisschen auf mich zu   (4 Punkte)
☐ neutral   (3 Punkte)
☐ trifft nicht immer auf mich zu   (2 Punkte)
☐ trifft nie auf mich zu   (1 Punkte)

4. Ich kaufe nicht spontan ein. Ich suche immer das beste Angebot, bevor ich mich entscheide.

☐ trifft immer auf mich zu   (5 Punkte)
☐ trifft ein bisschen auf mich zu   (4 Punkte)
☐ neutral   (3 Punkte)
☐ trifft nicht immer auf mich zu   (2 Punkte)
☐ trifft nie auf mich zu   (1 Punkte)

5. Ich achte darauf, dass ich mich mit einer Karte oder einem Geschenk bedanke, wenn mir jemand etwas Gutes tut.

☐ trifft immer auf mich zu   (5 Punkte)
☐ trifft ein bisschen auf mich zu   (4 Punkte)
☐ neutral   (3 Punkte)
☐ trifft nicht immer auf mich zu   (2 Punkte)
☐ trifft nie auf mich zu   (1 Punkte)

6. Es vergeht kein Tag, an dem ich nicht mit den zwei wichtigsten Menschen in meinem Leben kommuniziere.

☐ trifft immer auf mich zu (5 Punkte)
☐ trifft ein bisschen auf mich zu (4 Punkte)
☐ neutral (3 Punkte)
☐ trifft nicht immer auf mich zu (2 Punkte)
☐ trifft nie auf mich zu (1 Punkte)

7. Es fällt mir leicht, einer Aufgabe meine volle Aufmerksamkeit zu widmen.

☐ trifft immer auf mich zu (5 Punkte)
☐ trifft ein bisschen auf mich zu (4 Punkte)
☐ neutral (3 Punkte)
☐ trifft nicht immer auf mich zu (2 Punkte)
☐ trifft nie auf mich zu (1 Punkte)

8. Ich bin in einer Gruppe immer die Person, die auch die lustige Seite einer Situation sieht.

☐ trifft immer auf mich zu (5 Punkte)
☐ trifft ein bisschen auf mich zu (4 Punkte)
☐ neutral (3 Punkte)
☐ trifft nicht immer auf mich zu (2 Punkte)
☐ trifft nie auf mich zu (1 Punkte)

9. Ich verschwende keine Zeit damit, mich um Dinge zu sorgen, auf die ich keinen Einfluss habe.

☐ trifft immer auf mich zu (5 Punkte)
☐ trifft ein bisschen auf mich zu (4 Punkte)
☐ neutral (3 Punkte)
☐ trifft nicht immer auf mich zu (2 Punkte)
☐ trifft nie auf mich zu (1 Punkte)

10. Ich rede niemals negativ über mich selbst (Zum Beispiel, „Nie passiert mir etwas Gutes" oder „Wie kann ich nur so blöd sein?")

☐ trifft immer auf mich zu   (5 Punkte)
☐ trifft ein bisschen auf mich zu   (4 Punkte)
☐ neutral   (3 Punkte)
☐ trifft nicht immer auf mich zu   (2 Punkte)
☐ trifft nie auf mich zu   (1 Punkte)

11. Es vergeht keine Woche, in der ich mich nicht körperlich betätige.

☐ trifft immer auf mich zu   (5 Punkte)
☐ trifft ein bisschen auf mich zu   (4 Punkte)
☐ neutral   (3 Punkte)
☐ trifft nicht immer auf mich zu   (2 Punkte)
☐ trifft nie auf mich zu   (1 Punkte)

12. Ich fühle mich nicht schuldig, wenn ich mir ein paar Minuten Zeit nehme, um absolut nichts zu tun.

☐ trifft immer auf mich zu   (5 Punkte)
☐ trifft ein bisschen auf mich zu   (4 Punkte)
☐ neutral   (3 Punkte)
☐ trifft nicht immer auf mich zu   (2 Punkte)
☐ trifft nie auf mich zu   (1 Punkte)

13. Ich weiß genau, was meine Berufung im Leben ist.

☐ trifft immer auf mich zu   (5 Punkte)
☐ trifft ein bisschen auf mich zu   (4 Punkte)
☐ neutral   (3 Punkte)
☐ trifft nicht immer auf mich zu   (2 Punkte)
☐ trifft nie auf mich zu   (1 Punkte)

14. Ich genieße es, Zeit mit Menschen zu verbringen, und habe gerne einen vollen Terminkalender.

☐ trifft immer auf mich zu   (5 Punkte)
☐ trifft ein bisschen auf mich zu   (4 Punkte)
☐ neutral   (3 Punkte)
☐ trifft nicht immer auf mich zu   (2 Punkte)
☐ trifft nie auf mich zu   (1 Punkte)

15. Andere Menschen sagen mir oft, dass ich ein ansteckendes Lächeln habe.

☐ trifft immer auf mich zu   (5 Punkte)
☐ trifft ein bisschen auf mich zu   (4 Punkte)
☐ neutral   (3 Punkte)
☐ trifft nicht immer auf mich zu   (2 Punkte)
☐ trifft nie auf mich zu   (1 Punkte)

16. Ich fühle mich lebendig / energiegeladen, wenn ich ehrenamtlich arbeite.

☐ trifft immer auf mich zu   (5 Punkte)
☐ trifft ein bisschen auf mich zu   (4 Punkte)
☐ neutral   (3 Punkte)
☐ trifft nicht immer auf mich zu   (2 Punkte)
☐ trifft nie auf mich zu   (1 Punkte)

17. Ich könnte mir eine teurere Wohnung leisten, aber ich lebe gerne dort, wo ich jetzt bin.

☐ trifft immer auf mich zu   (5 Punkte)
☐ trifft ein bisschen auf mich zu   (4 Punkte)
☐ neutral   (3 Punkte)
☐ trifft nicht immer auf mich zu   (2 Punkte)
☐ trifft nie auf mich zu   (1 Punkte)

18. Auch unter schwierigen Umständen finde ich immer einen Grund, dankbar zu sein.

☐ trifft immer auf mich zu   (5 Punkte)
☐ trifft ein bisschen auf mich zu   (4 Punkte)
☐ neutral   (3 Punkte)
☐ trifft nicht immer auf mich zu   (2 Punkte)
☐ trifft nie auf mich zu   (1 Punkte)

19. Ich fühle mich am wohlsten, wenn ich von Menschen umgeben bin.

☐ trifft immer auf mich zu   (5 Punkte)
☐ trifft ein bisschen auf mich zu   (4 Punkte)
☐ neutral   (3 Punkte)
☐ trifft nicht immer auf mich zu   (2 Punkte)
☐ trifft nie auf mich zu   (1 Punkte)

20. Wenn ich mehrere Sachen auf einmal mache, fühle ich mich ausgelaugt und erschöpft.

☐ trifft immer auf mich zu   (5 Punkte)
☐ trifft ein bisschen auf mich zu   (4 Punkte)
☐ neutral   (3 Punkte)
☐ trifft nicht immer auf mich zu   (2 Punkte)
☐ trifft nie auf mich zu   (1 Punkte)

21. Mein „inneres Kind" ist immer bereit zu spielen.

☐ trifft immer auf mich zu   (5 Punkte)
☐ trifft ein bisschen auf mich zu   (4 Punkte)
☐ neutral   (3 Punkte)
☐ trifft nicht immer auf mich zu   (2 Punkte)
☐ trifft nie auf mich zu   (1 Punkte)

22. Es fällt mir leicht, abzuschalten und mich zu entspannen.

☐ trifft immer auf mich zu   (5 Punkte)
☐ trifft ein bisschen auf mich zu   (4 Punkte)
☐ neutral   (3 Punkte)
☐ trifft nicht immer auf mich zu   (2 Punkte)
☐ trifft nie auf mich zu   (1 Punkte)

23. Ich hänge mir aufmunternde Worte oder inspirierende Sprüche an Stellen auf, wo ich sie oft sehe.

☐ trifft immer auf mich zu   (5 Punkte)
☐ trifft ein bisschen auf mich zu   (4 Punkte)
☐ neutral   (3 Punkte)
☐ trifft nicht immer auf mich zu   (2 Punkte)
☐ trifft nie auf mich zu   (1 Punkte)

24. Obwohl ich einen vollen Terminkalender habe, finde ich noch Zeit, regelmäßig Sport zu treiben.

☐ trifft immer auf mich zu   (5 Punkte)
☐ trifft ein bisschen auf mich zu   (4 Punkte)
☐ neutral   (3 Punkte)
☐ trifft nicht immer auf mich zu   (2 Punkte)
☐ trifft nie auf mich zu   (1 Punkte)

25. Ich lasse mir immer etwas einfallen, um die Meilensteine auf dem Weg zu einem Ziel zu feiern.

☐ trifft immer auf mich zu   (5 Punkte)
☐ trifft ein bisschen auf mich zu   (4 Punkte)
☐ neutral   (3 Punkte)
☐ trifft nicht immer auf mich zu   (2 Punkte)
☐ trifft nie auf mich zu   (1 Punkte)

26. Ich freue mich über den Einfluss, den ich auf die Menschen habe, denen ich jeden Tag begegne.

☐ trifft immer auf mich zu (5 Punkte)
☐ trifft ein bisschen auf mich zu (4 Punkte)
☐ neutral (3 Punkte)
☐ trifft nicht immer auf mich zu (2 Punkte)
☐ trifft nie auf mich zu (1 Punkte)

27. Wenn ich mir ein Ziel setze, weiß ich schon, wie ich das Erreichen dieses Ziels feiern werde.

☐ trifft immer auf mich zu (5 Punkte)
☐ trifft ein bisschen auf mich zu (4 Punkte)
☐ neutral (3 Punkte)
☐ trifft nicht immer auf mich zu (2 Punkte)
☐ trifft nie auf mich zu (1 Punkte)

28. Ich lächle mit offenem Mund, man kann meine Zähne dabei sehen.

☐ trifft immer auf mich zu (5 Punkte)
☐ trifft ein bisschen auf mich zu (4 Punkte)
☐ neutral (3 Punkte)
☐ trifft nicht immer auf mich zu (2 Punkte)
☐ trifft nie auf mich zu (1 Punkte)

29. Ich lebe für die Momente, in denen ich anderen helfen kann, ihre Ziele zu erreichen.

☐ trifft immer auf mich zu (5 Punkte)
☐ trifft ein bisschen auf mich zu (4 Punkte)
☐ neutral (3 Punkte)
☐ trifft nicht immer auf mich zu (2 Punkte)
☐ trifft nie auf mich zu (1 Punkte)

30. Ich kann gut Geld sparen. Aber ich gebe es auch gerne für einen Urlaub an einem aufregenden Ort aus.

☐ trifft immer auf mich zu (5 Punkte)
☐ trifft ein bisschen auf mich zu (4 Punkte)
☐ neutral (3 Punkte)
☐ trifft nicht immer auf mich zu (2 Punkte)
☐ trifft nie auf mich zu (1 Punkte)

31. Ich bin dankbar, dass mir so viel Gutes geschenkt ist.

☐ trifft immer auf mich zu (5 Punkte)
☐ trifft ein bisschen auf mich zu (4 Punkte)
☐ neutral (3 Punkte)
☐ trifft nicht immer auf mich zu (2 Punkte)
☐ trifft nie auf mich zu (1 Punkte)

32. Ich weiß gern, was im Leben meiner Familienmitglieder passiert.

☐ trifft immer auf mich zu (5 Punkte)
☐ trifft ein bisschen auf mich zu (4 Punkte)
☐ neutral (3 Punkte)
☐ trifft nicht immer auf mich zu (2 Punkte)
☐ trifft nie auf mich zu (1 Punkte)

33. Ich freue mich, wenn ich mein Telefon und den Fernseher ausschalten kann, um mich voll auf meine Aufgabe zu konzentrieren.

☐ trifft immer auf mich zu (5 Punkte)
☐ trifft ein bisschen auf mich zu (4 Punkte)
☐ neutral (3 Punkte)
☐ trifft nicht immer auf mich zu (2 Punkte)
☐ trifft nie auf mich zu (1 Punkte)

34. Ich erzähle gern lustige Geschichten und bringe andere zum Lachen.

☐ trifft immer auf mich zu   (5 Punkte)
☐ trifft ein bisschen auf mich zu   (4 Punkte)
☐ neutral   (3 Punkte)
☐ trifft nicht immer auf mich zu   (2 Punkte)
☐ trifft nie auf mich zu   (1 Punkte)

35. Ich nehme immer meine kompletten Urlaubstage.

☐ trifft immer auf mich zu   (5 Punkte)
☐ trifft ein bisschen auf mich zu   (4 Punkte)
☐ neutral   (3 Punkte)
☐ trifft nicht immer auf mich zu   (2 Punkte)
☐ trifft nie auf mich zu   (1 Punkte)

36. Ich habe diesen Monat nicht hinter ihrem Rücken schlecht über andere Menschen geredet.

☐ trifft immer auf mich zu   (5 Punkte)
☐ trifft ein bisschen auf mich zu   (4 Punkte)
☐ neutral   (3 Punkte)
☐ trifft nicht immer auf mich zu   (2 Punkte)
☐ trifft nie auf mich zu   (1 Punkte)

37. Ich fühle mich nicht wohl, wenn ich keinen Sport treibe.

☐ trifft immer auf mich zu   (5 Punkte)
☐ trifft ein bisschen auf mich zu   (4 Punkte)
☐ neutral   (3 Punkte)
☐ trifft nicht immer auf mich zu   (2 Punkte)
☐ trifft nie auf mich zu   (1 Punkte)

38. Wenn ich esse, mache ich langsam, sitze an einem Tisch und genieße jeden Bissen.

- ☐ trifft immer auf mich zu (5 Punkte)
- ☐ trifft ein bisschen auf mich zu (4 Punkte)
- ☐ neutral (3 Punkte)
- ☑ trifft nicht immer auf mich zu (2 Punkte)
- ☐ trifft nie auf mich zu (1 Punkte)

39. Die Arbeit, die ich jeden Tag verrichte, fühlt sich eher wie eine Berufung an und weniger wie ein Job.

- ☐ trifft immer auf mich zu (5 Punkte)
- ☑ trifft ein bisschen auf mich zu (4 Punkte)
- ☐ neutral (3 Punkte)
- ☐ trifft nicht immer auf mich zu (2 Punkte)
- ☐ trifft nie auf mich zu (1 Punkte)

40. Es vergeht keine Woche, in der ich nicht einen Termin habe, auf den ich mich freue.

- ☐ trifft immer auf mich zu (5 Punkte)
- ☑ trifft ein bisschen auf mich zu (4 Punkte)
- ☐ neutral (3 Punkte)
- ☐ trifft nicht immer auf mich zu (2 Punkte)
- ☐ trifft nie auf mich zu (1 Punkte)

41. Sogar wenn ich mal schlecht drauf bin, braucht es nicht viel, um mich zum Lächeln zu bringen.

- ☐ trifft immer auf mich zu (5 Punkte)
- ☐ trifft ein bisschen auf mich zu (4 Punkte)
- ☑ neutral (3 Punkte)
- ☐ trifft nicht immer auf mich zu (2 Punkte)
- ☐ trifft nie auf mich zu (1 Punkte)

42. Es begeistert mich, bei einer guten Sache mitzuhelfen.

☐ trifft immer auf mich zu   (5 Punkte)
☐ trifft ein bisschen auf mich zu   (4 Punkte)
☐ neutral   (3 Punkte)
☐ trifft nicht immer auf mich zu   (2 Punkte)
☐ trifft nie auf mich zu   (1 Punkte)

43. Ich finde es befriedigend, Geld zu spenden oder jemandem etwas zu kaufen.

☒ trifft immer auf mich zu   (5 Punkte)
☐ trifft ein bisschen auf mich zu   (4 Punkte)
☐ neutral   (3 Punkte)
☐ trifft nicht immer auf mich zu   (2 Punkte)
☐ trifft nie auf mich zu   (1 Punkte)

44. Ich bin dankbar, wie viel Gutes mir getan wird.

☒ trifft immer auf mich zu   (5 Punkte)
☐ trifft ein bisschen auf mich zu   (4 Punkte)
☐ neutral   (3 Punkte)
☐ trifft nicht immer auf mich zu   (2 Punkte)
☐ trifft nie auf mich zu   (1 Punkte)

45. Meine Beziehungen inspirieren mich und schenken mir Freude.

☐ trifft immer auf mich zu   (5 Punkte)
☐ trifft ein bisschen auf mich zu   (4 Punkte)
☒ neutral   (3 Punkte)
☐ trifft nicht immer auf mich zu   (2 Punkte)
☐ trifft nie auf mich zu   (1 Punkte)

46. Es bringt mich durcheinander, wenn ich versuche, mehrere Dinge auf einmal zu tun.

☐ trifft immer auf mich zu   (5 Punkte)
☐ trifft ein bisschen auf mich zu   (4 Punkte)
☐ neutral   (3 Punkte)
☐ trifft nicht immer auf mich zu   (2 Punkte)
☐ trifft nie auf mich zu   (1 Punkte)

47. Andere Menschen beschreiben mich oft als verspielt oder lustig.

☐ trifft immer auf mich zu   (5 Punkte)
☐ trifft ein bisschen auf mich zu   (4 Punkte)
☐ neutral   (3 Punkte)
☐ trifft nicht immer auf mich zu   (2 Punkte)
☐ trifft nie auf mich zu   (1 Punkte)

48. Ich nehme mir nie Arbeit mit nach Hause und wenn ich im Urlaub bin, lese ich keine beruflichen E-Mails.

☐ trifft immer auf mich zu   (5 Punkte)
☐ trifft ein bisschen auf mich zu   (4 Punkte)
☐ neutral   (3 Punkte)
☐ trifft nicht immer auf mich zu   (2 Punkte)
☐ trifft nie auf mich zu   (1 Punkte)

49. Ich kann gut Komplimente annehmen. Ich versuche nicht sie herunterzuspielen.

☐ trifft immer auf mich zu   (5 Punkte)
☐ trifft ein bisschen auf mich zu   (4 Punkte)
☐ neutral   (3 Punkte)
☐ trifft nicht immer auf mich zu   (2 Punkte)
☐ trifft nie auf mich zu   (1 Punkte)

50. Ich fühle mich energiegeladen und lebendig, wenn ich Sport treibe.

☐ trifft immer auf mich zu   (5 Punkte)
☐ trifft ein bisschen auf mich zu   (4 Punkte)
☐ neutral   (3 Punkte)
☐ trifft nicht immer auf mich zu   (2 Punkte)
☐ trifft nie auf mich zu   (1 Punkte)

51. Ich bemerke häufig einen schönen Sonnenuntergang oder den Vogelgesang.

☐ trifft immer auf mich zu   (5 Punkte)
☐ trifft ein bisschen auf mich zu   (4 Punkte)
☐ neutral   (3 Punkte)
☐ trifft nicht immer auf mich zu   (2 Punkte)
☐ trifft nie auf mich zu   (1 Punkte)

52. Ich habe das Gefühl, dass ich das Leben führe, das mir bestimmt ist, und dass ich genau das tue, was ich tun soll.

☐ trifft immer auf mich zu   (5 Punkte)
☐ trifft ein bisschen auf mich zu   (4 Punkte)
☐ neutral   (3 Punkte)
☐ trifft nicht immer auf mich zu   (2 Punkte)
☐ trifft nie auf mich zu   (1 Punkte)

Auswertung

Bitte übertragen Sie nun die Punktzahl, die Sie bei der jeweiligen Frage erreicht haben, und rechnen Sie die Punkte anschließend zusammmen.

___ ___ ___ ___ _____
1 + 14 + 27 + 40 = Summe   (Vorfreude)

___ ___ ___ ___ _____
2 + 15 + 28 + 41 = Summe   (Lächeln!)

___ ___ ___ ___ _____
3 + 16 + 29 + 42 = Summe   (Dienen)

___ ___ ___ ___ _____
4 + 17 + 30 + 43 = Summe   (Kluger Umgang mit Geld)

___ ___ ___ ___ _____
5 + 18 + 31 + 44 = Summe   (Dankbarkeit)

___ ___ ___ ___ _____
6 + 19 + 32 + 45 = Summe   (Beziehungen)

___ ___ ___ ___ _____
7 + 20 + 33 + 46 = Summe   (Flow)

___ ___ ___ ___ _____
8 + 21 + 34 + 47 = Summe   (Spiel und Vergnügen)

___ ___ ___ ___ _____
9 + 22 + 35 + 48 = Summe   (Entspannung)

___ ___ ___ ___ _____
10 + 23 + 36 + 49 = Summe   (Positive Worte)

$\overline{} + \overline{} + \overline{} + \overline{} \quad \overline{}$

11 + 24 + 37 + 50 = Summe   (Bewegung)

$\overline{} + \overline{} + \overline{} + \overline{} \quad \overline{}$

12 + 25 + 38 + 51 = Summe   (Genießen)

$\overline{} + \overline{} + \overline{} + \overline{} \quad \overline{}$

13 + 26 + 39 + 52 = Summe   (Berufung)

Die drei Glücklichmacher mit der höchsten Punktzahl sind Ihre **„persönlichen Glücklichmacher".** Ihre Top 3 „persönlichen Glücklichmacher" sind:

_____

_____

_____

Dies sind die Glücklichmacher, die Sie am meisten verwenden und die für Sie am natürlichsten sind. Fördern Sie diese und versuchen Sie neue Wege zu finden, um mit ihnen Ihre Zufriedenheit noch weiter zu steigern. Sie fühlen sich wohl mit diesen Glücklichmachern, denn sie passen zu Ihrer Persönlichkeit und Ihrem Lebensstil. Es sind jedoch Ihre drei am wenigsten genutzten Glücklichmacher, die Ihnen die Möglichkeit geben, Ihre Zufriedenheit am stärksten zu steigern.

Die drei Glücklichmacher mit der geringsten Punktzahl sind Ihre **„potenziellen Glücklichmacher".**
Ihre Top 3 „potenziellen Glücklichmacher" sind:

_____

_____

_____

Ihre drei Glücklichmacher mit der geringsten Punktzahl geben Ihnen die beste Möglichkeit, Ihre Zufriedenheit zu steigern, denn es sind diejenigen, die Sie bisher am wenigsten verwenden – vielleicht sogar vernachlässigen. Doch alle Glücklichmacher haben das Potenzial, Ihre Zufriedenheit zu steigern. Indem Sie bewusst genau diese Glücklichmacher anwenden, machen Sie sich neue Wege nutzbar, Ihre Zufriedenheit zu steigern. Ihr Wohlbefinden wird sofort positiv beeinflusst. Lesen Sie am besten noch einmal die entsprechenden Glücklichmacher-Kapitel und nehmen Sie sich eine konkrete Sache vor, die Sie noch heute umsetzen wollen.

Weitere Bücher von FRANCKE

Irene Hahn
Du bist – und das genügt!
*Wie Gottes Wertschätzung unser
Leben verändert*
ISBN 978-3-86827-163-8
112 Seiten, kartoniert

Wertschätzung ist das Band, das Menschen verbindet. Wo sie fehlt, wird es kalt und ungemütlich. Wie aufbauend fühlt sich doch ein Wort der Bestätigung und des Wohlwollens an! Trotzdem fällt es vielen Menschen schwer, anderen gegenüber Wertschätzung auszudrücken.

Dass unser Wert zutiefst von Gott kommt und wie wir ihn anderen gegenüber ausdrücken können, darum geht es in diesem Buch. Es macht Mut, sich selbst und andere zu mögen. Das kann in unterschiedlicher Form geschehen, aber immer so, dass wir aufatmen und erleben: Ich bin – und das genügt!

Irene Hahn
Zum Glück gibt es Freunde
Chancen und Klippen einer
besonderen Beziehung
ISBN 978-3-86827-477-6
112 Seiten, kartoniert

»Ein Freund, ein guter Freund, das ist das Beste, was es gibt auf der Welt.« Diesen Ohrwurm der Comedian Harmonists kennt fast jeder und wann immer wir ihn hören, summen wir gleich mit. Nur: Meinen wir auch, was wir singen oder hören? Welche Rolle spielen Freundinnen und Freunde in unserem Leben? Eine ganz wichtige und unverzichtbare, meint Irene Hahn in ihrem Buch. Freunde eröffnen große Chancen zur persönlichen Entwicklung und tragen bei zu unserem Lebensglück. Allerdings gibt es auch Klippen, die diese nicht-familiäre Beziehung bedrohen können, z.B. unterschwelliger Neid und Eifersucht. Doch lohnt es sich unbedingt, Freundschaften zu schließen und zu pflegen.

Wie das konkret geschehen kann, führt Irene Hahn in diesem Buch ganz praktisch vor Augen. Und nicht zuletzt ermutigt die Autorin zu einem grundsätzlich freundschaftlichen Lebensstil, der in der Zuwendung Gottes zu uns Menschen seinen Ursprung hat.

Sabine Herold
Vom Sandkorn zur Perle
Wie aus Verletzungen Segen
erwachsen kann
ISBN 978-3-86827-342-7
112 Seiten, gebunden

Sandkörner gibt es genügend in unserem Leben – Schmerz-punkte, die uns lähmen, quälen und manchmal sogar zerstören. Die Perlmuschel gibt uns ein wunderbares Beispiel, wie aus einem schmerzenden Sandkorn eine kostbare Perle entstehen kann. Mit den ihr geschenkten Ressourcen – ihrem eigenen Perlmutt – legt sie eine Schicht nach der anderen um den zerstörerischen Fremd-körper und lässt Neues werden – eine einzigartige Perle.

Pfarrerin Sabine Herold zeigt auf, wie auch wir mit unseren Er-fahrungen so umgehen können, dass aus den schmerzenden „Sandkörnern" in unserem Leben Perlen werden. Dabei nimmt sie sowohl Bezug auf das teils schwere Schicksal biblischer Perso-nen als auch auf Erlebnisse von Frauen aus ihrem Umfeld. Sie er-zählt offen und ehrlich von ihren eigenen Sandkörnern und gibt Einblicke, wie Gottes Perlmutt sie letztlich hat heil werden lassen.

Mit vertiefenden Fragen und Gebeten zum Nachsprechen.

Sabine Herold
Die Schatztruhe unseres Lebens
ISBN 978-3-86827-499-8
256 Seiten, gebunden

Sie ist gefüllt bis an den Rand: die Schatztruhe unseres Lebens.
Alle unsere Erfahrungen und Erlebnisse, Wünsche und Träume,
Fehler und Verletzungen sind darin gesammelt. Sabine Herold,
die bekannte Pfarrerin, Autorin und Referentin, lädt uns ein, in
diese Schatztruhe hineinzuschauen. Mit vielen anschaulichen Le-
bensberichten und persönlichen Fragen hilft sie dabei, die verschiedenen Lebensphasen zu überdenken, zu verarbeiten und
aus Gottes Perspektive zu sehen. Ein wertvolles Buch für die persönliche Reflexion, aber auch für Mitarbeitende in Seelsorge und
Gemeinde.

Max Lucado
Limonadenrezepte für Zitronentage
Jeder Tag verdient seine Chance
ISBN 978-3-86827-032-7
144 Seiten, gebunden

Stellen Sie sich vor, Sie stecken knietief im Schlamassel des Alltags. Dann stehen Sie vor einer wichtigen Entscheidung: Entweder ist der Tag für Sie gelaufen oder Sie schütteln alles ab und starten neu.

Max Lucado fordert uns mit diesem Buch heraus, uns den Herausforderungen eines neuen Tages zu stellen und unser Leben aktiv zu gestalten. Mit praktischen Tipps zeigt er, wie wir aus den Zitronen, die das Leben uns gibt, Limonade machen können.

Martina Kessler, Volker Kessler
Erziehung - Ein Abenteuer für die ganze Familie
ISBN 978-3-86827-475-2
144 Seiten, gebunden

Das jüngste Kind ist gerade 18, die ältesten Kinder werden selbst zum ersten Mal Eltern. Ein guter Zeitpunkt, die Erziehungsversuche Revue passieren zu lassen. Was lief gut? Was hat nicht geklappt? Was war typisch für uns? An dieser kritischen Rückschau beteiligen sich alle: Die Eltern und die vier Kinder. Dabei geben sie wertvolle Tipps, auch im Hinblick auf die religiöse Erziehung. Wie kann man als Eltern beispielsweise damit umgehen, wenn die Kinder plötzlich nicht mehr mit in den Gottesdienst wollen?

Charakteristisch für das Leben der Familie Kessler ist der Dreiklang: Suchen nach Wahrheit – handeln in Verantwortung – leben mit Humor

In diesem Buch erfahren Sie unter anderem, warum am Esstisch alle Fragen erlaubt waren, warum die Kinder Blechschäden selbst zahlen mussten und wie jeder lernte, über sich selbst zu lachen.

Steffi Baltes
Was mein Herz bewegt
Von Maria lernen, in Gottes
Nähe zu leben
ISBN 978-3-86827-413-4
112 Seiten, gebunden

Was hat Maria, die Mutter Jesu, mit unserem Leben als moderne Frauen von heute zu tun? Kann sie uns Freundin und Vorbild werden?

Maria war eine Frau mit großen Stärken, aber auch mit Schwächen. Eine Frau, mit der Gott einen ungewöhnlichen, spannenden und herausfordernden Weg gegangen ist.

Gibt es vielleicht etwas, das wir gemeinsam haben? Wo unterscheiden wir uns? Was können wir von ihr für unseren Glauben an Gott und Jesus lernen?

Steffi Baltes lädt Sie ein, mit ihr auf diese Entdeckungsreise zu gehen und aus der Geschichte, die Gott mit einer jungen Frau namens Maria geschrieben hat, zu lernen. Vieles von Maria, erstaunlich vieles, steckt nämlich auch in uns!

Mit vertiefenden Fragen und Gesprächsimpulsen.

Andreas Baumann
Das Genesis-Prinzip
*Wie in unserem Leben Neues
wachsen kann*
ISBN 978-3-86827-281-9
128 Seiten, Paperback

Der Schöpfungsbericht der Bibel ist reich an Lebensweisheit.
Andreas Baumann öffnet eine Schatzkammer ungeahnten Aus-
maßes, indem er zeigt: Das Prinzip, nach dem Gott am Anfang
der Zeit seine Welt geschaffen und geordnet hat, lässt sich mit
Gewinn auf unser persönliches Leben anwenden.
Gott schuf aus einem dunklen Chaos eine paradiesisch schöne
Welt, die das Prädikat „sehr gut" erhielt. Genauso können sich
auch Dürre und Finsternis unserer eigenen Lebenswelt in einen
blühenden Garten verwandeln, wenn wir den Regeln und dem
Rhythmus seiner Schöpfung Beachtung schenken.
Das Genesis-Prinzip führt vor Augen, wie in unserem Leben
Schritt für Schritt Neues wachsen kann. Damit wir all das Poten-
zial entfalten, das der Schöpfer in uns hineingelegt hat, und unser
Leben gelingt.